그래서 제가 어떻게 쉬면 되나요?

일러두기

- 본문에서 도서는 《 》, 논문 및 연구자료는 " ", 잡지 및 신문 기사는 〈 〉로 표기했습니다.
- 본문 속 사례에 등장하는 인물의 이름은 모두 가명으로 사용되었으며, 인물이 특정되지 않도록 일부 내용을 재구성 했습니다.

그래서 제가
어떻게 쉬면 되나요?

윤성화 지음

프롤로그

누구든 세상과의 거리 두기가
필요할 때가 있습니다.

 이른 아침, 시끄러운 알람 소리로 시작한 하루 전쟁은 늦은 밤 러닝 크루 단체 톡방에서 사진 인증 알람 소리가 들려올 때까지 쉼 없이 이어집니다. 간혹 새벽 독서까지 이어지는 날에는 왜 하루가 24시간밖에 없는지 한탄하게 됩니다. 생각해 보면 업무, 학업, 가사, 그리고 사회적 관계까지. 우리의 하루는 늘 무언가로 가득 차 있습니다. 아니, 가득 차다 못해 터지기 일보 직전까지 부풀려진 풍선처럼 보입니다. 아주 작은 가시 하나만 옆에 와도 기다렸다는 듯 터져버릴 준비하고 있는 사람처럼 위태롭기까지 합니다.
 그러다 갑자기 참을 수 없이 숨고 싶은 날을 마주합니다. 철저하게 혼자 있고 싶고 자신을 고립시키고 싶은 날. 세상과의 거리두기가 필요하다고 느끼는 순간이죠. 그럴 때면 저는 의도적으로 몇 가지 일을 합니다. 집 안의 불을 거의 다 끄고 잔잔한 재즈 음악의 선율에 몸과 마음을 맡깁니다. 혹은 종일 보던 모니터를 뒤로하고, 초록색으로 치장한 자연을 보러 걸음을 옮깁니다. 심지어 휴대전화도 없이요. 그러면 풀잎끼리 부딪치는 소리가 유튜브에서 듣던 것과 실제는 어떻게 다른지, 몇억짜리 영상으로 담아낸 다큐 속 희귀 새의 움직임만큼 참새의 날갯짓도 힘차다는 걸 알 수 있죠. 이제는 그 무엇보다 의도를 가지고 노력해서 챙겨야 하는 것이 하나 생겼습니다. 바로 '휴식'입니다.

2020년 세계보건기구(WHO) 보고서에 따르면, 전 세계 인구 중 20% 이상이 번아웃으로 인한 스트레스와 우울을 경험한다고 합니다. 특히, 직장 내 스트레스는 생산성과 창의성을 저해하며, 결국에는 정신적, 신체적 건강에 부정적인 영향을 미친다는 연구 결과가 있습니다. 적절한 휴식과 정신적 회복 없이는 몸과 마음 모두 무너질 수밖에 없다는 것입니다. 안타깝게도 우리는 저 20% 안에 들어갈 충분조건을 모두 갖춘 시대에 살고 있습니다.

휴식은 단순히 몸을 쉬게 하는 것을 의미하지 않습니다. 진정한 휴식에는 우리의 마음과 정신을 재충전하고, 창의력을 높이며, 스트레스를 해소하는 필수적인 과정을 동반해야 합니다. 그저 신체 능력의 회복을 휴식이라고 정의하지 않는 이유는 휴식이 곧 현대인의 필수 능력인 '창의성'과 깊은 연관이 있기 때문이죠. 역사적으로도 많은 위대한 사상가와 예술가들이 창의성 관점에서 휴식의 중요성을 강조했습니다.

레오나르도 다빈치는 작품을 완성하기 위해 종종 긴 휴식 시간을 가졌습니다. 그래서 그림을 그리다가도 여러 번 중단하고는 다른 활동에 빠지곤 했죠. 자연을 관찰하거나 친구들과 대화하는 중에도 돌연 다시 작업실로 발걸음을 옮겼다고 합니다. 새로운 영감을 얻은 것이죠. 그는 "휴식은 창의력의 원천이다.", "여유 있는 마음은 더 많은 창조를 가능하게 한다."라며 휴식의 가치를 강조했습니다.

통계학에서도 충분한 휴식이 생산성에 미치는 긍정적인 영향을 보여주는 연구가 있습니다. 미국의 한 조사에 따르면, 적절한 휴식 시간을 가진 직원들이 그렇지 않은 직원들보다 20% 더 높은 생산성을 보였으며, 창의적인 문제 해결에도 더 효과적이라는 결과를 나타냈습니다. 이는 단순히 일을 더 많이 하는 것이 아니라, 질적으로 더 나은 결과를 만들어낸다는 것을 의미합니다. 곧 휴식이 일의 생산성과 연관이 깊다는 것을 의미하죠.

현대 사회에서는 디지털 기기와의 밀접한 관계로 인해 '디지털 피로'라는 새로운 형태의 스트레스가 발생하고 있습니다. 2021년의 한 연구에서는 스마트폰 사용 시간이 길어질수록 불안감과 우울감이 증가한다는 결과가 나왔습니다. 이는 우리가 휴식을 취하지 않고, 지속적으로 정보를 소비하고 소통하려고 노력하며 자신을 소진하고 있다는 신호이기도 합니다. 그런데 휴식이 필요하다고 아는 것과 자신에게 맞는 휴식을 주기적으로 해내는 것은 천지 차이입니다. 열심히 일할수록 더 많은 인정을 받을 것만 같습니다. 저 또한 조금씩 차오른 욕심에 하루 1~2시간만 자고 일하는 워커홀릭(Workaholic)에 빠지고 말았으니까요. 그렇게 몇 년 동안 저를 갈아 넣어 일에 매달린 채 살았더니 몸이 망가질 대로 망가졌습니다. 이미 하고 싶은 일은 고사하고 일상적인 삶을 위해 멈추지 않으면 안 되는 지경까지 이르렀죠. 사람은 참 어리석은 동물입니다. 병실에 갇혀 팔에 링거를 꽂은 채 감옥 같은 병원 생활이 시작되어야만 '내게 휴식이 필요했구나…'를 인정하게 되니까요.

 잘 압니다. 여러분의 그 열정과 치열한 노력을요. 휴식이 필요하다고 느끼는 것은 그 반대에 있는 열심과 노력의 끝을 추구해 봤다는 말이기도 하다는 것을요. 하지만 머리가 팽팽 돌아가는 것 같은 기분에 취해 있다 보면 저처럼 길을 잃기 쉽습니다. 당장 눈앞에 성과가 나오는 것 같지만, 사실 절벽을 오를 수 있는 유일한 수단인 사다리를 불태우며 잠깐의 추위부터 잊으려는 것과 같다는 말입니다. 결국 우리는 휴식과 열정의 균형을 생각해야 합니다. 그래야 내가 좋아하고 잘하는 그것을 오래 할 수 있습니다.
 이 책에서는 10단계의 휴식 설계를 통해 독자들이 자기에게 맞는 휴식을 찾아가도록 돕고자 합니다. 각 단계마다 이론적 배경을 바탕으로 구체적인 실천 미션을 제공해 여러분이 직접 경험해 볼 수 있도록 할 것입니다. 실제로 15년간 쌓아온 실증 데이터를 기반으로 제안하는 미션들이니 꼭 여러분만의 휴식 설계를 만들어보는 데까지 성공하셨으면 좋겠습니다. 결국, 휴식은 선택이 아니라 의무라고 말해두고 싶습니다. 자기 자신을 돌보지 않는다면, 우리는 결국 더 큰 대가를 치러야 하기 때문입니다. 이 책을 통해 독자 여러분이 자신만의 휴식 방식을 찾고, 더 나은 삶을 위한 걸음을 내딛기를 바랍니다. 휴식은 단순한 여유가 아니라, 더 나은 나를 위한 필수 조건이라는 점을 잊지 마세요. 부디 여유를 가지세요. 모든 것에는 적절한 때가 있습니다.

프롤로그 · 4

1장. 정말 쉬어도 괜찮습니다

우리는 왜 쉬지도 않고 열심히 일할까? · 12
진정한 휴식에 이르는 첫 단계 · 26
미션 1. 나에게 '휴식'이었던 순간 성찰하기 · 35

2장. 가짜 휴식에 속지 마세요

가짜 휴식이라고요? · 38
나는 의도적인 휴식을 하고 있을까? · 46
미션 2. 나의 가짜 휴식 발견하기 · 58

3장. 나에게 맞는 휴식은 따로 있습니다

휴식했다고 착각한 결과 · 60
휴식에 맞는 환경 세팅을 할 줄 알아야 한다 · 77
미션 3. 나의 휴식 리스트 점검하기 · 85

4장. 가장 먼저 나의 마음을 챙기세요

당신은 번아웃입니다 · 88
내 마음을 다스리고 돌보는 방법 · 96
미션 4. 나의 수고 칭찬하기 · 110

5장. 양질의 휴식에는 규칙성이 있습니다

일 잘하는 동료의 시간 관리 방법 · 112
양질의 휴식과 규칙성의 상관관계 · 120
미션 5. 나의 규칙성 / 창의성 속 휴식 찾기 · 139

에필로그 · 264

6장. 주말은 이렇게 쉬세요
지옥으로 출근하는 사람들 · 142
좋은 휴식에는 잘 쉬는 구조가 있다 · 156
미션 6. 주말 휴식 구조 세우기 · 165

7장. 휴식의 절반은 체력이 좌우합니다
에너지 통을 키운다는 것 · 168
꾸준한 사유의 힘은 걷기에서 나온다 · 176
미션 7. 질 높은 휴식을 위한 체력 관리 계획 세우기 · 183

8장. 디지털 웰빙을 유지하면 삶의 무기가 생깁니다
당신의 뇌는 도파민에 중독됐다 · 186
디지털 디톡스, 디지털 시대의 경쟁력이 되다 · 196
미션 8-1. 7일 디지털 디톡스 계획하기 · 205
미션 8-2. 디지털 디톡스 이후 생긴 변화 기록하기 · 206

9장. 회복과 충전이 있어야 진정한 휴식입니다
휴식에 대한 오해들 · 208
휴식에는 두 얼굴이 있다 · 213
미션 9. 전환변곡점에 맞춰 휴식 설계하기 · 238

10장. 나만의 휴식 철학이 있어야 합니다
나다운 휴식을 위한 철학이 필요하다 · 240
나의 휴식 최적화하기 · 248
미션 10. 나만의 휴식 설계 프로세스 · 263

1장

정말 쉬어도 괜찮습니다

우리는 왜 쉬지도 않고 열심히 일할까?

"지금 바로 입원하셔야 합니다."

익숙한 듯 퉁명하게 뱉는 의사의 말이 저를 더 떨리게 했습니다.

"네? 그렇게... 안 좋은가요?"

"네. 어디 가지 마시고, 지금 바로요."

"이분, 바로 입원 절차 밟아주시고 혹시 모르니까 수술방도 하나 비워주세요~"

의사는 대화가 끝났다는 것을 알리듯 종이에 알 수 없는 영어를 몇 줄 휘갈기더니 간호사에게 건넸습니다. 순간 '수술방'이라는 단어가 귓가에 꽂혔습니다. 이후 의사의 입에서 수면 부족, 과로, 혈관과 같은 여러 단어가 나왔지만, 너무 긴장한 탓인지 잘 기억에 남지 않았습니다. 별생각 없이 방문한 검진이 입원까지 이어지자, 꿈이라도 꾼 듯 어안이 벙벙했습니다. 이제껏 정기 검진 말고는 병원을 오간 적도 없던 제가 입원과 수술이라는 단어를 마주하니 두려움 반, 걱정 반으로 손까지 떨려왔습니다. 결국, 피검사부터 소변 검사, 심전도 검사 등 여러 검사가 이어졌습니다. 날카로운 바늘이 몸속을 파고드는 느낌이나 차가운 기구들이 몸에 닿는 것도 그저 이질적으로만 느껴졌습니다. '아닐 거야~ 아닐 거야~' 속으로 되뇌던 작은 희망의 불씨는 다시 만난 의사의 모니터를 보는 어두운 표정에 힘없이 꺼진 것만 같았습니다.

"여러 요인이 있지만, 가장 큰 원인은 수면 부족과 과로인 것 같네요. 이 정도면 계속 아프고, 몸살 난 것 같았을 텐데 그런 거 느끼지 못하셨어요?"

"아, 네. 등 쪽에 통증이 있긴 했는데 그냥... 참았죠. 일이 많아서..."

떨리는 입술로 겨우 꺼낸 대답에 의사는 옅은 한숨을 내뱉으며 말했습니다.

"그래도 조금 일찍 발견해서, 수술까지는 아니더라도 당장 혈관 시술은 하셔야 합니다. 이제부터는 절대 무리하시면 안 됩니다. 진짜 위험해요..."

모니터를 제 쪽으로 돌려 여러 수치를 보여주며 설명하는 의사 선생님의 일장 연설을 듣고 나서야, 제 몸의 상태가 얼마나 안 좋은지 알 수 있었습니다. 하루에 2시간만 자면서도 '나는 괜찮겠지...'라고 생각했던 지난날의 내가 교만했다는 걸 깨닫는 순간이었습니다. 생각해 보면 그렇게 몇 년을 살면서 병이 나지 않은 게 더 이상했죠.

'나는 왜 그렇게까지 일에 매달렸을까?' 골똘하게 생각하는 시간을 가져보니 어느새 완벽주의, 조급함, 타인의 시선과 같이 마주하기 싫은 단어들이 메모장에 적혀 있었습니다. 이왕 하는 일, 잘하는 것을 넘어 완벽해지고 싶었고 심지어 남들보다 빨리 목표에 도달하고 싶었습니다. 남들보다 더 오래 일하고 적게 잤습니다. 틈만 나면 보고서를 읽고, 강의안을 만들고 '내가 놓친 정보는 없나?' 싶어 메일함과 여러 논문을 뒤지며 하루를 보냈고요. 뒤처질까 봐 불안했고, 사회에서 낙오 되어버릴까 무서웠습니다. 1년 365일을 시험시간 1시간 앞둔 수험생의 기분으로 살아가는 기분이라고 해야 할까요?

지금은 생각만 해도 가슴이 답답해지는 시절을 보냈네요. 그래도 처절한 교훈의 시간 덕분에 이제는 하루 6시간 이상 충분한(?) 수면 시간을 꼭 지키며, 무리해서 일하기보다는 길게 천천히 일하는 법에 익숙해지려 노력하는 중입니다. 아니, 정확히 말하면 이제야 열심히 일하면서도 적절하게 쉬는 법을 익혀가고 있습니다. '이렇게 느긋하게 일해도 괜찮을까?' 싶었는데 신기하게도 일은 더 잘 진행됐고, 정신이 더 맑아졌으며 건강은 더 좋아졌습니다. 진정으로 '나다운 휴식'을 누리기 시작했기 때문입니다.

요즘도 지하철에서 무의식적으로 휴대전화 속 SNS를 탐색하고 있는 사람들을 발견하게 될 때가 많습니다. 화면 속 누군가는 해외여행을 떠났고, 누군가는 헬스장에서 운동을 하며, 또 다른 누군가는 자기 계발에 몰두합니다. 그런 모습을 보면서도 문득 아직 끝내지 못한 일들이 생각을 비집고 들어옵니다. 그래서인지 분명 퇴근 후에도 머릿속이 복잡합니다. 집에 도착해도 마찬가지입니다. 저녁을 먹으면서 유튜브를 틀고, 피곤한 몸을 이끌고 다시 소파에 누워 넷플릭스를 봅니다. 그렇게 몇 시간을 보내고 겨우 침대로 몸을 옮기지만, 눈을 감아도 쉽게 잠이 오지 않습니다. '나는 충분히 쉰 것 같은데, 왜 이렇게 지칠까?' 문득 그런 생각이 든다면, 아마도 여러분은 예전의 저처럼 **진짜 휴식을 놓치고 있기 때문**일지도 모릅니다.

보통은 지금보다 시간 관리를 잘하면 좀 더 여유로워질 거라고 생각합니다. 그래서 하루 계획을 꼼꼼하게 세우고, 출퇴근 시간을 활용할 뿐 아니라, 점심시간까지 아껴 쓰면서 생산성을 극대화하려 합니다. 하지만 이상하게도, 쓸 수 있는 시간이 많아질수록 해야 할 일도 늘어납니다. 현대인들은 단 10분의 여유도 헛되이 보내지 않으려 애쓰기 때문이죠. 출근길에는 영어 공부를 위한 팟캐스트를 듣고, 점심시간에는 자기 계발서를 읽고, 퇴근 후에는 운동하면서 경제 뉴스를 틀어 둡니다. 쉴 새 없이 움직이고 배우고 노력하지만, 정작 마음은 불안하고 피로는 쌓여만 갑니다.

'이렇게 노력하는데도 왜 나는 항상 부족한 것 같지?'라고 생각하게 되는 것은 **시간을 아껴 쓰지 않아서**가 아닙니다. 시간을 잘 쓰지 못해서가 아니라, 하루 중 휴식을 전혀 고려하지 않고 있기 때문입니다. 바쁜 일정에도 일하는 시간, 공부하는 시간, 인간관계를 유지하는 시간은 확보하지만, **온전히 쉬는 시간**은 우리 계획에 포함하지 않기 때문이죠. 그래서 우리는 끊임없이 바쁘고, 그만큼 지쳐갑니다. 게다가 밤은 길고, 할 수 있는 게 너무 많다는 것도 한몫합니다.

예전에는 해가 지면 자연스럽게 하루를 마무리해야 했습니다. 하지만 이제는 오히려 밤이 되어야 진짜 삶이 시작되는 것 같은 느낌을 받습니다. 일과 중에는 회사와 업무에 시간을 빼앗겼으니, 밤이 돼서야 내 시간을 즐길 차례라고 생각하는 겁니다. 문제는 밤이 너무 길다는 것이죠. 침대에 누워서도 유튜브 영상을 보고, SNS를 확인하고, 친구와 메시지를 주고받고, 내일 할 일을 정리합니다. '시간이 됐으니까 자야지.'라고 생각하면서도 '한 편만 더 보고, 한 페이지만 더 읽고, 한 번만 더 확인하고…' 하다 보면 어느새 새벽이 됩니다. 그렇게 또다시 눈이 퀭한 상태로 출근 지옥에 들어가는 것이죠.

이제 우리는 스스로 멈추지 않으면 절대 멈출 수 없는 시대를 살고 있다는 사실을 알아야 합니다. 편의점도, 온라인 쇼핑몰도, 스트리밍 서비스도, 심지어 업무 메일도 24시간 열려 있습니다. 하지만 휴식은 그렇지 않습니다. 우리가 스스로 휴식할 시간을 만들지 않으면, 그 누구도 대신 쉬게 하지 않습니다. 더 큰 문제는 대부분 자기 몸이 완전히 무너지기 전까지 휴식 없는 삶의 심각성을 깨닫지 못한다는 데 있습니다. 피로가 쌓여도 "아직은 괜찮아."라고 말하며 기어코 버팁니다. 하지만 우리의 몸과 마음은 우리 생각처럼 작동하지 않습니다. 카를 만하임의 '점진적 피로 누적 이론'에서 말하듯, 피로는 조금씩 쌓이기 때문에 스스로 심각성을 인지하지 못합니다. 그러다 어느 날 문득, 견딜 수 없을 정도의 번아웃이 교통사고처럼 찾아오는 거죠.

사람들은 보통 **시간이 부족해서** 휴식하지 못한다고 생각합니다. 하지만 사실은 우리가 휴식을 우선순위에서 밀어내고 있기 때문에 쉬지 못하는 것입니다. 이제는 질문을 바꿔야 합니다. '나는 얼마나 열심히 살고 있나?'가 아니라, **'나는 제대로 쉬고 있는가?'**로 말이죠.

진짜 휴식이 없는 삶은 결국 모든 것을 갉아먹습니다. 생산성이 떨어지고, 관계가 단절되고, 무엇보다 삶의 즐거움이 사라집니다. 우리는 더 나은 미래를 위해 쉼 없이 달려왔지만, 정작 그 과정에서 가장 중요한 것을 잃어버리는 경우가 많습니다. 가족, 사랑, 이타심 같은 것이죠. 지금 우리에게 필요한 것은 더 철저한 시간 관리도, 더 높은 효율성도, 더 오래 일하는 방식도 아닙니다. 그저 제대로 쉬는 법을 배우는 것이 필요합니다. 이에 앞서 우리가 왜 그토록 쉬지 못하는지 그 원인을 세부적으로 알아둘 필요가 있습니다.

과도한 스펙 인플레이션

저와 마찬가지로 여러분 또한 "영어와 컴퓨터는 일단 배워놔. 언젠가는 쓰일 거야."와 같은 말을 한 번 정도는 듣고 자랐을 겁니다. 저는 워낙 호기심도 많고 무언가를 할 때는 명확하게 납득돼야 끝까지 하는 성격이라, 그렇게 말하는 동아리 선배에게 그 이유를 물었던 적이 있습니다. 그랬더니 의외로 간결한 답변이 돌아왔습니다. "회사가 원하니까."

저에게 그 말은 비수로 꽂히는 듯했습니다. 명확하게 납득되지 않는 이유로 공부하는 고통스러운 시간을 보내거나, 돈이 없어 라면 한 개로 하루를 버티는 갈림길만 남은 것 같았거든요. 평생을 수동태로 살아왔던 저는 얼마 지나지 않아 영어학원에 등록했습니다. 수업을 시작한

지 3일 정도 지났을 때 학원 원장님께서 했던 말이 아직도 생생히 기억납니다. 수강생들의 900점 넘는 토익 점수가 필요했던 원장님은 문법을 이해하거나 길게 독해하려는 저에게 호통치며 말했습니다. "영어를 알려고 하지 마세요! 일단 전치사가 나오면 뒤에는 명사가 나온다는 걸 외워요!"

사실 헷갈리는 지점이 바로 여기입니다. 실제로 그렇게 3개월 정도 학원에 다니면서 주어진 시간 안에 시험을 잘 보는 연습을 했더니, 학원에 걸린 현수막에 제 이름이 있을 정도로 영어 성적이 올라 버렸으니까요. "축하한다!"라는 주변의 칭찬에 어깨가 으쓱해지기도 했습니다. 하지만 저는 알고 있었죠. 제가 한 공부는 '진짜 영어 공부'가 아니라는 것을. 재미있는 사실은 우여곡절 끝에 입사한 회사에서는 근무하는 동안 영어 쓸 일이 단 한 번도 없었다는 것입니다. 우연히 알게 되었지만 입사 동기나 선배들도 영어 성적이 거의 만점에 가까운 분들이었습니다. 이런 현실에 선배들도 하나같이 이렇게 입을 모았죠. "이럴 거면 진짜 도움 되는 공부를 더 많이 할걸…"

제가 정말로 걱정하는 것은 이런 스펙 인플레이션이 지금까지 이어지고 있다는 사실입니다. 취업과 진로상담을 통해 알게 된, 김지수(가명) 씨는 영어영문학과를 졸업하고 1년째 취업 준비를 하고 있었습니다. 그는 토익 900점, 오픽 AL 등 어학 성적과 함께 세 개의 국가자격증을 보유하고 있습니다. 또한, 대학교 재학 시절 교환학생 경험과 두 차례의 인턴십 경험도 있습니다. 하지만 이러한 스펙에도 불구하고 그는 아직 원하는 기업에 취업하지 못하고 있었습니다. 김 씨는 "이 정도 스펙이면 충분할 줄 알았는데, 주변에 더 뛰어난 사람들이 많아 자신감이 떨어집니다."라고 말했습니다.

또 IT 기업에서 3년째 근무 중인, 박민수(가명) 씨는 최근 승진 심사에서 탈락했습니다. 그는 업무 능력에 자신있었지만, 갑자기 늘어난 동료들의 스펙을 보고 충격받았습니다. 동료들은 퇴근 후에도 쉬지 않고 석사 학위, 다양한 실무 자격증, 사이드 프로젝트 경험 등을 쌓아왔던 것입니다. 뒤통수를 맞은 것 같았다고 했습니다. 박 씨는 "업무 능력만으로는 부족한 것 같아요. 이제는 저도 퇴근 후, 자격증반에 등록하려고 합니다."라고 말했습니다.

이렇듯 최근 몇 년간 취업 시장에서 요구되는 스펙은 지속적으로 상승해 왔습니다. 잡코리아의 '2018~2022년 대기업 신입 합격자 스펙 분석'에 따르면, 합격자들의 평균 토익 점수는 702점(2018년)에서 834점(2022년)으로 크게 상승했습니다. 또한, 직무 관련 자격증 보유 비율 역시 67.1%(2018년)에서 75.9%(2022년)로 증가했습니다.[1] 이런 현상의 이면에는 우리나라의 산업 구조적인 문제가 숨어 있습니다.

첫 번째는 **사람들이 생각하는 양질의 일자리가 줄어들면서 수요가 한곳으로 몰리기 때문**입니다. 비교적 단순한 일은 Chat GPT와 같은 생성형 AI 기술이, 단순노동 같은 일은 외국인 노동자가 대신하기 시작했습니다. AI보다는 덜 똑똑하면서, 외국인 노동자보다는 더 좋은 처우를 바라는 한국인들의 입지가 좁아진 것이죠. 그래서 상대적으로 인구수에 비해 우리가 생각하는 양질의 일자리가 줄어든 것처럼 보입니다. 일

---
[1] 〈취업도 인플레이션 … 5년 새 토익 평균 100점 넘게 올랐다〉, 하수민 (2024.04.01), 고대신문

을 원하는 사람들은 많고, 일자리는 줄어들었으니, 인플레이션이 일어나는 것은 자연스러운 일입니다.

두 번째는 **갈수록 기업이 안전한 선택을 하기 때문**입니다. 저 역시 채용 관련한 일을 합니다. 가장 난감할 때가 언제냐면 서류와 면접에서 만점에 가까운 지원자를 뽑았지만, 실제로 일을 시켰더니 아무것도 할 줄 아는 게 없는 사람인 것이 드러날 때입니다. 그런 경우, 저는 임원진의 사무실에 불려 가서 엄청난 쓴소리를 들어야 합니다. 그래서 이왕이면 서류 심사, 적성 검사, AI 면접, 임원 면접까지 선발 과정의 난도를 조금씩 높여가며 정말로 일할 줄 아는 사람을 뽑으려고 하는 겁니다.

사실 이것도 참 아이러니합니다. 신입사원에게 이미 일을 잘할 준비가 된 채로 지원하라는 격이니 말입니다. 하지만 기업으로서는 지원자들의 수준이 높아지는 현상에 아쉬울 게 없죠. 게다가 갈수록 급변하는 시장에 대응하기 위해서는 기업의 유연성이 굉장히 중요해집니다. 기술력이 고도화되는 것처럼 소수의 고급 인력에 집중하고, 나머지는 모두 자동화하는 데 초점을 맞추게 되는 것이 그런 이유 때문입니다. 지금 시기에는 많은 인력이 곧 경영상의 리스크가 되는 것이죠.

정보의 과부하

AI 기술이 급속도로 우리의 삶에 침투하고 있습니다. 마치 스마트폰이 없는 삶이 더는 상상되지 않는 것처럼, 머지 않아 AI도 그렇게 될 겁니다. 그런데 고도화된 기술에는 양면성이 있습니다. 인간에게 편리함을 주고 인간의 영민함을 앗아가기 쉬운 녀석이기 때문입니다. 여기에 우리 모두가 이제는 소비자가 아닌 생산자의 삶을 살아야 한다는 것을 깨달아버린 것도 한몫합니다. 이제는 7살 꼬마 아이부터 80세 노인에 이르기까지 모두가 콘텐츠와 정보의 생산자가 되어 수익 활동에 뛰어듭니다. 정보의 희소성으로 발생하는 기업의 권력이 더 이상 작동하지 않는 것이죠.

다르게 생각하면, 이제는 내게 주어진 본업만 하면서 사는 사람이 거의 없다고 해도 무방할 정도입니다. 최소한 하나 이상의 콘텐츠를 거의 모든 인류가 생산하고 있습니다. 그래서 읽어보고 알아둬야 할 정보들이 생산에 재생산까지, 무한대로 증식하고 있죠. 거기에 24시간 멈추지 않는 인터넷과 전기는 인간에게 수면보다 자극을 더 추구하기 딱 좋은 환경을 제공합니다. 이런 실정이니 우리가 아무리 많은 정보를 소비해도 정보의 공급을 따라가기 힘들 수밖에 없습니다.

문제는, 쉬는 것을 잊은 채 더 많이 공부하고 잠을 자지 않고 더 오래 정보를 탐닉하는 사람들이 '내가 뒤처지는 건 아닐까?'와 같은 불안감을 느끼는 데 있습니다. 그래서 밥을 먹을 때나 잠을 잘 때도 무언가를 계속 봐야 할 것만 같은 강박에 시달리는 사람들이 늘어났죠. 그 증거가 바로 **우울증과 불면증, 비만도의 기하급수적인 증가**입니다. 휴식이 부족하면 스트레스 호르몬인 코르티솔의 분비가 증가하여 우울증 발생 위험이 커집니다. 특히, 비만인 사람들 중에서 폭식 장애를 가진 이들은 그렇지 않은 이들보다 우울증을 경험할 확률이 약 13배 높다는 연구 결과가 있습니다.[2]

지금까지의 내용들을 요약해 보면, 우리는 바쁠 수밖에 없는 시절을

---
2 "비만의 심리적 영향", 김준기, 대한비만학회지 9권, 3호, 2000

살고 있고 대부분의 사람이 휴식 대신 더 바쁘기를 선택하고 있습니다. 그래서 늘 '뒤처지면 안 된다.'라는 두려움, '더 완벽하게 해내야 한다.'라는 불안감, '예전에 더 열심히 살 걸' 같은 우울감을 품고 살아갑니다. 곧 성과, 연봉, 유명세와 자신의 행복, 수명, 사랑, 가족과 보내는 시간을 맞바꾸고 있다고 해도 과언이 아닌 상황입니다.

정서적 고립으로 인한 번아웃과 무기력의 반복

오늘날 현대인들은 끊임없는 생산성과 성과 압력 속에서 정서적 고립과 번아웃의 악순환에 빠지기 쉽습니다. 이 문제는 단순한 피로를 넘어 사회적 관계의 붕괴와 정신적 건강의 악화를 초래하는데, 특히 디지털 커뮤니케이션의 확산과 개인주의적 가치관이 결합하면서 더욱 심각해지고 있습니다. 글로벌 연구에 따르면 직장 내 외로움은 업무 성과를 35% 낮추고,[3] 번아웃 경험자는 우울증 발병 위험이 3배나 증가[4]하는 등 개인의 삶과 조직 생산성 모두에 치명적인 영향을 미칩니다.

한마디로, 노력해도 안 된다는 암묵적인 사회 인식이 전염병처럼 번져나가기 시작했다고 볼 수 있습니다. 그래서 '어차피 안 될 것 같으니, 나라도 살자.'라는 이기적인 선택들이 여기저기서 등장할 수밖에 없습니다. 무엇보다 교육학자로서 염려가 되는 것은 이러한 문화 인식이 '열심에 대한 방향'을 결정하게 한다는 점입니다. 여러분도 한 번 정도는 경험해 본 적이 있으실 겁니다. 평소에 잘 해내던 작고 사소한 일들도 너무 피곤하고 마음이 힘들면 엄청 어려운 일이 되는 경험말입니다.

---

[3] "직장에서의 외로움 : 혼합 방법 체계적 검토 및 메타 분석", B T Bryan, et al., 2024
[4] 〈Effects of Isolation: What Does Isolation Do to a Person?〉, Samantha Bickham (2024.02.29), Choosing therapy.com

평소에 정리정돈을 잘하던 사람이 엉망이 되어가는 자신의 방을 방치하기 시작하는 것을 번아웃의 시그널로 봐도 무방합니다. 그래서 "내 방의 상태가 내 마음의 상태다."라는 말도 생겨난 것이죠. 이것을 뇌 신경학적 측면에서는, 번아웃이 와서 정서적인 고립을 경험하면 실제 통증과 유사한 신체 반응을 유발하는 것으로 알려져 있습니다.

존 카시오포(John Cacioppo)의 연구에 따르면 만성적 외로움은 코르티솔 수치를 20% 이상 상승시켜 면역체계를 약화하고, [5]이는 업무 집중력 저하로 직결됩니다. 뿐만 아니라, 화상 회의 증가로 인해 동료 간 눈맞춤이 60% 감소한 환경에서[6] 실무자들은 '디지털 피로'와 동시에 인간적 유대감 상실을 경험합니다. 다르게 말하면, 전 세계 직장인이 갑자기 온라인 업무 환경에 처하면서 정서적 고리가 약해졌고, 번아웃과 무기력에 빠지는 사람들이 늘어나게 됐다는 말이죠. 이것은 곧 업무의 생산성 저하와 직결됩니다.

생산성이 떨어지면 대부분의 사람은 일에 투입하는 시간을 더 늘리려고 합니다. 자연히 야근과 추가적인 업무로 수면 시간이 희생당하게 돼죠. 일이 너무 바쁘면 사회적으로나 정서적으로 사람들과 교류할 수 있는 절대적인 시간도 줄어듭니다. 일은 많고, 사람도 만나지 못하니 '내 삶에 일 말고는 아무것도 없는 건가?'와 같은 자조적인 생각이 시작됩니다. 일에 대한 회의와 무기력증이 시작되는 것이죠. 물론 지금의 디지털 사회가 주는 편의성과 편리함은 부정할 수 없습니다. 덕분에 시간을 유연하게 사용할 수 있게 됐고, 공간을 자유롭게 선택할 수 있게

---

[5] 〈Burnout at Work Isn't Just About Exhaustion. It's Also About Loneliness〉, Emma Seppälä and Marissa King (2017.06.30), Harvard Business Review
[6] 〈경계설정과 직장인들의 감정고립〉, (2025.08.08)

되었으며, 업무의 효율도 높아졌습니다. 하지만 온라인 팀워크는 오프라인에 비해 단단할 수 없었고, 사람들과 비언어적인 소통을 할 기회를 잃었으며, 불특정한 상황에서 얻게 되는 창의성이 줄었습니다.

구분	긍정적 영향	부정적 영향
시간 유연성	업무 집중도 22% 향상	팀워크 인지도 41% 감소
공간 자유	출퇴근 스트레스 65% 감소	비공식적 소통 기회 78% 감소
업무 효율	회의 시간 30% 단축	창의적 아이디어 발생률 55% 하락

특히 젊은 층(20~30대)은 동료와의 디지털 커뮤니케이션 증가에도 불구하고 '깊은 대화' 빈도가 주당 1.2회로 2019년 대비 63% 감소했으며,[7] 이는 표면적 관계만 증가시키는 역설을 초래했습니다. 여기에 기름을 붓는 일이 바로 앞서 말한 '자본주의적 생산 체계'라고 할 수 있습니다. 쉽게 풀어보면, 연가가 있어도 사용하지 못하는 조직 문화, 점심시간에도 일을 해야만 정시에 퇴근할 수 있는 업무량, 잦은 야근 때문에 가족과 일 중 하나를 선택해야만 하는 갈림길이 그것입니다.

단기적으로 볼 때, 회사에서 이렇게 인적 자원을 운용하면 성과를 극대화할 것 같은 유혹에 빠지기 쉽습니다. 실제로 처음 몇 달은 그렇게 성과가 나오거든요. 하지만 인간은 기계처럼 무한 동력으로 움직이는 존재가 아닙니다. 감정이 있고 사랑을 해야 하며 일에서 의미를 찾아야 하기 때문이죠. 그래서 장기적으로는 조직에도 손실이 발생합니다. 건

---
[7] 〈직장의 번아웃과 외로움 사이의 복잡한 연관성〉, (2025.08.08)

강상의 이유로 우수한 인재가 퇴사하는 일이 생기거나, 급격한 성과를 좋게 본 경쟁업체에 인재를 빼앗기거나 그것도 아니면 워라밸을 찾아 떠나는 사람들이 생겨나는 것이죠.

  이런 상황에서 우리에게 가장 필요한 것은 **진정한 휴식과 시간의 몰입을 이해하고 스스로 그것을 설계하는 역량을 갖추는 것**입니다. 그래서 이 책을 통해 진정한 휴식의 조건들과 설계 방법을 나누고 동시에 그 시간이 어떻게 여러분의 몰입과 연결되어 있는지를 증명해 보려 합니다. 무엇보다 휴식이든 몰입이든 '자신만의 방법'으로 설계할 힘을 갖춰야 한다는 점이 중요합니다. 그러므로 이 책에서는 한 가지 방법만이 옳고, 그것만이 절대적인 진리라고 주장하지 않을 겁니다. 그저 제가 수년간 연구했던 휴식과 몰입의 설계 과정들을 줄기 삼아 이 책을 읽는 독자분들이 자신만의 휴식을 설계할 힘을 갖추기를 바랄 뿐입니다.

진정한 휴식에 이르는 첫 단계

그런 의미에서 진정한 휴식 첫 단계는 바로 **진짜 휴식과 가짜 휴식을 구분하는 것**이라 할 수 있습니다. 현대인들이 높은 비율로 가짜 휴식에 속고 있기 때문입니다. 제가 여러 내담자와 상담하면서 알게 된 대표적인 가짜 휴식에는 다음과 같은 것들이 있습니다. 여러분에게도 해당하는 것이 있는지 체크해보세요.

	분류	내용	해당 여부
1	무의미한 스마트폰 사용	SNS 무한 스크롤, 유튜브·틱톡·릴스 영상 중독 도파민에 노출함으로 단기간 스트레스 저하에 중독	
2	드라마·영화· 게임에 과몰입	한 번에 넷플릭스 몇 시간씩 몰아보기, 새벽까지 이어지는 게임 / 현실 도피적 성향이 짙어짐	
3	잦은 음주 및 흡연	처음에는 속상함을 달래기 위해 시작했지만, 어느새 습관적으로 하게 되는 것들	
4	반복되는 음란물 시청	쾌락으로 잠시 도망치고 싶은 마음의 투영 / 쉽게 얻을 수 있는 기쁨에 중독	
5	온라인 쇼핑· 충동 소비	스트레스를 풀기 위해 과소비, 택배 받고 하루만 지나면 만족감이 사라짐	
6	과식·야식으로 스트레스 해소	피곤할수록 당기는 자극적인 음식 섭취, 혈당 변동으로 면역력 체계가 무너져 오히려 더 자주 피곤해짐	
7	억지로 하는 자기 계발	'쉬는 시간에도 생산적인 걸 해야 해.'라는 강박, 좋아하지 않는 책 억지로 읽기, 부담스러울 정도로 어려운 공부에 계속 도전하는 그 자체에 중독	
8	쉬지 않고 일정 채우기	쉬는 날에도 약속 꽉 채우기, '휴일에도 뭔가 해야 한다.'라는 조바심	

| 9 | 보여주기식 여행의 반복 | 타인의 행복을 나의 것과 동일시하고 싶은 욕망 | |
| 10 | 아무것도 하지 않고 누워있기 | 목적 없이 시간을 흘려보내는 것은 오히려 무기력감을 증폭시키는 원인으로 작동하기 쉬움 | |

가짜 휴식의 대표적인 항목들만 적어도 무려 10가지나 되네요. 어떠신가요? 높은 비율로 여러분 역시 이렇게 쉬고 있지는 않나요? 저 또한 휴식에 관해 입체적으로 연구하고 휴식 설계를 해보기 전까지 위 항목 중에서 7가지나 체크가 되더군요. 하지만 너무 낙심할 필요는 없습니다. 제가 지금은 어떤 방식으로 위 항목 중 하나도 하고 있지 않은지, 하나씩 천천히 이 책을 통해서 모두 알려 드릴 예정입니다.

자기만의 휴식 설계를 위해 먼저 알아야 할 개념은 '휴식은 상대적이다.'입니다. 다르게 말하면, 휴식이 일을 하지 않는 상태를 말하거나 아무것도 하지 않는 상태를 의미하는 것이 아님을 이해해야 합니다.

휴식의 상대성

동일한 활동이라도 사람에 따라 휴식이 될 수도, 그렇지 않을 수도 있습니다. 예를 들어, 책 읽기가 어떤 사람에게는 지적 즐거움을 주는 휴식이지만, 다른 사람에게는 학업이나 업무의 연장선으로 느껴질 수 있습니다. 또 여행이 누군가에게 진정한 휴식으로 충전되는 시간이지만, 다른 사람에게는 노동의 연장선으로 여겨질 수 있는 것처럼 말이죠. 이처럼 휴식은 개인의 성향, 취향, 그리고 현재의 정신적·신체적 상태에 따라 다르게 인식됩니다. **결국 자기 자신이 어떻게 쉬어야 하는지를 모르면 다른 사람의 휴식을 내 것으로 착각하며 살아갈 가능성이 높아집니다.** 물론 다른 사람들의 휴식 방법을 따라 해보는 것도 좋은 방법이 될 수 있습니다. 하지만 그것은 실험적 휴식일 뿐, 효능적 휴식은 될 수 없음을 아셔야 합니다.

한 예로, 제가 가르치던 멘티 A 씨는 취업 준비생입니다. 생각보다 높은 취업의 벽을 넘기 위해 거의 하루 종일 책상 앞에서 여러 공부와 씨름하고 있죠. 그에게 친구들과의 가벼운 수다는 스트레스를 해소하는 시간이지만, 같은 상황의 B 씨는 이러한 시간을 시간 낭비로 느끼며 오히려 스트레스를 받습니다. 얼른 들어가서 나머지 공부를 하고 싶지만, 친구들과의 관계 또한 중요하게 생각하는 B 씨는 결국 불편한 마음을 내색하지 못하고 다리만 떨고 있습니다.

30대 중반의 직장인 C 씨는 주말 등산을 하면서 재충전의 시간을 갖습니다. 이른 아침 맑은 공기와 자연의 소리를 들으며 산을 오르는 시간은 답답한 사무실을 잠시 잊게 해주는 힐링의 시간이죠. 그래서 아끼는 직장 후배들에게 이 좋은 휴식 방법을 알려주고 싶습니다. 그래서 회사 단톡에 이렇게 남기게 되죠. '주말에 같이 등산 갈 사람?'

좋은 의도로 올린 내용이지만, 회사 단톡에 들어가 있던 신입사원 D 씨에게는 난감한 상황이 펼쳐집니다. 야단맞아가며 잘 모르는 업무에 적응하는 일주일을 보낸 터라 팝콘과 콜라를 사서 종일 집에 틀어박혀 영화 몇 편을 정주행 하려던 참이었기 때문입니다. 상사의 호의를 거절할 수도 없고 내가 좋아하는 휴식을 포기할 수도 없는 노릇이라, 아무 잘못 없는 옆머리와 구레나룻을 부여잡고 '왜 내가 카톡을 읽어버렸을까?'라며 몇 초 전 자신의 손가락을 탓합니다.

이런 일들은 모두가 자기에게 좋은 휴식이 곧 타인에게도 좋은 휴식일 것이라 착각하기 때문에 벌어집니다. 하지만 사회생활이라는 핑계로 벌어지는 눈치 게임 때문에 휴식을 포기하는 것이 이제 가벼운 문제가 아닙니다. 그런 의미에서 "휴식은 상대적이다."라는 명제는 디지털 시대를 살아가는 20~30대에게 철학적 실험보다 생존 전략으로 다가옵니다. 2025년 한국노동연구원 조사에 따르면, 주 45시간 이상 근무자의 63%가 '휴식 시간에 죄책감을 느낀다.'라고 응답했고, 이 중 78%는 '휴식 방법에 대한 명확한 기준이 없다.'고 답변했습니다. 이들이 직면한 진정한 문제는 휴식 부족이 아니라 **휴식의 정체성 혼란**입니다.

시간의 역설: 휴식 계량화의 함정

생체 인식 데이터 연구에 따르면 30분간의 명상이 2시간 수면과 유사한 뇌파(알파파 32% 증가)를 유발합니다.[8] 그런데 같은 행위에 대한 주관적 평가는 극명히 갈립니다. 인공지능 개발자 A 씨(29)는 "코딩 중 10분 눈감는 게 1시간 산책보다 효과적"이라 말하는 반면, 소설가 B 씨(35)는 "산책 시간에 플롯 구조가 잡힌다."라고 말합니다. 이 차이는 뇌의 기본 회로(Default mode network) 활성화 패턴 차이에서 기인합니다.[9] 쉽게 말해, 사람들이 살아온 환경적 요건에 따라 뇌의 반응이 상이하기 때문에, 휴식이라고 느끼는 항목과 요건이 모두 다르다는 뜻입니다. 그러니 레오나르도 다빈치의 "일에서 떠나 잠시 쉴 때 판단력이 명확해진

---

[8] 〈휴식과 생산성 사이의 연결〉, Puja K. (2024.06.13)
[9] Killgore, WDS., "수면 부족이 인지에 미치는 영향", 뇌 연구의 진보(185, 105-129). 2010.

다."라는 격언은 현대적 해석이 필요한 것이죠.[10] 다르게 말해보면, 휴식을 수치화하고 계량화 한 '하루에 1시간은 꼭 쉬어야 한다.'와 같은 말은 신뢰성을 가지기 어렵다는 뜻입니다. 뇌의 기본 회로와 반응 체계가 모두 다르다는 가정하에 누군가에게는 30분만 쉬어도 진짜 휴식이 될 수 있고 또 다른 이에게는 하루 6시간을 쉬어도 쉰 것 같지 않은 느낌을 받는다는 것입니다.

문화 코드의 재해석: 동서양 휴식 관념의 충돌과 융합

또한 휴식의 상대성은 관념적으로도 차이가 있습니다. 불교 승려 틱낫한의 "의식적 호흡이 내 닻"이라는 가르침과 스토아학파 세네카의 "휴식은 영혼의 경작지"라는 명언은 상반된 접근법을 보입니다. 장자는 '좌망(坐忘)'을 통해 마음의 평정을 찾고자 했으며, 아리스토텔레스는 "행복은 활동에 있다."라고 주장하며, 인간의 활동 중에서도 정신적인 활동을 중요시했습니다. 이는 단순한 휴식보다는 의미 있는 활동을 통해 만족감을 얻는 것을 강조합니다.

동양에서는 주로 호흡조절이나 명상과 같은 비움을 통해 휴식을 누리려 했고, 서양에서는 의식적 날카로움이라고 할 수 있는 이성의 원활한 작동을 위한 준비운동을 휴식이라 정의했기 때문입니다. 재미있는 사실은 현대에 이르러 지역 기반 문화의 폐쇄성이 무너지면서 이 두 가지 관념이 서로 섞이기도 한다는 점입니다. 실제로 트레이더 C 씨(28)는 주식시장 개장 전 10분의 명상으로 미국장 전망을 분석하면서 판단 오류를 41% 감소시켰습니다. 반면 디자이너 D 씨(31)는 로마 황제 마르쿠스 아우렐리우스의 《명상록》 필사가 크리에이티브 블록을 깨는

---
[10] 휴식과 이완에 대한 명언들 (출처- https://www.azquotes.com/quotes/topics/resting-and-relaxation.html)

열쇠라고 증언합니다. 이 같은 차이는 뇌신경 가소성 차이보다는 문화적 코호트 효과에서 비롯됩니다.

 이러한 사회 문화적 변화 때문에 현대에 이르러 휴식에 관한 다양한 연구들이 진행됐습니다. 놀랍게도 수백 개의 다양한 주장이 한목소리를 내고 있는 공통분모가 있습니다. 바로 **휴식의 개인화**입니다. 더 이상 휴식이라는 개념은 군집을 이루거나 문화적인 것으로 대하지 말고, 개인의 특성에 따라 구체화하고 개별화 되어야 한다는데 입을 모으고 있습니다. 그 대표적인 것이 바로 2024년에 알려진 구글의 '디지털 웰빙 알고리즘' 실험입니다. 이 실험은 인간의 생체 신호와 행동 패턴을 결합한 혁신적인 개인화 시스템으로 주목받았습니다. 이 실험은 안드로이드 디지털 웰빙 2.0 플랫폼을 기반으로 진행되었고, 3개월간 15개국 12,000명의 사용자를 대상으로 실시되었습니다.

 실험의 핵심 메커니즘을 따라가 보면 스마트워치를 통해 수집한 심박 변동도(HRV) 데이터와 안구 운동 패턴, 키보드 타자 속도 변화율, 소음 환경 반응분석 등을 통제 변수로 작동시켰습니다. 그룹별로 업무 최적 시간대를 추천하고 5분 단위의 짧은 휴식을 스스로 설계하게 했으며, 집중력을 저하하는 앱을 삭제하거나 감추게 했습니다. 실험의 주체자였던 구글조차 반신반의했던 실험이었다고 합니다만, 실험 결과는 예상 결과를 뛰어넘었습니다. 실제로 실험에 참여한 사람들은 주관적인 안정감 지수, 업무 생산성, 수면의 질, 디지털 디톡스에 참여하는 비율까지 모두 상승했기 때문입니다.

지표	실험 전	실험 후	변화율
주관적 안정감 지수	42점	66점	+58%
업무 생산성	71%	89%	+25%
야간 수면 질	6.2시간	7.1시간	+15%
디지털 디톡스 참여율	23%	67%	+191%

재미있는 사실은 실험에 참여한 12,000명의 참가자 중 한국 참가자 그룹을 별도로 관측했더니 다음과 같은 결과가 도출된 것입니다.

- 오전 10시~12시 : '뇌 피로도'가 글로벌 평균보다 28% 높음
- 오후 1시~3시 : '집중력 회복 속도'가 40% 빠른 역동적 패턴
- 주말 저녁 7시~9시 : 'SNS 사용량' 평일 대비 230% 증가

이 구글 실험은 한국 사람들의 라이프스타일이 어떻게 형성되고 있는지를 문화적으로 추적해 볼 수 있는 좋은 근거 데이터가 되었습니다. 무엇보다 이 실험은 기술의 인간화를 넘어 **휴식의 예측 가능성**이라는 새로운 패러다임을 제시했습니다. 2025년 3월 기준, 실험에 참여한 사용자의 82%가 6개월 후에도 알고리즘 권고 사항을 계속 사용 중이며, 구글은 이를 기반으로 연간 7조 원 규모의 디지털 웰빙 시장을 선도할 전략을 수립 중입니다.[11] 조금은 아이러니합니다. 디지털 세상을 주도했던 구글이 디지털 웰빙 시장도 개척하고 있다는 사실이.

중요한 것은, 구글과 같은 세계적 기업도 알고리즘과 AI를 통해 이루

---
11 구글의 디지털 웰빙실험 (출처 - https://experiments.withgoogle.com/collection/digitalwellbeing)

고자 하는 것이 **휴식의 개인화**라는 점입니다. 여기서 우리는 '열심히 살라고 할 때는 언제고?', '가르쳐주지도 않았으면서?', '휴식조차 공부해야 한다고?'와 같은 조금은 냉소적인 생각이 들 수밖에 없죠.

저는 이렇게 될 수밖에 없는 이유가 기술과 가치의 교차점을 지나는 과도기적 시대성에 있다고 봅니다. "기술이 발전하면 할수록 인간은 하루 15시간 일하는 근무 사회에 진입할 것이다." 경제학자 존 메이너드 케인스가 예견했던 말입니다. AI가 발달하고 우리 손에 무한대의 정보를 줬지만, 아이러니하게도 우리는 예전보다 더 오래 일하고 있는 것 같습니다.

2025년 OECD 자료에 따르면 주 32시간 근무자의 생산성은 45시간 근무자보다 19% 높았으며, 이들은 휴식 시간 투자에 월평균 23만 원을 지출합니다. 여가 산업 분석가 G 씨는 "휴식 소비 시장이 연 7조 원 규모로 성장하며, 이는 단순 레저가 아닌 맞춤형 회복 솔루션에 대한 수요 반영"이라고 분석합니다. 그만큼 쉬지 못하는 개인이 많아지고 있다는 말이기도 합니다. **휴식의 상대성을 진정 이해한다는 것은 개인의 생물학적 리듬, 문화적 배경, 직업적 특성을 종합적으로 해독하는 작업입니다.** 19세기 시인 월터 페이터의 "삶을 태워버릴 듯 강렬하게 살라."는 권유는 21세기 버전으로 재해석되어야 합니다. 각자가 정의하는 태움의 강도와 재생의 주기를 발견할 때, 비로소 휴식은 에너지 관리 기술을 넘어 존재의 예술로 승화될 수 있기 때문입니다.

자, 이제 이 책을 통해 여러분만의 휴식을 설계해 보는 첫 번째 시도를 시작해보십시오. 좋아 보이는 타인의 것이 아닌, 오로지 나만의 방식으로, 나만의 결을 가진 휴식을 설계할 줄 알아야 합니다. 그 설계를 돕는 역할이 AI 기술인 것은 괜찮습니다. 하지만 "나에게 적합한 휴식 방법이 뭐야?"라고 AI에게 물어보고 그 대답대로만 휴식한다면 우리가 찾으려는 '개인화된 휴식'은 점점 멀어진다는 것을 명심하세요. 그러니 이제부터 시작되는 휴식 수업을 통해 나 자신이 어떻게 살아온 사람이고, 나답게 쉬기 위해 나는 어떻게 쉬어야 하며, 그 휴식을 통해 내가 더 집중하고 싶은 것은 무엇인가와 같은 성찰적 질문에 스스로 답해보는 시간을 가지셔야 합니다.

각 장마다 나만 풀 수 있는 미션들을 하나씩 받게될 겁니다. 책을 읽는 것에 만족하고 넘어가지 마시고 주어진 미션들에 곰곰이 고민하는 사색의 시간을 가져보시기를 권합니다. 그렇게 시간을 들여 나에 대한 성찰에 기반을 두어야 나다운 휴식 설계가 가능하기 때문입니다. 저는 개인적으로 한 장의 미션을 최소한 3일 정도는 숙성시켜보고 다음 장으로 넘어가시길 추천해 드립니다. 그럼 첫 장은 포드 형님의 문장으로 마무리 짓겠습니다.

"휴식은 게으름도 멈춤도 아니다.
휴식을 모르는 사람은
브레이크가 없는 자동차 같아서 위험하기 짝이 없다."

미션 1

지난 일주일 168시간 중에서 '휴식 시간'이라고 느꼈던 순간은 언제였나요? 아래 빈 칸을 채우며 내 휴식에 대해 고민하는 시간을 가져보세요.

휴식이라고 느꼈던 순간	소요 시간	휴식이라고 느꼈던 이유?
1.		
2.		
3.		

2장

가짜 휴식에 속지 마세요

가짜 휴식이라고요?

　많은 분과 진로, 이직에 관해 상담하다 보면 자연스럽게 "잘 쉬고 있어요?"라는 질문으로 이어집니다. 열심의 엔진이 잘 돌아가려면 적절하게 멈추고 필요한 기름칠을 해줘야 하기 때문이죠. 하지만 안타깝게도 대부분의 내담자는 "쉬어도 쉰 것 같지가 않다."라는 피드백을 내어놓곤 합니다. **문제는 실제로 휴식하고 있지 않지만, 본인은 '쉬었다.'라고 느끼는 경우가 많다는 것입니다.** 이는 휴식을 능동적으로 하지 못하고 수동적으로 하고 있기 때문입니다.

　대학에서 학생들을 가르칠 때나 혹은 기업에서 강연할 때 "잠깐 쉬겠습니다~"라고 하면, 말이 끝나기 무섭게 절반 이상 같은 행동을 합니다. 과연 어떤 행동일까요? 간혹 바람을 쐬기 위해 창문을 열거나 일어나서 스트레칭하는 분들도 있지만, 대부분은 약속이라도 한 듯 주머니 혹은 책상 옆에 올려뒀던 휴대전화를 들어 SNS 앱을 켜는 것입니다. 틈만 나면 인터넷 서핑이나 SNS 활동으로 휴식하고 있다는 말이겠지요.

　신기한 것은 두 번째 수업이나 강연을 시작할 때의 표정입니다. 움직이지 않고 휴대전화만 만지고 있던 분들은 "시작합니다~"는 말에 자동 반사처럼 한숨을 쉬는 분들이 많습니다. 반대로 스트레칭으로 몸을 움직였거나 환기를 위해 바깥에 나갔다가 왔던 분들은 첫 강의를 시작할 때의 표정으로 돌아와 있습니다. 우리가 휴식에 관한 개념을 정립할 때 가장 조심해야 하는 부분이 방금 말씀드렸던 예시 중에 있습니다. 저는 이것을 **가짜 휴식**이라고 부르며, 일반적으로 다음 3가지 형태를 가집니다.

■ **가짜 휴식의 3가지 형태**
- 회피적 휴식
- 강박적 휴식
- 무의미한 휴식

회피적 휴식의 대표적인 예시가 방금 말씀드렸던 SNS나 OTT 소비 같은 형태입니다. 이러한 휴식의 **가장 큰 특징은 생각하지 않는 시간**이라는 겁니다. 자극적인 영상과 알고리즘에 나의 선택이나 나의 시간을 모조리 맡겨버려서 그것을 시청하는 나 자신은 아무것도 하지 않아도 되는 상태에 빠지게 되는 것이죠. 물론 일시적으로는 편안함과 해방감을 느낍니다. 하지만, 이 상태가 지속되면 조금 위험하다는 것을 알 필요가 있습니다. 사람들에게 비전과 꿈을 설계하도록 돕는 관점에서 말해본다면, 저는 **휴식과 이러한 고자극 무위험의 시간을 구분하는 게 참 중요**한 부분인 것 같습니다. 자극은 많고 위험은 없다면 우리는 '굳이 위험한 곳으로 다시 나갈 필요가 있나?'와 같은 생각을 하게 됩니다.

대표적인 예로 뉴질랜드에 서식하는 키위(Kiwi)라는 새가 있습니다.

이 새는 육식성 포식자가 없고 숲이 울창한 지형에서 서식하기 때문에 생존을 위해 비행할 필요가 없었습니다. 그래서 세대를 거칠수록 '날개가 필요하나?'라고 느꼈던 것 같습니다. 모든 종은 에너지를 덜 쓰는 방향으로 진화하기 때문에 종의 특성대로 날개는 점점 퇴화했습니다. 하지만 어느 날, 신대륙을 발견한 인간들이 그 섬에 다양한 동물들을 데리고 들어옵니다. 천적에 가까운 육식 동물들을 앞에 두고도 키위새는 오히려 앞에 얼쩡거리기 일쑤였죠. 그렇게 얼마 지나지 않아 키위새는 멸종위기종에 이름을 올리게 됩니다.

제가 생각할 때 이 '고자극 무위험'은 SNS, OTT 같은 것이고 키위새의 날개는 '인간의 사고능력'이 아닐까 싶습니다. 생각할 기회를 기술에 이전하고 편한 길, 효율적인 길만 선택하다 보면 인간의 날개라 할 수 있는 '사고능력'을 잃게 될 가능성이 높습니다. 같은 의미에서 '나는 휴식하고 있다.'라고 생각하지만 실제로는 퇴행하고 있는 것일지도 모릅니다. 하지만 이런 사고적인 측면을 굳이 언급하지 않더라도 이런 회피형 휴식은 **휴식으로서의 효용성이 극히 낮은 방법**입니다.

회피한다는 것은 직면해서 풀어나가야 할 삶의 다양한 문제 앞에서 그저 고개를 반대쪽으로 돌려 외면하는 행위라 할 수 있습니다. 문제는 그대로이지만 내 눈앞에 그 문제가 보이지 않게 만드는 것이죠. 그래서 잠깐의 안도감이나 쾌락으로 그 문제에서 벗어난 것만 같은 착각에 빠지는 것입니다. 심지어 그것이 착각임을 알면서도 사실로 받아들이고 싶은 마음, 즉 더블 싱킹(Double Thinking)을 불러옵니다. Double Thinking은 조지 오웰의 소설 《1984》에서 등장하는 개념으로, 서로 모순되는 두 가지 생각이나 믿음을 동시에 받아들이고 그것이 모두 옳다고 믿어

버리는 상태를 말합니다.

  이런 모순적 사고가 일상화 되면 곧 현실을 바라보는 우리의 사고방식 또한 모순적이게 합니다. 환경 보호가 필요하다고 생각하면서 일회용품을 계속 쓰고, 일과 삶의 균형이 중요한 것을 알면서도 실제로는 매일 늦은 야근으로 자신을 혹사하는 행동을 지속하는 거죠. 우리의 모든 삶이 수학 공식처럼 정확하게 정답이 딱 떨어지는 경우는 드물 겁니다. 하지만 그렇다 하더라도 이런 인지부조화(Cognitive Dissonance)의 상태에 오래 머무르면 '진짜 내가 원하는 것은 무엇일까?' 같은 본질적인 질문을 던져야 할 때, 자기 삶의 기준이 없어서 오히려 더 미로 속에 갇힌 느낌을 받을 겁니다.

  두 번째로 살펴볼 가짜 휴식의 형태는 **강박적 휴식**입니다. 이것은 첫 번째로 살펴봤던 '회피적 휴식'과 상반된 형태입니다. 회피적 휴식이 현실의 문제를 잠깐이라도 잊어버리기 위해 망각을 선택하는 휴식이었다면, 강박적 휴식은 **휴식하는 순간조차 생산적이어야 하며 내가 이루고자 하는 무언가와 연결되어야 한다고 생각하는 강박적인 심리 상태를 반영**합니다. 멀리 휴가를 떠나서도 일, 공부, 미래 등에 관한 갈망의 스위치를 완전히 끄지 못하고 노트북 근처를 맴도는 사람들이 여기에 해당합니다.

  이런 분들과 상담해 보면 짧게는 30분 단위, 심하면 5분 단위로 휴식의 종류와 시간을 정해두고, 그 시간이 되면 정해놓은 시간만큼만 쉬고 다시 일로 뛰어드는 것을 알 수 있습니다. 요즘 들어 이런 분들이 많아지고 있습니다. 아침 6시에 기상해서, 7시까지 조깅을 하고, 8시에 필라테스 하고, 8시 30분에 출근하면서 독서까지 합니다. 여기까지는 삶을 낭비하지 않고 열심히 살아가는 사람들의 표본이라 할 만합니다. 문제는 점심시간이나 퇴근 후 쉬는 시간까지 분 단위로 계획할 때 일어납니다. 애석하게도 우리의 몸과 정신과 마음은 내가 정해놓은 계획표대로 충전되거나 회복되지 않습니다. 한마디로, 이런 분들은 **휴식 시간이 곧 휴식의 전부라고 여기는 오류**를 범하고 있는 것이죠.

이런 유형인 현대인들의 특징이 바로 **완벽주의**입니다. 완벽주의 성향이 높은 사람들은 대체로 **휴식을 방해 요소로 인식**하는 경우가 많다고 합니다.[1] 휴식해야 하는 순간조차 효율성과 생산성을 생각한다면, 그것만으로 이미 **휴식의 첫 번째 조건인 낮은 긴장도**를 벗어나게 됩니다. 우리가 효율과 생산성을 따지기 시작하면 뇌는 더 좋은 방법들을 계산하게 되고, 이는 곧 뇌의 작동이 일할 때와 비슷하게 움직이기 때문에 전전두엽의 피질(Prefrontal Cortex)이 우리의 사고에 관여하게 되고, 이는 두정엽(Parietal Lobe)를 움직이게 됩니다. 즉, 일하는 뇌로 작동하는 방식이 바뀌게 되는 거죠. 이런 상황에서는 멋진 경관 앞에서 캠핑 의자에 몸을 기대어도 쉰다는 느낌을 받지 못합니다. 오히려 몸은 쉬려고 하는데 머리는 일을 하려고 하니 쉼에 대한 저항력만 늘어가죠. 반복해서 이런 경험이 쌓인 분들은 '쉼은 불필요하다.'라는 생각에 이르게 됩니다.

휴식은 시간뿐 아니라 그것을 누리는 사람의 편안한 마음가짐, 긴장도를 낮추게 하는 공간, 역할에서 벗어날 수 있게 해주는 친구 등 여러

---

[1] "Journal of Behavioral Medicine" (2020)

가지 복합적인 요인이 작동해야 제대로 된 휴식에 이를 수 있습니다. 어떤 사람에게는 통하는 휴식이 나에게는 통하지 않는 이유가 여기에 있습니다. 곧 **진정한 휴식은 반드시 개별화되어야 하며, 그 개별화의 성질과 규칙을 발견하기 위한 과정을 거쳐야만 한다**는 말이 됩니다. 이 책을 통해 얻고자 하는 가장 큰 목표도 바로 이 지점입니다. '독자들 스스로 자신의 휴식을 설계할 수 있게 돕자!'

세 번째 가짜 휴식의 형태는 **무의미한 휴식**입니다. 회피적 휴식과 다른 점은 회피적 휴식이 적극적 행동으로 스트레스를 피한다면, 무의미한 휴식은 소극적이고 수동적인 행동으로 스트레스를 피하려고 한다는 것입니다. 그런 의미에서 무의미한 휴식은 **무작정 시간을 낭비하는 것**이라 할 수 있습니다. 침대에 하루 종일 누워 있거나 딱히 살 것도 없지만 인터넷 서핑을 하는 시간 등이 여기에 속합니다. 휴식은 충전과 회복으로서 작동해야 하는데, 이런 방식의 휴식은 그저 감각 자극에 우리의 신경을 노출시켜 도파민만 쫓게 만드는 휴식이라 할 수 있죠. 한 번 정도는 경험해 보셨을 겁니다. 이렇게 무의미한 게임, 무의미한 SNS 스크롤, 무의미한 인터넷 서핑 후 느끼게 되는 무력감을. 문제는 여기에 있습니다. 단순한 자극에 노출되는 것도 문제지만, 정신 차려 보니 6시간이나 지나 있거나 밤을 새워 버렸다는 사실을 인지할 때 느끼게 되는 무기력감은 곧 '어차피 망했어', '지금은 해도 안 될 거야' 같은 **자포자기의 마음을 싹트게** 합니다.

실제로 '쉬지 못하는 사람들의 특징'을 연구했던 펜실베이니아 연구팀은 경고했습니다. 이렇듯 뇌를 계속해서 자극적인 정보에 노출해 도파민에 중독된 사람들은 그렇지 않은 사람들에 비해 집중력 저하, 현실감 상실, 무기력감, 비교 의식으로 인한 자존감 저하의 현상이 도드라진다고 말입니다. 또한 이런 시간이 지속될수록 우울감과 외로움, 분노조절장애에 노출되어 일반적인 사회와 더 단절될 가능성이 높다고 말합니다.[2] 곧 이런 **무의미한 디지털 소비의 시간은 우리의 감정 건강에도 직접적으로 악영향을 미친다**는 것이죠.

무려 수개월 동안 100통이 넘는 입사 지원서를 넣었지만, 번번이 서류심사에서 탈락을 경험하던 학생이 상담을 요청한 적이 있었습니다. 상담실로 들어서는 학생의 모습만 봐도 얼마나 힘든 시간을 보내고 있는지 예상될 정도였습니다. 감지 않아 엉겨 붙은 머리, 메이크업을 한 것만 같은 다크서클, 침 자국과 함께 말라 있는 입술, 김칫 국물이 튄 듯한 티셔츠, 오랫동안 구겨져 있는 것 같은 운동복 바지, 색깔이 묘하게 서로 다른 듯한 남색 양말에 기죽어 있는 목소리까지. 정말 좀비가 따로 없었습니다.

"100번 넘는 거절을 소화해 내기는 쉽지 않았을 것 같네요. 속상하시겠어요. 그래서 요즘은 하루를 어떻게 보내고 있나요?"

그는 난감한 질문이라도 받은 듯 떨리는 눈동자로 커피잔만 한참을 바라보다 말했습니다.

"여러 가지 스트레스가 쌓이니 아무것도 하기 싫다는 생각이 드는 것 같아요. 솔직히 말하면 요즘은 침대에서 휴대전화만 보다가 밥 먹고 자

---

[2] "No More FOMO: Limiting Social Media Decreases Loneliness and Depression", Melissa G. Hunt, Rachel Marx, et al., Journal of Social and Clinical Psychology, 2018

고 다시 휴대전화하는 시간으로만 보내요…"

"음… 종일 휴대전화를 한다면 주로 어떤 걸 하세요? 게임? 유튜브?"

"주로 유튜브 숏츠나 릴스 같은 짧은 영상들을 봐요. 취업 준비에 도움 되는 영상을 봤다가 피곤하면 힐링 영상을 좀 봤다가. 졸리면 수면에 도움되는 영상을 틀어놓고 자요…"

"그래서 취업 준비도 잘 되고 있고, 잘 쉬고, 잘 자는 것 같나요?"

"아니요… 그게 문제인 것 같아요. 관련 영상을 계속 보는데, 왜 저는 더 피곤하고 무기력해질까요?"

"삶의 모든 문제를 '영상 시청'이라는 방법 하나로 풀어가려고 해서는 안 됩니다. 취업 준비를 제대로 하려면 기업 분석을 기반으로 자신의 역량을 가장 자기답게 써 내려가는 서류 형식을 알아내야 하고, 반복적으로 피곤을 느낀다면 수면 시간을 늘리고 영양가 좋은 음식을 섭취해야죠. 무엇보다 더 큰 문제는 휴대전화만 종일 잡고 있었던 나 자신을 깨닫게 되었을 때 느끼는 무력감이 쌓여가고 있다는 거예요."

상담을 통해 그와 1시간 이상 대화를 나누고 보니 문제가 조금 더 명확해졌습니다. 실업급여가 나오는 지금의 생활에 크게 불만이 없어서 안주하고 있다는 것, 구직활동 증명을 위해 분야에 상관없이 복사 붙여넣기 했던 지원서들, '정말 열심히 준비했는데도 실패하면 어쩌지?' 같은 근본적인 두려움이 그를 침대 밖으로 나가지 못하게 했던 겁니다.

이래서 무기력이 무섭습니다. 그것은 하나를 포기하기 시작하면 다른 여러 가지를 자연스럽게 포기하게 만들거든요. 마치 벽지 한 칸에서만 살짝 보였던 곰팡이를 모른 척했더니, 어느샌가 집 전체로 퍼져 버려 벽지를 모두 뜯어내지 않으면 정상적인 생활이 불가능하게 되는 그런 게 바로 '무기력'입니다. 그래서 저는 현대인들의 무기력을 '마음의 곰팡이'라고 부르기도 합니다. **문제는 무의미한 시간을 보내는 대부분의 사람이 이 무기력을 경험하게 된다는 점입니다.**

나는 의도적인 휴식을 하고 있을까?

모든 인간에게는 살아가기 위한 분명한 목적이 있어야 합니다. 그것이 성공이든 돈이든, 유명세든 사랑을 쟁취하는 것이든 상관없습니다. 그 목적성이 사람을 움직이게 만들고 결국 삶을 윤택하고 살아있게 합니다. 그러니 '목적 없는 시간'이라는 블랙홀에 빠지지 않기 위해서라도 우리는 적절하게 쉬며 나의 다음 목적지를 스스로 선택할 수 있는 능동성을 지켜낼 필요가 있습니다. 지금까지 수동적 휴식의 종류에 대해 살펴봤다면, 이제는 능동적인 휴식은 어떤 것을 의미하며 대표적인 능동적 휴식의 방법에는 어떤 것들이 있는지 한 번 살펴볼까요?

휴식을 능동적으로 가진다는 말은 곧 **나의 결정으로 휴식한다**는 말입니다. 그래서 '지쳐 쓰러져 잠들어버렸다.'와 같이 신체적으로는 휴식했다고 할 수 있지만, 스스로 쉬려고 하는 의도가 빠져 있다면 능동적인 휴식이라 할 수 없는 것이죠. 뇌 과학에서는 회복과 충전에 속하는 능동적 휴식(Active Relaxation)을 '인간이 스스로 만들어낸 오로라'라고 부르기도 합니다. 능동적 휴식을 정리해 보면 다음과 같습니다.

■ **능동적 휴식의 세 가지 형태**
- 의식적으로 긴장도 낮추기
- '현재의 나'에 집중하기

• 목적 없는 목적의 시간 누리기

첫 번째 능동적인 휴식의 대표적인 형태는 **의식적으로 긴장도 낮추기**입니다. 흔히 마인드풀니스, 명상, 요가 등의 기법들이 여기에 속합니다. 저는 이 부분을 '운동'을 예로 꽤 자주 설명하는 편입니다. 어떤 운동이든 초보자의 단계를 지나 '잘하는 단계'로 넘어가기 위해서 반드시 해야 하는 일은 '힘을 빼는 것'입니다. 힘을 준다는 것은 곧 잘하고 싶은 마음이 있다는 것입니다. 그래서 자기도 모르게 근육에 힘을 주게 되는데, 그러면 몸은 오히려 경직되어 자연스럽지 못한 행동을 하게 되죠. 그리고 방향이 틀어지고 집중되어야 할 힘이 분산되어 버립니다.

골프나 축구, 배드민턴도 마찬가지입니다. 잘하는 사람들은 힘을 잘 빼는 사람들입니다. 이것은 힘을 주어야 할 임팩트 포인트에서만 힘을 주고 나머지에서는 자연스러운 흐름에 자신을 맡길 줄 아는 것이죠. **힘을 빼는 순간이 바로 휴식**이며 힘을 주는 순간, 즉 임팩트 포인트가 바로 몰입입니다.

하지만 많은 사람이 이 '의식적으로 긴장도 낮추기' 과정을 어려워합니다. 힘을 빼는 원리가 사람마다 조금씩 다르게 작동하기 때문입니다. 누군가는 커피 한 잔을 마시는 것이 긴장도를 낮추게 하지만, 또 누군가는 밖에 나가서 잠깐의 산책을 하는 것이 같은 효과를 가져오기도 합니다. **핵심은 긴장도를 낮추는 활동을 통해 뇌 활동에 자유를 허락하는 것인데 그 방법이 사람마다 다른 것이죠.** 그러니 결국 스스로 그 긴장도를 낮추는 방법을 고민하고 터득하는 수밖에 없습니다.

저는 다행히도 이것을 조금 일찍 발견한 사람 중 한 명입니다. 제가 터득한 방법은 '가사 없는 재즈 연주를 듣는 것'입니다. 큰 마음먹고 고음질의 음악을 들을 수 있는 헤드폰을 구비하고, 음악 듣기 이외의 것들은 모두 잊을 수 있게 암막 커튼과 전동 리클라이너까지 준비했습니다. 누가 보면 '뭐 그렇게까지 투자를 하나?' 싶겠지만 저는 이제 잘 알거든요. 이렇게 캄캄한 조도 아래에서 간접 조명 하나 켜두고 편하게 누운 채로, 약 40분 정도 재즈 음악을 듣고 나면 저의 긴장도가 가장 빠르게 낮아진다는 것을.

이것을 발견하게 된 가장 큰 성찰 포인트는 저의 긴장도가 '소음 환경'에 크게 좌우된다는 것을 발견했기 때문입니다. 야간 자율학습을 싫어했던 게 아니라 습관적으로 딸깍거리는 볼펜 소리가 힘들었던 것이었고, 회사 일이 맞지 않았던 게 아니라 매번 별거 아닌 일로 고래고래 고함 지르는 상사의 목소리가 힘들었던 것이었습니다. 생각해 보니, 아무리 맛있는 커피가 있는 곳이라도 사람이 너무 많아 시끄러운 카페는 피했고, 비싸게 주고 간 가수의 콘서트 현장이라도 과하게 큰 소리가 나는 스피커 옆자리인 것을 알고 나서는 미련 없이 10분 만에 나온 것도 그 때문이었습니다.

저는 제가 가르치는 학생들과 '긴장도를 올리는 환경'에 대해서 토론을 해 본 적이 있습니다. 그리고 다음과 같이 학생들의 대표적인 높은 긴장도의 환경을 정리할 수 있었습니다.

- 아버지가 자신을 지켜보고 있는 순간
- 모두가 자기만을 주목하는 시간
- 처음 해보는 일을 바로 잘 해내야 할 때

- 해야 할 일이 많이 밀려 잠이 부족한 상태
- 단 한 번의 시험과 평가로 결정되는 커리어

이렇게 문자적으로 자신의 긴장도 높은 환경을 성찰하고 이해한 후, 다음으로 해야 할 일은 그 반대의 환경을 설정해서 휴식의 순간으로 설계하는 작업이었습니다. 그렇게 한 학생은 자취방을 구해 독립했고, 또 어떤 학생은 일을 시작하기 전에 비슷한 메뉴얼을 최대한 많이 찾아보면서 완전히 처음 하는 일의 양을 줄였고, 또 다른 학생은 잘하고 싶은 마음에 계속 미뤄왔던 일을 매일 아침 10분간 가장 먼저 하고 하루를 시작한 덕분에 몇 년 만에 깊은 숙면을 취하기 시작했습니다. 결국 학생들은 자신만의 긴장도를 낮추는 방법들을 설계해 냈고, 각자가 해결하고자 했던 문제들을 하나씩 해결해 나갈 수 있었습니다. 이처럼 자신만의 긴장 환경을 찾아 그것의 반대 환경을 설계해서 의도적으로 긴장도를 낮추는 방식을 **회복의 휴식**이라 합니다.

긴장도를 낮추는 휴식 = 회복의 휴식

이런 맥락에서 저는 휴식이 '아무것도 하지 않고 있는 상태'라는 것을 강조하고 싶습니다. 누군가에게는 열심의 순간이라 여겼던 활동이 다른 누군가에게는 휴식 그 자체가 될 수 있기 때문입니다. 다시 한번 강조하지만, **휴식은 상대적**입니다. 그래서 절대적으로 가장 좋은 방법을

찾는 것이 아니라, **자기에게 맞는 방법을 찾는 것이 훨씬 더 중요합니다**. 그러니 '나'라는 사람이 마음, 관계, 일, 정신, 체력의 관점에서 무엇을 하면 회복에 이를 수 있는지를 반드시 살펴볼 필요가 있습니다.

두 번째로 소개해 드리고 싶은 능동적 휴식의 방법은 **현재에 집중하기**입니다. 우리의 회복을 방해하는 요소 중 큰 비중을 차지하는 것이 바로 과거의 문제와 아직 오지 않은 미래의 문제를 오늘로 가져오는 '시점의 오류' 때문에 벌어집니다. 그래서 멀쩡한 하루를 보내다가도 '아, 그때 그걸 안 해야 했는데!'라는 후회나 '5년 뒤에도 내가 잘할 수 있을까?'와 같은 불안이 끼어들면 정답이 없는 문제에 빠지게 됩니다.

후회나 불안이 없는 인생은 없습니다. 단지 그것을 어떻게 바라보며 오늘을 살아가느냐는 관점이나 태도가 그것의 무게를 결정하는 것이죠. 우리가 할 수 있는 가장 현실적이고 효과적인 방법은 오늘의 호흡에 집중하는 것입니다. 현재에 집중한다는 것은 단지 "지금 여기에 집중하라."는 피상적인 조언이 아닙니다. **우리 뇌가 과거의 후회와 미래의 불안을 떠올릴 때 소모되는 에너지를 끊고, 온전히 지금의 나를 회복하는 데 쓰겠다는 의식적인 선택입니다.**

아주 평범한 어느 오후, 밝은 햇살이 창가에 머물러 있고 손에는 따뜻한 커피 한 잔이 들려 있습니다. 몸은 쉬고 있는데 마음은 그렇지 않습니다. '그때 그런 말을 하지 말 걸…', '다음 주 발표를 어떻게 준비하지…'라는 생각이 떠오르기 때문입니다. 이처럼 우리의 몸이 현재에 있어도 마음은 자주 과거나 미래에 체류합니다. 이 괴리야말로 진짜 회복을 방해하는 주범이라 할 수 있습니다.

그러므로 현재에 집중하는 훈련은 이 괴리를 인식하고 좁혀나가는 과정이 되는 것이죠. 조금 어렵게 들릴 수도 있지만, 저는 현재를 살아 간다는 것을 **능동적 의식의 작동상태를 인식할 수 있는 상태**로 정의합 니다. 메타인지적으로 '지금 내가 이것을 생각하고 있구나!'를 아는 것 이죠. 그래서 출근할 때나 집안일을 할 때, 길을 걸을 때도 지금 내가 하 고 있는 행위에 대해 나 스스로 주도권을 가지려고 노력하는 것입니다. **다르게 말하면 행위의 주도권을 '무의식'에서 '의식'으로 가져오는 것이 바로 능동적 휴식이라 할 수 있습니다.**

　보통 우리는 '무엇을 해내야 하는가?'와 같이 행위의 결과에 초점을 맞춘 질문을 많이 들으면서 살아갑니다. 성과를 내야 인정받을 수 있다 는 강박에 시달리게 되는 거죠. 하지만 진정으로 우리가 스스로에게 던 져야 하는 질문은 '지금의 나는 어떤 사람인가?'와 같이 자기 상태를 의 식적으로 떠올리게 하는 것입니다. 이 질문은 행위의 수단으로 존재하 던 나를 **행위의 목적으로 존재**하게 합니다.

　이를테면, 사람들이 모두 돈을 많이 벌어야 한다고 해서 덩달아 그 레이스에 뛰어드는 것이 아니라, 분명한 나만의 목적을 가지고 돈을 벌 겠다는 결심을 하는 것이 바로 의식적인 선택입니다. 이것은 생계를 위 한 일에서부터 '나는 왜 사는가?'와 같은 존재론적인 질문에 이르기까 지 이어지는 선택입니다.

　하지만 삶에 대한 이런 의식적인 힘을 갖추는 것은 결코 쉬운 일이 아닙니다. 좀 전에 언급했듯이 우리는 과거의 후회와 미래의 불안으로 부터 나를 지키는 힘을 갖추는 것조차 버거운 시절을 살고 있기 때문입니다. 그러니 **현재의 나를 오롯하게 바라보며 능동적 휴식에 이르기 위한 자기 점검이 필수**라고 할 수 있습니다. 다시 한번 말씀드리지만, 지금 이야기하고 있는 휴식은 '아무것도 하지 않는 것'이 아닙니다. 지금 여러분은 삶을 조금 더 진취적이고 긍정적으로 살아가기 위해서, 휴식이라는 도구를 잘 활용하려고 이 책을 읽고 있습니다. 조금 더 정확히 말하면 지금은 나만의 충전의 휴식 방법을 찾아내려 하고 있습니다. 굳이 '충전의 휴식'이라는 용어를 쓰는 이유는 이런 방식의 휴식이 **우리에게 예전에 없던 의욕과 동기 혹은 새로운 아이디어를 선물하기 때문입**니다.

모든 인터넷과 단절한 채 숲속에 일주일간 틀어박혀 책을 읽고 글 쓰는 시간만 갖다가 갑자기 아이팟 사업을 시작했던 스티브 잡스, 오랜 산책과 바이올린 연주를 통해 복잡한 문제들과 거리를 두더니 냉장고 시스템을 발명했던 알베르트 아인슈타인, 규칙적으로 낮잠을 자거나 일을 멈추고 자연 관찰을 위해 떠났다가 돌아와 모나리자를 완성했던 레오나르도 다빈치도 충전의 휴식을 잘 이해했던 위인들이었습니다.

위대한 업적을 남겼던 사람들은 세상과 단절하고 오로지 작품이나 사업에만 몰두할 것 같지만, 오히려 반대로 일과의 단절을 통해 업적에 이르는 역설을 보여줍니다. 능동적인 휴식 중에서도 **충전의 휴식은 우리에게 필수적인 과정이자 중요한 성장의 도구**이기도 한 것이죠. 그렇기 때문에 휴식의 방법을 찾아내려면 문제를 알아야 하고, 문제를 알아내려면 진단해야 합니다. 나에 관한 진단은 나 자신이 가장 정확하게 할 수 있으며, 그 진단에 객관성을 부여하기 위한 작업이 바로 **성찰적 감정 기록을 쌓는 것입니다.**

심리학에서는 이것을 감정 인식 훈련(Emotion Awareness Training)이라고 부릅니다. 관련해서는 U.C. Los Angeles의 심리학자 매튜 리버먼(Matthew Lieberman) 교수의 '감정에 이름 붙이기(Affect Labeling)' 연구가 있는데, 이는 자신의 감정을 단어로 라벨링(labeling) 하는 행위가 뇌의 불안 반응을 완화하고 편도체(amygdala) 활동을 줄여 스트레스 감소에 효과적이라는 것을 보여줍니다. 곧 그것이 부정적인 감정이든 긍정적인 감정이든 자기의 감정을 제대로 알고 있는 것만으로도 뇌의 불안 영역 활성도가 낮아졌다는 말입니다. **감정을 안다는 것이 곧 우리의 뇌가 감정을 통제가 가능한 대상으로 인식한다는 것입니다.**

이러한 원리로 많은 사람의 감정 과잉 반응을 평범한 반응 체계로 진정시키기 위한 메커니즘이 개발되기도 했습니다. 조금 더 확장해 보면, 우리가 적절한 감정 인식에 대한 훈련을 병행하면 능동적인 휴식과 정신적 회복력을 높일 수 있다는 말입니다. 그래서 현재에 집중해서 지금 내 생각이나 지금 내가 느끼는 감정 등을 기록의 형태로 변환하는 과정이 곧 회복탄력성을 높이는 일이 됩니다. 다시 말해, 나에 대해 무언가를 쓰는 시간은 충전의 휴식을 가능하게 한다는 점에서 휴식의 질을 높이는 과정이라 할 수 있습니다.

능동적 휴식의 세 번째 방식은 바로 **목적 없는 목적의 시간 누리기**입니다. 한 가지 질문을 던져 보겠습니다. 여러분은 혹시 "아무것도 하지 않는 것은 제대로 쉬는 것이 아니다."라는 문장에 동의하시나요? 질문에 의도가 드러나 있는 것처럼 저는 절반 정도만 동의하는 편입니다.

'아무것도 하지 않는 것 또한 휴식이다.'라는 문장이 참의 명제로 존재하려면 '나는 아무것도 하지 않겠다.'라는 '목적의식이 투영된 시간을 보낼 때'라는 전제가 필요합니다. 여러분이 제대로 쉬기 위한 능동적 휴식을 가지려면 **목표 지향적 활동을 쉰다**는 문장에 부합하면 됩니다.

종종 번아웃을 경험하는 학생들에게 "목적이 없는 시간을 보내겠다는 목적을 가져보세요."라고 상담해 주면, 학생들은 대개 의아해합니다. "열심히 공부해야 한다.", "수면 시간을 줄여서 경쟁에서 이겨야 한다."라는 말만 줄곧 들어오다 한 교수님만 "충분히 쉬어도 괜찮다.", "성과 없는 시간을 불편해하지 말고, 즐길 수 있어야 한다."라고 하니 오히려 더 헷갈린다고 했습니다.

제가 생각하기에 지금의 시대는 효율의 극대화를 과하게 맹신하고 있는 것 같습니다. 자연을 음미하는 산책 시간조차 경로와 시간을 측정해주는 기술들이 너무 가깝게 그리고 너무 빈번하게 우리를 몰아 붙이는 것 같습니다. 하지만 진짜 능동적인 휴식은 오히려 무언가를 성취하지 않아도 괜찮은 순간에 더 깊어집니다. 마치 창의력처럼요. 역할에 대한 압박이나 미래에 대한 불안 등이 가라앉을 때 '지금 나의 모습'에 대해 조금 더 집중할 수 있을 겁니다.

원래 휴식은 '호흡한다'라는 의미가 있습니다. 한자를 살펴보면, 쉴 휴(休)에는 '나무 아래에 기대어 쉬는 사람'이 있습니다. 이것은 신체적으로 멈춰 있는 상태와 그늘 아래에 있어서 감정적으로 안정되어 있는 상황을 말합니다. 다음으로 쉴 식(息)은 '마음에서부터 스스로 멈춤'을 말하며, 이것은 호흡을 고르며 내면을 가라앉히는 상태, 즉 고른 숨을 내쉬는 현재의 상태를 말합니다.

그래서 동양에서는 이 휴식이라는 단어를 단순히 '일을 하지 않는다.' 라는 좁은 의미로만 보지 않고 **몸과 마음을 멈추고 지금 나의 호흡을 느낀다**는 의미를 포함합니다. 이것은 곧 현재에 집중하는 시간이 있어야만 멈출 수 있다는 뜻이기도 합니다. 그래서일까요. 고대 중국 문헌들을 살펴보면 휴식과 현재의 삶에 집중하는 시선에 대해 강조하는 문구들이 자주 등장합니다. '예기(禮記)'에서는 다음과 같이 말합니다.

'노자는 말하기를, 지나친 일은 몸을 해치고
휴식 없는 삶은 기를 다하게 한다.'

우리가 익히 워라밸이라고 알고 있는 노동과 휴식의 균형을 옛날부터 강조했던 것입니다. 그만큼 주기적인 쉼이 인간의 삶에 필수적이라고 여겼기 때문이죠. '손자병법'에 등장하는 단어 중에는 '휴병(休兵)'이 있습니다. 전쟁 중이더라도 병사들의 체력과 사기를 위해 일시적으로 멈춰서 회복하는 것이 전쟁의 승리 요건에 중요한 역할을 한다는 말입니다.

서양에서는 조금 더 다양하게 살펴볼 수 있는데, 가장 대표적인 단어는 'Rest'입니다. 이것은 라틴어 'restare'에서 유래된 것으로, '뒤에 남다' 혹은 '머무르다'라는 뜻입니다. 비슷한 단어로는 'Pause'가 있습니다. 이 또한 그리스어 'pausis'에서 유래되었고, '모든 것이 멈춘 현재와 앞으로의 현재의 간격'을 말합니다. 음악을 들을 때 '일시 정지' 버튼을 나란히 놓인 막대 두 개 사이 간극을 나타내고 있는 것이 그런 의미죠. 이처럼 **휴식은 몸과 마음이 앞으로 나아가기 위한 의식적인 멈춤**이며, **삶을 재정렬하고 재창조할 수 있는 중요한 '틈'**이라 할 수 있는 겁니다.

삶에 대한 목표와 목적이 분명한 것은 너무 필요한 일입니다. 하지만 그것이 24시간, 365일, 평생 동안 계속 이어져야 한다는 강박에서는 벗어나야 합니다. 삶의 목적은 하나의 값으로만 존재하는 지표가 아니라 벡터값을 가진 방향이기 때문입니다. 살아가고자 하는 방향성을 추구하는 것 자체가 우리 삶의 목적이 되면 충분합니다. 그러니 X값과 Y값의 절댓값을 찾으려 하지 말고 그것이 인생의 정답인 것처럼 불안해하지 않아도 됩니다.

되돌아보면 저 역시 '목표와 비전이 분명한 인생은 이렇게 살아야 한다!'라는 암묵적인 표상을 머릿속에 두고 살아왔습니다. 그래서 잘 쉬지 못했고, 힘들고 어렵고 쉬어야 하는 상황인데도 주변에 그것을 제대로 알리지 못했던 시절이 있었습니다. 몸과 마음은 병들어 갔고 역할적으로 웃어야만 하는 상황에서 더욱 제 상황을 감추게 되더군요. 그런 시간이 오래 이어지니 '이래서 사람들이 우울증에 걸리는구나...' 싶은 순간을 마주해야 했습니다. 결국 저를 멈추게 한 것은 의지적 결정이 아니라 병원 의사의 말이었습니다. "그러다 정말 죽을 수도 있어요..."

저는 조금 냉소적인 말투로 내뱉은 죽음이라는 단어를 의사의 입술로 전해 듣고 나서야, 쉴 수 있을 때 의도를 가지고 쉬어야 한다는 것을 인정했습니다. 그때부터 저는 저만의 능동적 휴식의 언어와 방법들을 찾아다니기 시작했습니다. 휴식에 대해 깊게 고민하는 시간이 쌓일수록 알게 되더군요. 지금까지 제가 했던 휴식 방법은 주로 타인의 휴식을 그대로 따라 하거나 혹은 가짜 휴식을 취하면서 '잘 쉬고 있다.'라는 자기 위안에 빠져 있던 시간에 지나지 않았다는 것을.

 능동적인 휴식에 이르기 위해 여러 단계가 필요하지만, 가장 먼저 해야 할 작업이 바로 **가짜 휴식에서 벗어나는 일**이 아닐까 싶습니다. 그래야 '나는 어떤 삶을 살고 싶은가?'와 같은 본질적인 질문을 마주해도 '휴식 없는 열심'이라는 함정에 빠지지 않을 수 있기 때문입니다. 제대로 쉬어야 합니다. 그러려면 진짜와 가짜를 구분할 수 있는 분별력이 필요합니다. '나'라는 사람을 오랫동안 좋은 상태로 목적에 맞게 잘 활용하기 위해서도 진짜 연료로 작동하는 원리가 무엇인지를 알아내야 하는 것이죠. 나를 잘 아는 것이 내가 잘 쉬는 것이고, 잘 쉬기 시작하면 아는 것을 실천할 힘 또한 생기기 마련이기 때문입니다. 불안하다고 그냥 쉬지 마시고, 조금만 시간을 들여 나에게 맞게 영리하게 쉬세요. 그래야 휴식이 대나무의 마디처럼 나를 단단하게 지탱해 주는 시간이 되어줄 겁니다.

미션 2

1. 나의 휴식 관련해서 다음 칸을 채워보세요.

나의 긴장도를 높이는 환경 & 상황	긴장도를 낮추기 위해 무엇이 필요한가요?
1.	
2.	
3.	

2. 내가 생각하는 가짜 휴식에는 무엇이 있나요? 왜 그것이 가짜 휴식이라고 생각하시나요?

3장

나에게 맞는 휴식은
따로 있습니다

휴식했다고 착각한 결과

하루 1시간만 자면서 일하던 시절이 있었습니다. 뱃속의 아기가 곧 태어날 예정이었고 "나만의 회사를 만들겠다!"라며 호기롭게 퇴사를 선택한 상황이었습니다. 상황적으로 보면 미래나 생각지 못했던 리스크, 마음처럼 서둘러 잡히지 않는 회사의 구조 등 어느 하나 확실한 게 없었죠. 미안한 일이지만 "괜찮다", "천천히 해도 된다", "굶어 죽기야 하겠나?"라는 아내의 따뜻한 위로는 제 귀에 들리지 않았습니다.

불안한 마음에 깊이 잠들 수도 없었습니다. 밤이면 머리맡에 노트와 펜을 두고 자다가 무언가 떠오를 때마다 미친 사람처럼 메모를 했습니다. 그리고 낮에는 일, 일, 일을 입에 달고 살았죠. 기껏해야 교육 회사 하나 만들면서 세상에 존재하는 모든 종류의 교육 형태를 다 섭렵하려는 오만에 빠져 있었습니다. 더 큰 문제는 몇 개월만 고생하면 될 줄 알았던 시기가 무려 3년 반 동안 이어졌다는 데 있었습니다.

무리하는 시기가 길어지니 당연하게도 건강이 나빠졌고, 관계가 틀어졌습니다. 병원을 찾아, 생전 처음 보는 기계에 몸을 집어넣을 때가 되어서야 알게 되었죠. '무언가 잘못되었구나.' 볼 수 있는 것이 병실 천장밖에 없다는 것을 인정하게 되었을 때 여러 가지 복잡한 마음이 들었습니다. 의례적으로 병실에 있던 음료수를 주고받으며 이야기를 나눠보니 다른 분들도 상황이 비슷했습니다. 음식점 사장님, 회사 간부, 일일 노동자 등 직업은 다양했지만, 모두가 쉬어야 할 때 쉬지 못했더니, 결국 병실 회동을 하게 된 것입니다. 하지만 안타깝게도 잘못을 깨달았다고 해서 그다음 날부터 바로 변할 수 있는 것은 아니었습니다. 몇 년 동안 이어진 습관 때문에 대부분 새벽까지 잠들지 못하고 병실 복도를 좀비처럼 배회하곤 했습니다. 무언가를 해야 한다는 강박에 시달린 거죠. 어느 날, 옆 침대에 있던 아저씨 한 분이 쇳소리 가득한 목소리로 말을 걸어왔습니다.

"자는가?"
"선생님도 잠이 안 오시나 봐요?"
"음료나 한잔할까?"

벌받는 죄수들처럼 병실 천장을 보고 누웠던 우리는 조용히 병실을 나와 휴게실로 자리를 옮겨 대화를 이어갔습니다. 그는 대형 은행사의 임원이었습니다. 무려 25년을 한 회사에서 주말까지 출근하며 살아왔다고 했습니다. 능력을 인정받아 임원이 된 지 이제 2년 차인데, '암'이라는 생각지도 못한 녀석을 만나게 되면서 병원 신세를 지고있었습니다. 더 안타까운 사실은 암 진단을 받았다는 소식이 회사에 알려지자, 권고사직을 권유받았다는 것이었습니다. 정말... 냉혹한 현실입니다.

"내가 너무 바보같이 살았어. 그렇게까지 충성할 필요는 없었는데..."

"좀 쉬면서 하시지…"

"쉬었지. 골프도 치고 여행도 가고 술도 마시면서. 그런데 그게 진짜로 쉬는 게 아니었던 거지. 생각해 보면 그 멀리 휴가를 가서도 노트북을 펼쳐놓고 일을 하고 있었으니까…"

"지금의 저를 보는 것 같네요…"

"그러니까 너무 무리하지 마. 내 꼴 나…"

그는 팔에 꽂힌 주삿바늘 여러 개를 슬쩍 들어 보이며 쓴 미소를 지었습니다. 짧은 담소였지만 저에게는 긴 여운이 남는 대화였습니다. 병실에 다시 누워 습관처럼 머리맡에 있던 노트에 한 문장을 적었습니다. **'나에게 맞는 휴식이란 무엇일까?'** 병실에서 해보는 휴식에 관한 성찰은 꽤 임팩트가 있었습니다. 그중에서도 가장 잊지 않아야 할 내용들을 정리해서 여러분에게 전달해 봅니다. 저와 같은 실수를 하지 않으시기를 바라면서.

절대적인 휴식 방법이란 존재하지 않는다

오랜만에 모인 고등학교 친구들과의 모임. 그중 한 녀석이 일 년에 2번은 해외여행으로 쉬고 온다며 자랑하고 싶어 했습니다. 온 가족이 비즈니스석을 예약했다는 이야기, 해변에서 노느라 살이 너무 탔다는 이야기를 끄덕이며 들어주는 것도 고역이었지만, 무엇보다 이 한마디는 다른 친구 녀석들을 정색하게 만들기에 충분했습니다.

"몇 년 동안 해외여행을 못 갔다고? 엄청 불행하겠다…"

"이 새끼가, 진짜… 네가 뭔데 우리를 불행한 사람으로 만들어!!!"

평소에는 몇 마디 말도 잘 안 하던 친구가 자리를 박차고 일어나자, 순식간에 공기가 차갑게 식었습니다. 위기를 감지한 다른 녀석들과 저는 서둘러 그 둘 사이로 잔을 들고 자리를 옮기며 말했습니다.

"자랑 좀 하게 놔둬. 해외여행을 얼마나 가고 싶어 했냐..."
"그러니까... 자랑만 하지. 왜 가만히 있는 사람을 불행하게 만들어!"
"취했어? 웬일로 맞는 말을 다 하냐?"

능청스러운 한 녀석의 중재에 순간 다들 웃음보가 터져 버렸습니다. 다시 이런저런 사는 이야기에 취해 갈 때쯤 우리는 '**어떻게 쉬어야 잘 쉴 수 있을까?**'에 관한 대화를 이어갔습니다.

"왜 해외여행을 못 가면 안 행복하고, 잘 쉬지 못했다고 생각할까?"
"한국인들이 가진 이상적인 표상이 있는 거지. 행복은 이런 거, 휴식은 이런 거. 이렇게 딱 정해두고 그걸 성취해야만 해냈다는 공식."
"이놈의 정답 찾기는 끝나지 않네..."

공부를 죽도록 싫어했던 한 친구 녀석이 슬쩍 대화에 끼어들었죠.

"정해진 길을 사람들의 기대에 맞는 속도로 가지 않으면 '낙오자'가 되는 기분이랄까. 대학 다니다가 휴학한다고 했을 때나 한 달 정도 장기 휴가를 갔다 오겠다고 회사에 말했을 때. 사람들의 분위기가 꼭 쉰다는 게 죄짓는 기분이 든다고 해야 하나?"

"그렇지. 꼭 맡은 역할을 등한시하고 무책임하게 도망가는 사람처럼 쉬어야 한다는 게 참 서글퍼. 그런데 난 더 심각하다고 느낀 게 있어. 그렇게 연차를 내고 시간이 생겼는데 도대체 뭘 하면서 그 하루를 보내야 하는지 모르겠더라고. 그렇게 귀중한 연차를 유튜브나 보면서 집에서 뒹굴뒹굴하는 게 맞는 건가 싶고. 그래서 내가 뭘 한 줄 아냐?"

"그래서, 뭐 했는데?"

"인터넷에 '잘 쉬는 법'을 검색했어. 대체 다른 사람들은 어떻게 쉬고 있는지, 아닌 척 살펴보고 있더라고. 마치 관음증 환자라도 된 것처럼. 쉬는 것조차 다른 사람의 방법이 그렇게 중요하더라."

"음... 왜 그럴까? 이왕이면 그 얼마 안 되는 쉬는 시간에 실패하고 싶지 않아서? 이런 마음일까?"

"비슷해. 황금 같은 연차를 낭비하고 싶지 않으니까 다른 사람들이 좋다는 걸 바탕에 깔고 하고 싶은 거지. 조금 더 솔직해지자면, 그렇게 블로그나 유튜브에 나오는 다른 사람들의 방법으로 쉬잖아? 그럼, 그 투자한 시간과 비용 때문에라도 그 휴식은 의미가 있어야 해. 매몰 비용 효과지. 나에게 실제로 그게 유의미한 휴식이었는지 아니었는지는 이미 상관이 없어지는 거지. 이미 들어간 시간과 비용, 노력 때문에 그게 옳아야만 하는 거야. 이런 루트로 합리화하면서 휴식의 일반화가 시작되는 것 같아."

저는 잠깐의 틈을 내어 메모장에 '매몰 미용', '휴식의 일반화'라는 단어를 적었습니다.

"일리가 있는 말이라고 생각해. 주어진 시간은 짧고 이왕이면 실패하고 싶지 않아서 휴식조차 타인의 것을 따라 한다... 이렇게 보면 우리는 참... 자신의 선택을 믿지 못하는 것 같다."

"그런 것도 있지. 하지만 더 중요한 관점은 '한 번의 선택이 늘 옳아야 한다'처럼 강박이 많은 한국인에게 깔려 있다는 게 아닐까 싶어. 시험

문제에 대한 정답을 동그라미와 사선으로 평가받듯 우리가 하는 선택들에도 그렇게 마침표가 정리된 어떤 것을 찾고 싶은 거지. 열심의 민족인 만큼 '온리원(Only One)'를 추구해야 하니까."

"그게 바로 '온리원의 딜레마'야. 단 하나의 특별함을 추구해야 하는데 이미 알려진 타인의 방식으로만 살아가려 하니까 박자가 안 맞는 거지. 뭔가 스텝이 꼬여버린 살사댄스를 추는 기분이랄까. 사람들이 엉거주춤하는 게 느껴져. 어울리지 않은 오마카세 앞에 앉아 5만 원 짜리 사진을 찍고 있는 그런 기분? 윤 교수는 어떻게 생각하시나?"

메모장에 '온리원의 딜레마'라는 단어를 적던 저는 커닝하다 들킨 학생처럼 서둘러 대화에 끼어들었습니다.

"나도 비슷하게 생각해. 유독 한국인들은 많은 사람의 생각이 곧 옳다고 느끼는 이상한 유대감 같은 게 있어. 난 그런 맥락에서 오히려 다른 사람들이 모두 좋다고 하는 건 일단 안 하고 보는 것 같아."

"그러게. 옛날부터 약간 청개구리 본능이 있었지, 넌..."

"인정. 또 생각해 보면 다들 맛집 투어나 여행을 다녀오면서 잘 쉬었다고 하는데 난 전혀 동의가 되지 않더라고. 일단 음식에 크게 관심 없고, 여행을 가더라도 나는 패키지여행보다는 내가 직접 알아보고 준비해서 자유여행을 하는 편이거든. **핵심은 '나만의 휴식 방법'에 대해서 누군가의 허락을 받을 필요는 없다는 거야.** 정말로 자신에게 유효한 휴식이라면 그게 본인의 휴식 방법인 거지. 조금 특이하더라도."

"너 그런 거 있지? 특이한 휴식 방법. 뭐야, 말해봐~"

안주로 배를 거의 다 채운 한 녀석이 드디어 대화에 끼어들었습니다.

"음... 수능 수학 문제 풀어보는 거?"

순간 친구 녀석들의 고개가 차례로 제게 향했습니다. 한껏 눈이 커진 미어캣처럼.

"수학?"

"수능?"

"내가 아는, 그 공부할 때 하는 수학?"

"허...어...어. 맞아. 그 수학."

"하... 진짜, 너는..."

한 녀석은 고개를 절레절레 내저으며 말없이 제 사이다 잔에 자기 잔을 쨍하고 부딪쳐왔습니다.

"일단 들어나 보자. 그게 왜 휴식이야? 도대체 왜?"

"아까 너희가 말한 것처럼 인생에는 정답이 없잖아. 막연함과 불안함은 죽을 때까지 없어지지 않을 텐데. 수학에는 분명한 정답이 존재하거든. 그리고 그 정답을 찾는 과정이 딱 한 가지일 필요가 없어서 뭔가 마음의 안정을 찾는 데 도움이 돼. 그래서 수능 문제 하나를 가지고 한 달 반 정도, 질질 끌면서 풀어본 적도 있어. 재미있는 건, 정답은 맞췄지만 내가 해답지에 있는 방식으로 문제를 푼 게 아닐 때가 많았다는 거야... 그래서 더 짜릿하고 재밌었어. 뭔가 새로운 길을 개척했다는 성취감 같은 것도 들고..."

"음..."

"아..."

여러 탄식 뒤에 '이 새끼 진짜 미친놈이네...'라는 표정이 엿보였지만, 저는 애써 그 표정들을 무시하고 말을 이어갔습니다.

"10분 전에 다 같이 동의했잖아. 휴식은 상대적이라고. 근데 벌써 인정 못 하는 거야?"

"아, 아니지. 그럴 수 있지. 그럼~ 인정!"

"나도 하나만 물어보자. 내가 가르치는 학생이 '유튜브 시청'이 자신의 휴식 방법이래. 그런데 내가 보기엔 아무래도 그냥 '게으름의 시간' 같단 말이지. 너희는 **휴식과 게으름을 어떻게 구분**해?"

"오, 신박한 질문이다... 휴식과 게으름의 구분이라..."

녀석들은 시선을 다른 곳으로 던지며 잠시 생각에 잠겼습니다.

"일단 진짜 지쳐 있을 때는 나도 그렇게 소파에 누운 채, 유튜브를 보면서 회복하는 것 같기는 해. 머리 아픈 일을 잠시 잊어 버릴 수도 있고, 짧은 시간에 진짜로 웃을 수 있기도 하니까..."

"맞아. 나도 비슷한데. 하루 종일 힘들고 어렵고 지치는 일들만 있다가 유튜브를 켜면 재미있고 신기한 것들이 넘쳐나잖아? 때로는 가장 간편하게 어떤 '행복'이라는 히어로를 내 삶의 공간에 불러들이는 느낌마저 들어. 그만큼 웃을 일이 없어서 그런가. 아, 말하고 나니까 뭔가 슬프다..."

"근데 나도 처음에는 그렇게 유튜브를 보는 데 몇 시간 지나고 나면 관심 없었던 것까지 다 챙겨 보고 있더라고. 저녁도 안 먹고 새벽까지 영상을 보고 있기도 하고. 그래서 윤 교수가 뭘 걱정하는지 알겠어. 처음의 의도와 관계없이 이어지는 시간을 말하고 싶은 거지?"

"그렇지. 정말로 시작은 휴식이나 보상이었지만, 어느 순간 게으름이나 현실 도피로 변질된 시간. 그런 걸 조심할 필요가 있다는 거야. 사람은 기계가 아니니까 당연히 쉬어야지. 하지만 그게 게을러져도 된다는 명분이 되어서는 안 되니까..."

"시작은 휴식이지만 끝은 게으름인 시간이라... 야, 이거 완전 어디부터가 엉덩이인지 구분하는 그 딜레마 같다, 야."

저희는 다들 각자의 방법으로 '휴식과 게으름의 경계'에 대해 잠깐의 사색에 빠져 들었습니다.

"내가 생각할 때는 나답게 쉬려고 하는 그 '의도'가 가장 중요하지 않을까 싶어. '언제부터 언제까지 이런 방식으로 쉬겠다!'라는 자기 결정이 없다면, 의도된 휴식이라 할 수 없고. 그렇게 결국 게으름의 함정에 빠지게 되는 거지."

"휴식의 초점을 외부적인 것에서 '나'라는 개체로 가지고 와야 한다는 거네. 나중에 시간을 들여서 좀 고민해 보고 싶은 부분이긴 하다. '휴식'이라고 하면 자연스럽게 여행, 맛집, OTT 같은 것들이 막 떠오르는데 '나다운 휴식'이라고 하니 딱 떠오르는 장면이 없네... 왜 그렇지?"

"나답게 쉰다는 개념에 대한 오해들이 많아서 그렇겠지."

"오해?"

"많은 사람이 쉬고 있는 그 비슷한 방식에 동조하지 않으면 근거 없이 이기적인 사람으로 생각하는, 그런 사고방식 같은 거."

"아..."

"결국 타인의 다름에 대한 수용성을 그 나라의 문화가 얼마나 가지고 있느냐에 관한 문제야. 우리나라처럼 유교적 사상이나 하나의 국민성을 강조했던 나라일수록 이런 개인적인 휴식이 이기적인 모습으로 비치기 딱 좋지. 그래서 내가 보기엔 지금이 거대하고 오래된 유교 문화와 개인의 개별성을 강조하는 트렌드가 섞이면서 갈등하는 시기인 것 같아. 그래서 혼자이고 싶었다가, 또 많은 사람 속에 파묻히고 싶다가

하면서 갈팡질팡하는 것 같은?"

"더 큰 문제는 '내가 다른 사람들의 방식을 따라가고 있다.'라는 의식조차 없이 살아가는 사람이 많다는 거야. 뭔가 잘못 되었다... 라는 걸 알아야 바로 잡을 텐데, 번아웃이 오기 전에는 그런 위기의식조차 생기지 않는 게 슬픈 현실이지."

"오, 듣고 보니 그렇긴 하네. 나도 '나다운 휴식법을 찾아야 한다.'라는 생각조차 못 하고 살았던 것 같아. 근데 진짜 어떻게 찾아야 하지? 윤 교수?"

긴 대답이 될 것을 예상한 저는 물을 천천히 마신 후에 말을 이어갔습니다.

"나에게 맞는 휴식법을 찾으려면 **'반응-실험 설계'**에 익숙해져야 해."

"반응-실험?"

"**휴식했을 때 '나'라는 사람이 어떻게 반응하는지를 계속 추적 관찰하는 거야.** 긍정적인지 부정적인지 혹은 만족스럽다면 그 정도가 몇 점에 해당하는지를 스스로 평가해 보면서 계속 더 찾아봐야지. 그러다 보면 어떤 결이 보여. 공통분모 같은. 그걸 찾으면 그 결에 맞는 휴식 방법만 가져와서 이리저리 섞어도 내가 가장 만족하는 휴식 방법이 나오는 거지."

"음... 오래 걸리겠는데?"

"어, 맞아. 오래 걸려. 심지어 하나하나 찾는 게 쉬운 일도 아니야. 하지만 이거 하나 찾아 놓으면 인생에서 자유를 누릴 수 있지."

"자유?"

"정확히는 도파민으로부터 자유로워지는 거야. 자기 휴식을 모르면 자극적인 휴식 방법에 계속 노출될 수밖에 없거든. 그러면 점점 더 센 도파민을 찾아야만 쉰다고 느끼게 돼. 그래서 제대로 된 휴식 방법은 게임, 유튜브, 섹스, 마약에 기대지 않아도 진짜 쉴 수 있는 자유야. 보통 자기만의 휴식을 찾는 과정을 건축에 많이 비유해. 스스로 휴식이라는 건축물의 설계도를 하나하나 그려보고 수정해 가는 작업이 그와 닮았거든."

"설계 도면을 잘 그려놓지 않으면 이상한 건물이 완성되는 것처럼?"

"그렇지. 그러니까 산책, 영화, 여행, 맛집, 독서할 거 없이 휴식 방법이라고 생각할 만한 것들을 많이 경험해 보고 자기만의 최적 설계를 찾아내는 게 가장 안전하고 빠른 길이야. 문제는 이런 시간을 낭비라고 여기거나 시간을 때우는 식으로만 보내면 아무 의미가 없다는 데 있고."

"오, 같은 행위를 해도 의미가 다를 수 있다?"

"그거야. 행위 자체가 중요한 게 아니라, 그것에 대한 의미를 스스로 정의 내릴 힘이 있느냐 없느냐의 문제…"

"아, 머리 아파. 휴식 하나 찾는 게 뭐 이리 어렵냐. 난 잠시 도파민 충전 좀."

보란 듯이 핸드폰을 꺼내 유튜브를 켜는 녀석을 보며 우리는 동시에 실소를 머금었습니다. 집으로 돌아오는 길, 제 노트에는 여러 단어가 채워져 있었습니다. 매몰 비용, 휴식의 일반화, 온리원의 딜레마, 도파민으로부터의 자유, 휴식 설계의 최적화... 단어들을 하나씩 곱씹어가며 휴식에 대해 성찰하다가 한 줄의 문장에 걸음을 멈춰 섰습니다.

'초점을 타인에서 나에게 옮겨와도 휴식이 한 번에 최적화되지 못한 것은, 나뿐 아니라 나의 상황도 계속 바뀌었기 때문이구나!'

내 상황에 맞는 휴식이 따로 있다

휴식에 관한 책을 쓰기로 결정하면서 동서양의 역사적 인물들을 따라가 보며 자료를 수집하고 성찰해 본 적이 있습니다. 그러다가 알게 된 사람이 바로 조선의 22대 왕 '정조(1752~1800)'입니다. 정조는 탕평책과 규장각의 설치, 서얼허통(庶孼許通) 등 여러 개혁 정책으로 조선의 근대화에 많은 역할을 했던 군주로 평가를 받습니다. 하지만 엄청난 업적 이면에는 고통스러운 시절들이 숨겨져 있기 마련입니다. 정조 역시 아버지인 사도 세자의 비극을 짊어지고 끊임없는 전쟁의 역사 속에서 살아야 했습니다. 나라 안에서는 오랜 전쟁으로 기근과 내란이 끊이지 않았고, 외부적으로는 언제 있을지 모를 침략을 대비하기 위해 국력을 강화해야 했지요. 조선의 대표 기록인 《조선왕조실록》을 살펴보면 정조는 하루 16시간 이상씩 나라의 정사를 돌보며 지냈다는 기록[1]이 나옵니다.

'과인이 사대부의 글을 직접 보고 판단하려 하니,
밤이 깊어지기를 밥 먹듯 하노라.'

---

1 《정조실록》, 정조 16년(1792) 4월 조

이뿐 아니라, 왕과 신하 사이의 모든 공식 보고와 명령을 기록한 《승정원일기(承政院日記)》를 살펴보면 정조는 하루 평균 20건의 보고를 받고 11건의 지시를 했던 것으로 보입니다. 실로 엄청난 업무량입니다. 또한 정조가 정약용, 채제공, 홍국영 등에게 보냈던 친필 편지라고 알려진 〈정조어찰첩〉[2]을 살펴보면 다음과 같은 내용도 나옵니다.

'내가 너희보다 더 늦게 자고 더 일찍 일어난다.
군왕이 스스로 나태하면 나라가 늙는다.'

이처럼 정조는 자신의 나태함을 나라의 늙음으로 인식할 수 있는, 그릇이 큰 사람이었음이 틀림없습니다. 하지만 개혁에 대한 삶의 무게 때문이었을까요. 그는 49세라는 이른 나이로 죽음을 맞이하죠. 그의 죽음은 과로와 정신적 스트레스에 따른 건강 악화였다는 설이 유력합니다.

서양으로 가보면 루트비히 판 베토벤(Ludwig van Beethoven)을 기억해 보고 싶습니다. 교향곡(Symphonies) 5번 〈운명〉, 피아노 소나타(Piano Sonatas) 14번 〈월광〉, 〈엘리제를 위하여〉 등 서양 고전 음악의 거장인 그는 끊임없이 작곡하고, 완벽주의를 대표하는 예술가의 삶을 살았습니다. 청력을 잃은 고통 때문이었는지 워낙 철저하고 강박적으로 자기 관리를 지키려 했고, 그는 평생 자기 검열과 창작 강박에 시달린 것으로 유명하죠. 그는 술과 커피 중독, 수면 부족, 사회적 고립이 겹치면서

---
[2] 〈정조어찰첩〉, 채제공에게 보낸 편지 중, 1794년 추정

정신적, 신체적인 건강이 일찍 무너졌습니다. 아쉽게도 그는 56세의 나이에 간경화와 신장병으로 사망합니다.

동양의 정조는 나라를 위한 사명감으로, 서양의 베토벤은 예술을 향한 집념으로, 자신에게 쉼을 허락하지 않았습니다. 그 결과 인류사의 귀한 자원이 너무 일찍 꺼져버렸습니다. 찬란했지만, 너무 짧았고, 어찌 보면 평생 고통스러웠을 것 같습니다. 이 두 역사적 인물의 이야기를 읽어 보며 이런 생각을 하게 됩니다. 정조와 베토벤은 어떻게 쉬었을까? 그들은 과연 자기다운 휴식을 누리며 살았을까?

예를 들면 '전쟁 중일 때와 그렇지 않을 때 정조의 쉼이 다르지 않았을까?', '작곡할 때와 작곡에 대한 아이디어를 얻기 위한 시간을 보낼 때 베토벤의 쉼이 다르지 않았을까?'와 같은 추론을 해본 거죠. 제가 열심을 낼 때와 컨디션이 안 좋아 쉬어야 할 때를 비교해 보면서 각 시기마다의 휴식 방법이 어떻게 달라져야 하는지, 연구해 보기 시작했습니다. 그렇게 만나게 된 반가운 논문이 바로 Lehrer et al.(1995), "Stress management techniques: Are they all equivalent?(스트레스 관리 기법: 과연 모두 동등한 효과를 지닐까?)"입니다.[3]

간략히 요약하면, 모든 휴식 기법이 같은 효과를 주는 것이 아니라 **문제의 종류에 따라 맞는 방식이 따로 있다**는 주장입니다. 예를 들면, 근육 긴장이 원인일 때는 근육 이완법(PMR)이, 자율신경계 문제가 있을 때는 손을 따듯하게 하는 것이 스트레스 저하에 더 효과적이라는 것이죠. 다르게 말하면, 어떤 문제에 노출되어 있는지에 따라 '나'라는 사

---

[3] "Stress management techniques: Are they all equivalent, or do they have specific effects?", Lehrer et al., (1995)

람의 정의가 달라지며, '그 시기의 나'에 맞는 처방전 같은 휴식이 알맞은 휴식이라는 것입니다. 의욕이 넘쳐서 무엇이든 할 수 있을 것 같은 시기의 나에게 발생할 수 있는 문제와, 아무것도 하기 싫어서 침대에 누운 나에게 발생할 수 있는 문제가 다르기 때문입니다. 그런 의미에서 '나에게 알맞은 휴식 방법'이라는 말은 **내 상태에 맞는 휴식 방법을 아는 것이라는 의미**가 됩니다.

  그리고 자기에게 '스트레스 요인' 혹은 '문제'라고 인식하는 것이 무엇인지를 스스로 잘 파악하는 것이 중요합니다. 이를 위해 슬픈 사실 한 가지를 마주해야 합니다. 한국에서 살아가는 대부분의 직장인은 스트레스 지수가 꽤 높다는 것이죠. 2024년 국립정신건강센터 조사에 따르면, 최근 1년간 한국인 73.6%가 스트레스로 인한 정신건강 문제를 경험했다[4]고 답했습니다. 이는 2022년의 63.9%보다 9.7포인트 증가한 수치입니다. 다르게 말하면, 한국이라는 나라에서 나답게 쉬는 사람이 갈수록 줄어들고 있다는 말입니다. 이것은 '자기 상태'에 대한 메타인지가 작동하는 사람도 적을뿐더러 '나다운 휴식'을 명확하게 알고 살아가는 사람도 적다는 이야기가 되겠죠.

  진로, 이직, 창업을 가르치는 제 입장에서 보면 이 부분이 참 안타깝습니다. 그저 해내야 하는 의무나 목적 없이 많은 돈을 벌고 싶어 하는 '욕망'이 '나'보다 더 중요한 가치라고 여기는 사람이 많아지고 있기 때문입니다. 15년 동안 진로 컨설팅을 해온 사람으로서, 다른 건 몰라도 이 부분만큼은 단호하게 말할 수 있습니다. 보여지는 직업보다 나 자신이 살고 싶은 삶에 집중해야 합니다. 그저 많은 돈을 벌기보다 돈을 벌

---

[4] 〈한국인 10명 중 7명이 작년에 정신건강 문제를 겪었다〉, 전지혜 기자 (2024.7.4), Korea Time

고자 하는 목적이 있어야 합니다. 당장 눈 앞에 주어진 역할이나 의무를 책임감있게 감당하되, 그것이 삶의 전부가 되어서는 안 됩니다. 그래서 자기 상황과 현재 자기 감정과 '나'라는 사람을 관찰해 볼 객관적인 시각이 필요한 겁니다. 자기를 객관적으로 바라보는 시선은 하루 아침에 생겨나는 것이 아닙니다. 면밀히 관찰하려는 습관도 있어야 하고, 어떤 현상에 대한 '나'라는 사람의 반응도 기록해봐야 하고, 그 기록을 놓고 오랜 시간 생각에 잠겨보는 사색의 시간도 필요합니다. 그렇게 자아를 발견하는 눈을 키워내야 결국 나다운 휴식에 가까워질 수 있기 때문입니다. 이같은 메타인지적 사고방식을 이해하게 된 제가 나다운 휴식을 찾기 위해서 가장 먼저 한 일은 '나'라는 사람을 **'의욕적인 나'**와 **'무기력한 나'로 구분지어 생각**한 것입니다. 두 가지 상황의 제 모습을 객관화해서 기록하니 다음과 같은 특성들이 나타났습니다.

■ **의욕적인 나의 특징**
- 평소보다 많은 독서를 한다.
- 아침 일찍 하루를 시작한다.
- 사람들과 거리를 두고 혼자 있는다.
- 미뤄왔던 어려운 일을 마주한다.
- 장기적인 계획을 세운다.

■ **무기력한 나의 특징**
- 지웠던 게임을 다시 설치해서 한다.
- 잠을 평소보다 많이 잔다.
- 평소에 잘 먹지 않던 단 것을 찾는다.
- 많은 사람 속에 섞여 지낸다.

- 밤을 지새우는 경우가 많다.

 이렇게 저의 특징을 정리할 수 있었던 것은 저의 하루를 꾸준히 기록해 왔기 때문입니다. 막연하게 느낌이나 감각으로 나를 이해하려 하지 않고, 오로지 객관적인 기록으로 나를 살펴보려는 습관이 있어야 위와 같이 자기 모습에 대한 진단이 가능합니다. 그렇게 알게 된 것을 기반으로 내가 상황별로 정말 원하는 것은 무엇이고, 어떻게 쉴 때 가장 만족스러웠는지 정리해 보니 다음과 같은 사실들을 알 수 있었습니다.

특징적인 나의 모습	내가 진정으로 원했던 것	효과적인 휴식 방법
평소보다 많은 독서	미뤄왔던 어려운 공부를 하는 것	양을 늘리지 말고 난도가 있는 짧은 글을 찾아 읽고 사색하기
혼자 있는 시간이 많아진다	해내야 할 일들에 집중하는 것	업무와 업무 사이에 짧고 깊은 낮잠 잘 수 있는 환경 설계
지웠던 게임을 다시 설치한다	업무에 대한 부담감 내려놓기	즐겁게 할 수 있는 취미생활을 하나씩 늘려가기
평소보다 단 것을 많이 먹는다	온전한 신체적 휴식	찜질과 사우나 다녀오기

 위의 표에서 살펴본 저의 예시처럼, 의욕적인 나일 때와 무기력한 나일 때 볼 수 있는 특징적인 모습과 그것을 대체할 수 있는 효과적인 휴식 방법을 미리 찾아놓을 필요가 있습니다. '나'라는 사람이 상황별로 '의욕적인 나'와 '무기력한 나'를 다른 개체로 인식하여 반응하는 것이죠. 시간의 흐름이 그렇듯 '나'라는 사람도 상황이나 컨디션에 따라 다른 반응 체계를 갖기 때문에 휴식 또한 진단에 따라 다른 처방을 내리

듯 다뤄야 합니다. 감기 걸린 사람에게 소화제를 처방하면 안 되는 법이니까요.

휴식에 맞는 환경 세팅을 할 줄 알아야 한다

적절한 휴식에는 '내가 어떤 상황인가?'에 관해 명확히 답할 수 있는 **힘이 있어야 합니다.** 이 단계까지 자기 상태를 정의할 수 있을 때 그에 맞는 휴식의 환경도 설계할 수 있죠. 예컨대, 명상이 어떤 사람에게는 마음을 편안하게 해주는 도구일지 몰라도 어떤 사람에게는 오히려 초조함만 증가시키기도 합니다. '방법'이 아니라 '처방'으로 **휴식에 대한 우리의 관점을 바꿔야 한다**는 말입니다.

이처럼 휴식의 효과가 개인마다 다르게 나타난다는 유명한 연구 결과가 있습니다. Frontiers in Psychology(2020)에 실린 연구에서는 특정 명상 기법에 대한 개인 취향이 성격과 밀접하게 연결되어 있다고 밝혔습니다.[5] 즉, "당신에게 맞는 것은 당신만이 안다."라는 과학적 증거가 있는 셈이죠. 그러니 절대 반지 하나를 찾으려 하지 말고, 자신의 방식을 설계할 힘을 갖추는 데 집중해야 합니다.

역사 속 맞춤형 휴식의 선례들을 찾아다니다 보면 '휴식의 방식은 예나 지금이나 참 다양하구나…'를 느끼게 됩니다. 르네상스 시대의 천재라 불리던 레오나르도 다빈치는 업무와 업무 사이에 의도적으로 낮잠을 자는 것으로 휴식을 취했고, 미국의 시인 마야 안젤루는 작가의 삶을 살고 있지만 '절대로 글을 쓰지 않는 날'을 정해 그날은 종일 좋아하

---

[5] "명상 취향과 성격 연계 연구", Frontiers in Psychology, 2020

는 음악만 들었다고 합니다. 또한 볼프강 아마데우스 모차르트도 즉흥 연주와 산책, 놀이 등으로 창작에 대한 고통을 잠깐 잊게 해주는 행동을 여럿 가지고 있었죠.

여러 강의와 수업을 통해 제가 '휴식의 개별화'를 강조하면 많은 분이 이렇게 반문합니다. "그래서 제가 어떻게 휴식을 설계하면 될까요?" 이 질문에 답을 드리기 위해 여러 표준화 될 방법들을 연구하고 정리해 봤지만, 다다를 수 있는 결론은 '절대적인 방법은 존재하지 않는다'와 같은 원론적인 것에 불과했습니다. 그런데도 저뿐 아니라 많은 사람이 자신만의 휴식을 찾아낼 수 있었던 이야기를 구조화해 보면 다음과 같은 순서도가 됩니다.

1. 흥미 위주의 다양한 휴식 방법 시도
2. 기록 형태의 휴식에 대한 피드백
3. 데이터화 및 조정으로 최적화
4. 휴식의 일상화

제일 먼저 우리가 해야 할 일은 일반적인 휴식 방법부터 시작해서 나만의 휴식에 이르기까지 **다양한 휴식의 방법들을 경험해 보는 것입니다**. 낮잠도 자보고 음악도 들어보고 산책도 해보는 등 세상에 존재하는 다양한 휴식법을 섭렵해 가는 '시간의 투자'가 꼭 필요하다고 말씀드리고 싶습니다. 왜냐하면 첫 번째 단계에서 필요한 시간을 낭비라 여기거나 '해야할 게 이렇게나 많은데...'라며 대수롭지 않게 여기면, 여러분은 반드시 무기력이나 우울의 순간을 마주하기 때문입니다. 그래서 저는 학생들에게 '바쁜 와중에도 잘 쉬는 법'을 강조하는 수업을 많이 하고 있습니다.

　사실 이렇게 휴식 방법들을 찾는다는 것이 거창하게 1박 2일의 시간과 비용이 드는 일이 아닙니다. 햇볕을 쬐어 보고, 좋아하는 음악에 온전히 3분간 집중해 보고, 목적 없이 그림 그리는 10분의 시간을 할애하기만 해도 충분합니다. 그래서 이 단계에서는 나뿐 아니라 가까운 지인이나 친구들에게 '너는 어떻게 쉬고 있어?'라는 질문을 많이 해야 합니다. 여행, 맛집, 친구와의 수다처럼 대중적으로 알려진 휴식법도 있지만, 개별적으로 그 사람만이 가지고 있는 휴식법이 반드시 하나 이상은 있기 마련이기 때문입니다. 당시, 저 또한 주변 사람들에게 이런 휴식법에 관한 질문들을 했었는데, 일반적이지 않지만 따라해 보고 싶은 휴식법들을 정리해 보니 다음과 같은 항목들이 나오더군요.

초록색 자연 10분 바라보기, 햇볕 쬐며 가만히 서 있기, 바다의 파도 소리 영상 틀어놓고 30분 듣기, 공원에 나가 강아지들 사진 찍기, 오래 씻지 않았던 신발들 깨끗하게 씻어내기, 집 안 대청소하기, 멋진 풍경을 그림으로 그려보기, 친구와 아무 생각 없이 시간 보내기, 다시 보고 싶은 영화 연달아 2편 보기, 하루 종일 잠자기...

　많은 사람의 다양한 휴식 방법들을 이렇게 노트로 정리하니 "휴식에 정답이 없을 수밖에 없다."라는 것을 더 실감하게 되었습니다. 재미있는 사실은 제가 휴식에 관한 질문을 던지기 전까지는 '내가 이렇게 쉬고 있었구나...'를 잘 몰랐던 분들도 꽤 있더라는 점입니다. 그러니 **어떤 휴식 활동을 해봤다면 반드시 그 휴식 활동에 대한 기록을 자신만의 방법으로 정리해 두는 것이 중요**합니다. 저는 이 단계에서 흥미 & 만족도, 휴식 효과, 시간 투입, 비용 투입의 네 가지 척도로 구성한 다음과 같은 **휴식 채점표**를 만들어 봤습니다. 이 채점표가 바로 일반화된 휴식 방법을 개별화할 수 있는 도구(Tool)에 속하는 것이죠. 제가 저만의 휴식을 설계했던 방법들을 한 번 같이 살펴보실까요?

휴식 방법	흥미 & 만족도	휴식의 효과	시간투입	비용투입	타인 의존도
풋살 2시간	9	4	7	3	10
풍경 좋은 카페에서 공부 아닌 독서 1시간	8	8	4	2	1
재즈 음악 30분 듣기	10	10	3	1	1

먼저 '풋살 2시간'이라는 휴식 방법을 살펴보겠습니다. 제게 풋살이라는 격렬한 운동은 흥미와 만족도가 9점으로 아주 높은 편이지만, 휴식의 효과는 주로 심리적인 충전에 비중을 두기 때문에 체력적으로 오히려 떨어져서 4점을 줬습니다. 그리고 준비 운동부터 풋살 후 씻는 시간까지 합치면 총 4시간은 필요하기 때문에, 시간 투입이 많아서 7점을, 비용은 풋살장 대관비 정도가 전부이기 때문에 3점을 줬습니다. 하지만 풋살은 총 10명은 모여야 시작할 수 있는 경기라서 다른 사람들의 참여 여부가 제 휴식의 가능 여부까지 결정한다는 점 때문에 타인 의존도를 10점 주었습니다.

다음으로 '풍경 좋은 카페에서 공부 아닌 독서하기'라는 휴식 방법을 살펴보겠습니다. 이 휴식 방법은 제게 '공부하지 않아도 되는 독서'라서 흥미나 만족도를 8점 줬고, 정서와 신체 모두를 회복시켜 주기 때문에 휴식의 효과를 8점 주었습니다. 대신 길어도 2시간, 비용은 전자책으로 볼 경우 무료이며 많아도 1만 원 내외이기 때문에 각각 4점과 2점을 줬습니다. 무엇보다 타인에게 허락을 받거나 동의를 구해야 하는 상황이 거의 없어서 타인 의존도는 1점으로 굉장히 낮은 편입니다.

눈치채셨겠지만, **우리에게 필요한 휴식은 흥미와 만족도, 효과는 높아야 하며, 시간과 비용 그리고 타인 의존도가 낮아야 합니다.** 그래야 언제 필요할지 모를 그 휴식의 순간을 온전히 누릴 수 있기 때문이죠. 그런 의미에서 보면 세 번째 항목에 있는 '재즈 음악 30분 듣기'는 저에게 최적화된 휴식이라 할 수 있습니다. 흥미와 효과에 10점 만점을 줄 정도로 제가 좋아하는 영역인 데다가 시간, 비용, 타인 의존도까지 굉장히 낮기 때문이죠. 이런 방식으로 휴식 채점표를 상세하게 적어놓으면 갑자기 휴식이 필요한 상황이 생겼을 때 별다른 고민 없이 자신에게 맞는 휴식의 종류를 최적화된 환경에서 누릴 수 있습니다.

그다음으로 제가 한 일은 **휴식 방법을 조금 더 자신에게 맞게 '최적화'하는 활동**입니다. 예를 들어, 저는 '재즈 음악 30분 듣기'라는 휴식 항목을 가지고 있습니다. 멜론이나 애플 뮤직 같은 앱을 통해 30분 길이의 플레이리스트를 모을 수도 있고, 30분 분량의 LP 음반을 사서 들을 수도 있죠. 실제로 저는 유튜브에서 고화질로 촬영된 1시간 분량의 재즈 밴드의 실황 연주를 다운로드 해놓고 휴식이 필요할 때마다 30분 단위로 나눠서 듣습니다. 4K 화질을 감상하면서 콘서트처럼 그 음악을 온전히 누리기 위해 노이즈 캔슬링이 되는 헤드폰과 연주자들의 표정과 몸짓을 볼 수 있는 빔프로젝터도 설치했죠.

그리고 리클라이너가 되는 1인용 소파를 갖춰서 가장 편안한 자세로 세계적인 재즈 연주자들의 연주를 듣고 음악에 심취하는 시간을 갖습니다. 그 순간만큼은 어느 누구도 부럽지 않은 시간입니다. 자유로움과 규칙성을 오가는 그들의 즉흥 연주를 듣다 보면 마음뿐 아니라 부족했던 창의성까지 채워지는 기분이랄까요.

부디 이렇게 자신에게 더 알맞은 방식을 찾기 위해 조금씩 환경 세팅을 영점 조절하는데 들이는 시간과 비용만큼은 아끼지 말았으면 합니다. 비유하자면, 이런 휴식의 최적화에 투자하는 시간과 비용은 나무꾼이 도끼의 날을 날카롭게 하는 시간입니다. 무딘 날로 열 번이고 백 번이고 나무를 찍는 것보다 이렇게 날을 날카롭게 하는 것에 시간과 비용을 투입해 놓으면 다음에는 두세 번의 도끼질로 나무를 벨 수 있기 때문입니다.

마지막 단계는 앞에 언급한 세 가지 단계를 기반으로 **휴식을 '일상화'** 하는 것입니다. 다르게 말하면 1년에 1번 있는 휴가를 보내듯 휴식하지 않는다는 것입니다. **휴식은 반드시 매일, 매주, 매달, 매년 있어야 합니다.** 이것을 어떤 특별한 이벤트로 인식하기 시작하면 분명 '이것만 끝내고', '다음에 기회 되면…'과 같은 말들로 휴식을 미뤄 버리게 됩니다. 그렇게 모두가 무딘 도끼의 삶을 선택하게 되는 것이죠. 다시 한번 강조하지만, 휴식은 우리의 일상이 되어야 합니다. 쉬는 것은 너무나 당연한 인간의 삶의 양식이며, 이것이 낭비, 게으름, 무책임함으로 비치지 않도록 사회 여러 부문의 시각과 제도를 개선하는 게 맞습니다.

제 경우는 '한 달에 한 번, 휴대전화 없는 가족 여행'을 떠납니다. 그래서 한 달의 일정을 계획할 때, 그 무엇보다 우선해서 휴식 일정을 조율합니다. 휴식은 단순히 '쉬어간다'라는 개념이 아니라, 이것을 지켜내는 순간부터 삶의 우선순위를 고민하게 하고 재설정하게 하고 건강하게 바꾸게 하기 때문입니다. 그래서 무엇보다 '나다운 휴식'을 설계하고 피드백하고 조정해 보는 작업이 중요한 것이죠.

여러분은 나 자신을 가다듬고 정비하는 휴식 시간을 아까워하지 않으셨으면 좋겠습니다. 누군가는 그것을 멈춤 혹은 실패라고 부를지라도 "나는 그렇게 생각하지 않아!"라고 자신 있게 말할 수 있어야 합니다. 어떤 인생을 평가할 수 있는 유일한 존재는 자기 자신이어야 합니다. 더 이상 사회적 지위나 소득의 많고 적음이 인생 전체를 폄하하게 내버려두지 않아야 합니다.

무의미한 경쟁에 뛰어들어 자신을 갈아 넣는 인생들은 그렇게 살게 내버려두고, 이제부터라도 온전히 나답게 사는 데 집중해 보세요. 보고 듣는 것이 달라집니다. 중요한 것과 덜 중요한 것들의 경계선이 보일 테고요. 그러다 보면 알게 됩니다. 더 이상 타인의 시선 때문에 나를 억지로 꾸미거나 가꾸지 않아도 어떤 이들에게는 당신의 그 진실한 인생이 보석처럼 빛나 보인다는 사실을요. 나에 대해 사색하고 휴식하기를 멈추지 않는다면 그런 날이 반드시 올 겁니다. 저는 그런 날이 올 때까지 15년이 걸렸는데, 여러분은 이 책 덕분에 훨씬 빨리 그런 날을 마주하시겠네요. 부럽습니다.

오늘은 고대 로마의 대표적인 시인 오비디우스(Ovid)의 말로 이번 장을 마무리할까 합니다. 그는 서양 문학사에서 사랑과 변화, 신화의 시인으로 널리 알려져 있는데 그의 《변신 이야기》는 이후 단테, 셰익스피어, 밀턴, 괴테, 보티첼리에 이르기까지 많은 사상적 영향을 준 인물입니다. 저는 무엇보다 그의 저서 《변신 이야기》에 나오는 쉼에 대한 이 문장이 가슴에 콕 박히는 것 같습니다. '나'라는 토양이 어떻게 여물어졌을 때 가장 알맞게 가장 많은 수확물을 낼 수 있을까라는 생각을 해보게 되는 대목입니다.

"A field that has rested gives a bountiful crop.
Publius Ovidius Naso, Metamorphoses.
쉬었던 밭은 더 풍성한 수확을 안겨준다."
오비디우스, 《변신 이야기》

미션 3

아래 양식에 맞춰서 '나의 휴식 리스트'에 점수를 채워 넣어 보세요.

내가 지금 하고 있는 휴식 리스트	휴식 만족 점수 (1~10점)	해당 점수를 준 이유는 무엇인가요?
1.		
2.		
3.		
4.		
5.		
합계		

4장

가장 먼저
나의 마음을 챙기세요

당신은 번아웃입니다

"대상포진입니다…"

"네? 그… 그게 뭔가요?"

생전 처음 듣는 병명에 저는 어리둥절하며 되물었습니다. 그저 사마귀 하나 떼려고 병원에 왔다가 여러 검사도 하고 적절한 처방까지 받아야 한다는 소리에 저는 머리가 복잡해졌습니다. 중요한 발표를 며칠 앞둔 상황이었거든요. 결국 저는 호기롭게 "진통제만 좀 주세요…"라는 말과 함께 병원을 나와 다시 회사로 발걸음을 옮겼습니다. 다른 분들은 어떤지 모르겠지만 저는 중요한 일을 앞두면 밥도 잘 먹지 않고, 잠도 잘 못 잡니다. 그리고 더욱 예민해져 마치 고슴도치처럼 주변에 누가 다가오는 걸 허락하지 않았죠.

드디어 발표 전날, 저는 이날도 장표를 마무리 하느라 새벽까지 회사에 홀로 남았습니다. 옆구리가 콕콕 찌르듯이 아팠지만 그럴 때마다 진통제를 입에 털어 넣고 애써 모른 척했습니다. 이미 몇 번이나 완료했던 리허설을 다시 해보면서 거듭 점검하려 했습니다. 그러다 갑자기 모니터가 45도로 기우는 것 같더니 그대로 스르르 잠이 들어버렸습니다. 머리가 깨질 것 같은 두통에 눈을 뜨자 흰 천막과 시끄러운 발소리가 들려왔습니다.

 '응? 내가 집에 왔었나…? 아!!! 발표!!! 지금 몇 시지??'

 발표 시간이 거의 다 된 것을 알고 몸을 벌떡 일으켰지만 팔에 꽂힌 바늘이 저를 붙잡았습니다.

 "환자분, 일어나시면 안 돼요."

 저 건조한 말투는 분명 간호사였습니다. 생각을 더듬어보니 저는 잠이 든 게 아니라 기절했던 것 같습니다. 물어보니 경비원 아저씨가 바닥에 쓰러진 저를 보고 응급차를 불렀다고 했습니다. 부재중 전화 29통. 내역에는 가족들과 회사 상사의 이름들이 번갈아 가며 찍혀 있었습니다. 큰일 났다 싶어 얼른 집에 가게 해달라며 처음 보는 의사 선생님에게 닦달하듯 말했습니다.

 "환자분, 잘 들으세요. 지금 대상포진 있는 건 알고 계시죠? 진통제를 드신 것 같으니 알고 계시겠네요. 이건 바로 주사도 맞고 처방을 따르셔야 합니다. 지금 합병증 증세도 있어서 여기서 또 의사 말을 안 들으시면 진짜 죽습니다?"

 저는 '죽음'이라는 단어를 의사의 입에서 듣고서야 정신을 차릴 수 있었습니다. 동시에 지-잉 핸드폰이 울렸습니다. "PT는 무사히 마쳐서 계약 진행하기로 했습니다."라는 문자를 받고서야 저는 몸을 짓누르고 있었던 중압감을 내려놓았습니다. '잠도 안 자고 밥도 안 먹으면서 생긴 예민함으로 주변 모두를 힘들게 하면서까지, 나는 무엇을 증명하기 위해 이렇게 살고 있는 걸까?'

결과는 좋았지만, 저는 이 사건을 계기로 모든 일로부터 떠나기를 마음먹었습니다. 성과보다 중요한 것이 가족이고, 돈보다 중요한 것이 삶의 안정이라는 것을 뼈저리게 느꼈기 때문이었습니다. 그래서 "회사 밖은 지옥이다."라는 겁박에도 "지금 나가면 회사 프로젝트는 어떡하느냐?"와 같이 죄책감을 빌미로 하는 회유에도 흔들리지 않았습니다. 지금에 와서 보니 오히려 다행인 것 같기도 하네요.

　앞서 살펴본 저의 이야기처럼, 번아웃이 오면 마치 마음과 입에 필터가 작동하지 않는 것만 같습니다. 조그만 일에도 쉽게 우울, 불안, 무기력함, 짜증을 느끼고 몸도 여기저기 고장 나게 됩니다. 알아야 할 것은 그런 사람이 이상한 게 아니라 그저 쉬지 못한 사람일 수 있고, 나 역시 언제든 그런 사람이 될 수 있다는 사실입니다.

　하나 기억할 것은, **모든 번아웃이 우울증을 의미하지는 않는다**는 사실입니다. 표준화할 수는 없지만, 이 둘을 구분할 때 도움이 되는 기준이 한 가지 있습니다. 바로 '환경에 따라 자기 감정 조절의 어려움을 어느 정도로 겪고 있느냐?'라는 것입니다. 예를 들어, 회사에 출근하기만 하면 가슴이 답답하고 의욕이 없었다가 퇴근했을 때 그런 증상이 없어진다면 '회사 생활로 인한 번아웃'이라고 정의할 수 있다는 말입니다.

　하지만 이런 증상이 회사를 나와서도 계속되고 가족이나 친구들 사이의 관계를 넘어 삶의 전반적인 부정성을 키워내는 단계가 시작되었다면 우울증을 의심할 필요가 있습니다. 둘 다 살면서 겪지 않았으면 하는 시간이지만, 역설적이게도 번아웃과 우울증을 한 번도 겪지 않고 사는 사람은 없습니다. 보기에는 너무 행복하게 잘 살고 있는 어떤 사람도 속으로는 이런 시기를 겪고 있을 수도 있고, 혹은 앞서 말한 감정

조절 능력을 드디어 깨우쳤을 수도 있죠.

  제가 걱정하는 부분은 이런 감정 조절의 이상으로 시작된 번아웃 현상이 곧 사회적 고립과 지속적인 의욕 상실을 가져와 자살 시도까지 이어진다는 점입니다. 지금도 조금만 주변을 둘러보면 무언가에 대해 버거워하는 분들이 참 많습니다. 본인은 살려달라고 외치고 있는데 다른 사람들의 눈에는 '비상식적인 사람', '분노조절 장애가 있는 사람', '이상한 사람' 정도로 비치는 게 안타까울 뿐입니다. 상담자로서 보면 이런 순간은 모두에게 찾아옵니다. 그렇다면, 왜 어떤 사람은 같은 아픔과 슬픔, 외로움에도 부정적으로 반응하지 않을 수 있을까요? 여러 요인이 있겠지만, 가장 큰 요인은 바로 **평소에 마음 관리를 잘하고 있느냐의 차이**입니다.

  마음 관리를 본격적으로 다루기 전에 '마음 관리'라는 말을 들으면 떠오르는 멘티의 이야기를 하나 해드리고자 합니다. 그는 유능하고 마음이 따뜻한 사회복지사였습니다. 어릴 적부터 '어려운 사람을 돕고 싶다.'라는 이타적인 목표까지 뚜렷해서 확신을 갖고 진로와 직업을 선택했던 멘티였습니다. 그렇게 현장에 투입되어 사회복지사로서의 길을 걸어가기를 1년 반. 문제는 예상치 못한 곳에서 터졌습니다.

  "더 이상 다른 사람의 힘든 상황을 듣고 싶지 않아요. 어차피 변하지 않을 사람들인데 계속 도와줄 필요가 있나 싶고, 노력해도 변하는 게 없으니 이 일이 무슨 의미가 있나 싶은 생각도 들어요…"

상담 내용도 충격적이었지만, 겨우 1년 반 만에 사람의 눈빛이 이렇게 시들해질 수도 있구나, 싶어 걱정되기도 했습니다. 저는 '서두르면 안 되겠다.'라고 생각해서 빠른 해결책보다는 느린 생각 점을 찾아보기로 하고 평소보다 더 느긋하게 차를 마시기 시작했습니다.

 "우선 이것부터 한 번 물어보자. 처음 '복지사'라는 길을 선택하려 했을 때, 나도 그 의견에 적극적으로 동의했던 이유는 너의 '이타적인 기쁨' 때문이었어. 남을 도울 때 진심으로 기뻐하는 모습 같은. 지금도 같은 마음으로 일하고 있어?"

 "네, 그건 자신할 수 있어요. 정말 그 사람들을 돕고 싶거든요. 그런데... 줄 수 있는 모든 자원을 제공했는데도 그 사람들이 잘 안 바뀌는 것 같아요. 여전히 술을 찾고 여전히 의욕 없이 불평만 하는 사람들이 조금은 원망스럽기도 하고요."

 "음, 내가 생각하기에 일 자체로 느끼는 기쁨을 누리는 시간과 그 일의 의미를 느끼는 시간에는 격차가 있는 것 같아. 어떤 일은 그 일을 수행할 때 바로 보람과 의미를 느낄 수도 있지만 어떤 일은 한참이 지나서야 그것을 느낄 수도 있으니까. 아마 복지 분야가 후자에 속하는 일이 아닐까 싶어."

 "기쁨을 누리는 시간과 의미를 느끼는 시간이 다르다는 건가요?"

 "그렇지. '드디어 내가 이 일을 하고 있다.'라는 마음과 '내가 이런 일을 했더니 이런 변화가 일어나는구나!'를 알게 되는 시간은 다를 테니까. 내가 보기엔 지금 하는 일에 어떤 문제가 있다기보다는 네가 노력하고 애쓰는 만큼 대상자들이 급격하게 변하지 않으니 그 시간의 격차에서 느껴지는 답답함이 원인인 것 같네."

"아, 맞아요. 제가 이만큼 노력해서 행사도 진행하고, 지원금도 받게 해드리고 했는데 여전히 바뀌지 않는 그분들의 일상을 보니 조금… 회의감이 들었다고나 할까요?"

"그래, 충분히 이해돼. 겉으로 보면 노력했는데 결과가 없는 것처럼 보일지도 모르지. 하지만 이걸 알아야 해. 사람을 대상으로 일을 할 때 각 사람이 실제로 어떤 변화가 일어나는 시간은 모두 다르다는 거야. 그것이 긍정적인 변화를 기대하는 것이라면 더더욱. 다르게 말하면, 지금까지 노력한 일이 효과나 의미가 없는 것이 아니라 시간의 간격을 두고 드러날 것이라는 거지."

"아… 제가 그 결과까지 빨리 보고 싶은 마음이 있었나 보네요…"

"그런 것 같아. 아마 이런 부분을 모르지 않았을 텐데, 실제로 하는 일과 일의 진행이나 결과에 대해 생각하는 시간이 부족했나 봐. 보통 의료나 복지 분야에서 상황이 너무 바쁘다 보면 이런 경우가 많거든."

"네, 생각해 보니 너무 바쁘기는 했어요. 원래 5명이 하던 일들을 지금 3명이 하고 있는 꼴이니 야근도 많고 주말도 근무해야 했거든요."

"그래, 이렇게 놓고 보면 일의 속성이 안 맞거나 무의미한 일이 아니라 예전보다 너무 바빠졌고 못 쉬어서 그래. 그 조급한 마음이 아직 나타날 수 없는 결과를 당장 바랐던 거고…"

위에 언급했던 멘티의 사례와 같은 상황을 심리학에서는 **공감 피로 효과**(Compassion Fatigue Effect)라고 합니다. 이는 사회복지사, 교사, 상담사처럼 가치 있고 의미 있는 일이라고 생각해서 시작한 일에 대해 점점 냉소적으로 변해가는 현상을 말합니다. '이런 일이 의미가 있을까?', '어차피 도와줘도 저 사람들은 변하지 않을 거야!'와 같은 생각이 대표적입니다. 이것은 '연민 피로'라고도 부르는데 다른 사람들의 고통에 지속적으로 노출될 때 생기는 정서적 & 신체적 탈진 현상이라 할 수 있습니다. 손가락만 한 큰 바늘을 우리 팔에 꽂으면서도 무미건조하게 "따~끔!"이라고 하던 간호사 선생님의 행동이 이해됩니다.

다르게 말하면 이타적인 업무를 하는 사람들에게 적절한 휴식이 보장되지 못해 생기는 사회 구조적 문제의 나비효과이죠. 실제로 간호사들을 대상으로 한 연구에서는 'Helping hurts'라는 단어를 인용해 누군가를 도와주는 일이 동시에 자신을 해치는 일이 될 수도 있다며 이타적인 직업들의 이중성을 강조했습니다.[1]

그런데 문제는 이런 현상이 점차 특정 직업군에 한정해서 일어나는 것이 아니라 일반적인 사람 사이에서도 나타나고 있다는 점입니다. 흔히 '뉴스 과잉 소비'에 지속적으로 노출된 사람들은 전쟁, 재난, 범죄, 갈등 등으로 인한 타인의 고통에 점차 무감각해지는 경우도 여기에 속합니다. 앞서 잠깐 살펴본 '번아웃(Burn-out)'은 업무의 과중, 조직 중심에서 드러나는 심리적 현상인 반면, 이 공감 피로는 주로 무감각화, 냉소적 반응, 회피 등으로 나타나며 타인의 고통에 과하게 반복적인 노출이 원인이라는 것에서 차이가 있습니다.

저는 이 '공감 피로'와 관련해서 조금 걱정되는 부분이 있습니다. 각종 미디어와 매체에서 흔히 '빌런'이라는 사람들을 자주 등장시켜 트래픽을 일으키고 시청률을 올려 광고 이익을 얻어가는 프로그램들이 너

---

1 "정서적 공감 수치와 공감 피로에 관한 연구", Hunsaker et al.(2015)

무 많아지고 있다는 점입니다. 그래서인지 티브이만 틀면 요즘 ADHD, 우울증, 이혼, 다툼, 문제아와 같은 주제들로 만들어진 콘텐츠가 너무 많습니다. 메이저 콘텐츠를 만드는 사람들이 자극적인 콘텐츠에 집중하다 보면 어쩔 수 없이 그것을 퍼 나르는 마이너 콘텐츠들 또한 그것에 익숙해지고 많이 노출할 수밖에 없기 때문입니다. 이는 '강 건너 불구경한다'와 같은 심리로 타인의 싸움 구경이 제일 재미있기 때문입니다. 하지만 여러분도 아마 느끼실 겁니다. 그 감정은 단발적이고 일시적입니다. 아주 잠깐 기분 좋은 것 같았다가 지속적으로 그런 갈등과 싸움, 분쟁의 이야기들을 듣고 보게 되면, 나도 모르게 그것에 대해서 '더 이상 관여하고 싶지 않다', '이제는 좀 그만 보고 싶다'와 같이 생각하게 되는 것이죠. 이것이 바로 '냉소주의'가 자본주의 사회에 자리 잡게 하는 방식입니다.

정치학을 공부하다 보면, 소름 돋을 정도로 정교하게 짜인 각본들을 마주하게 되는 경우가 많습니다. 저는 이 냉소주의를 활용한 정치에 대한 무관심을 끌어내는 전략들을 자주 목격하게 됩니다. 그래서 '정치인들 또 싸운다', '이제 저런 싸움에 끼어들고 싶지 않다', '차라리 정치에 무관심해져야지!'와 같은 순서로 대중들의 생각을 교묘하게 조종하고 있다는 사실을 알게 됩니다. 그래서 우리에게는 스트레스를 감수하고 정치에 관심을 계속 두거나 아니면 정치에 무관심해서 스트레스를 벗어나는 두 갈림길 밖에 남는 것이죠. 이렇게 구조를 단순화하면 정치적으로 대중을 다스리기 좋기 때문입니다.

위 두 가지 사실만 종합해 봐도 우리가 '나만의 휴식'을 제대로 실현하지 못하면 이타적인 사람들이 줄어들 것이고, 자신의 이익을 최우선으로 하는 사람들이 사회의 중요한 의사결정을 대신할 겁니다. 이런 맥락에서 **적절한 휴식을 기반한 마음 관리는 개인적인 일이기도 하면서 동시에 사회적인 일이기도 하다**는 점을 꼭 아셨으면 좋겠습니다. "노예들을 피곤하게 만들어라. 그래야 다스리기 쉬워진다."라고 했던 로마제국 5대 황제인 네로 황제의 말이 떠오르는 대목입니다.

이런 연유로 저는 어떤 원대한 목표가 있거나 인생을 낭비하고 싶지 않은 열정 있는 사람일수록 그 중심에 '휴식에 대한 정확한 이해와 설계'가 있었으면 좋겠습니다. 이런 연역적 나비효과 때문에 나의 마음을 챙기는 일이 곧 어려운 사람들을 도울 기회를 지키는 일임을 잘 이해하셨으면 좋겠습니다. 여기까지 '나의 마음을 잘 다스리고 돌보는 일'이 얼마나 중요한 일인지를 살펴봤으니 이제 그 방법에 대해 잠깐 살펴보겠습니다.

내 마음을 다스리고 돌보는 방법

저는 교육과 상담을 업으로 하는 사람이다 보니 많은 사람의 삶의 문제들을 마주합니다. 아주 개인적인 관계 문제에서부터 직장, 이직, 돈, 결혼, 꿈에 이르기까지 그 주제도 다양합니다. 이렇게 각기 다른 문제를 가진 사람들에게 어떤 직면한 문제를 해결하기 전에 선행적으로 하는 작업이 바로 **몸과 마음의 여유 갖기**입니다. 여러 좋은 방식 중에서 제가 학생들과 내담자들에게 권유했을 때 효과가 좋았던 방법들을 공유해 드립니다.

먼저 몸과 신체의 여유를 가지기 위해서 가장 추천하는 방식은 **심장**

호흡(Heart Coherence Breathing)입니다. 이것은 HeartMath Institute에서 개발한 심리 생리학적 훈련법으로, 심장 박동을 들을 수 있게 손가락으로 귀를 막은 채 분당 6회 정도의 느린 호흡을 유지하는 것입니다. 10초에 한 번에 호흡해야 하니 최소 5초간의 들숨과 5초간의 날숨으로 호흡하며, 호흡보다 빨리 뛰는 심장박동을 들어보는 호흡법입니다.

하루에 5분 정도면 충분한 긴장 완화 기법이지만 그 효과는 꽤 대단합니다. 신기하게도 심장 호흡법은 우리의 심박수, 혈압, 스트레스 호르몬인 코르티솔 수치를 감소시킵니다. 그래서 저는 보통 불면증에 시달리는 내담자들에게 수면제를 찾기보다 이 호흡법 먼저 연습해 보라고 권유하는 편입니다. 저 역시 이 호흡법을 통해 긴 불면증을 벗어날 수 있었거든요. 그저 천천히 숨을 쉬었을 뿐인데 몇십만 원 주고 사 먹어야 하는 영양제나 수면제의 효과를 가져다주었습니다.

성인의 평균 심박수가 분당 60~100회 정도인데, 수영선수나 요가 수련자처럼 심폐 기능이 발달한 사람들은 40~60회로, 심박수가 낮습니다. 즉 분당 심박수가 느리다는 것은 그만큼 건강하다는 뜻이죠. 스트레스를 받거나 긴장 상태에 들어가면 심박수가 빨라지고 땀이 나는데, 반대로 심박수가 느려지면 스트레스 상태에서 멀어지는 것입니다. 이 심장 호흡법을 통해 의도적으로 릴랙스 상태를 연습하고 우리 몸에 학습시켜 보세요.

재미있는 사실은 이렇게 느린 심박수를 통해 의도적으로 천천히 호흡을 연습하면 그것만으로도 우리의 정서 회복력이 향상된다[2]는 점입

---

2 "Emotion regulation via HRV: Heart rate variability as an index of regulated emotional responding", Appelhans & Luecken (2006.09)

니다. 일반적으로 화가 나서 항의하려고 방문한 고객들에게 커피포트로 팔팔 끓인 뜨거운 차를 내놓으며 "일단 앉으셔서 차 한 잔 하시죠..."라고 하는 영업 전략도 이 때문입니다. 뜨거운 차나 커피를 식히기 위해 후후 불다 보면, 화가 났던 고객은 자연스럽게 느린 호흡을 통해 심리적 안정에 이르기 때문입니다. 그러면 감정 과잉 반응이 줄어들고 다시 평정심을 되찾을 수 있죠.

만약 일상적인 상태에서 의도적으로 심장 호흡법을 해보면 어떤 결과를 가져올까요? 예상했듯이 평범한 상태를 지나 집중력이 향상되고 더 명료한 사고를 하게 됩니다. 이성적이고 합리적인 판단을 할 수 있는 상태에 이르는 거죠. 만약 누군가 평소에도 이렇게 연습하는 사람이 있다면 그 사람은 분명 우발적인 선택에서 멀어지고, 집중해서 생각할 힘을 길러낼 기회가 많을 겁니다. 다시 말해, 이렇게 몸과 마음의 긴장을 완화하는 평소 습관이 있다면 좋은 의사결정 하는 횟수가 증가하게 됩니다. 종종 영화나 매체에서 수천 명의 직원을 거느린 회사 대표들의 일과를 보여주는 경우가 있습니다. 그들이 요가, 수영, 명상, 필라테스 등과 같이 느린 호흡법을 기반으로 한 운동을 빠트리지 않는 이유도 아마 비슷한 결일 것 같습니다.

두 번째로 추천하는 마음의 면역력을 높이는 방법은 **역할 벗어나기**입니다. 흔히 잠시 내려놓고 일상에서 벗어나는 쉼(Resting Reversal)이라고 하는 휴식법입니다. 과한 스트레스와 역할 때문에 힘들어하는 내담자들에게 종종 **자신의 상태를 객관화할 수 있게 하는 작업이** 있습니다. 바로 '지금 나의 역할을 모두 적어보기'입니다. 현재 자기 인생에서 맡고 있는 역할을 기록의 형태로 모두 적어보는 작업이죠. 저의 역할을 기록해 보니 대략 이렇습니다.

■ **윤성화 소장의 역할 객관화 하기**
아들, 남편, 아빠, 멘토, 친구, 선배, 밥 잘 사주는 형, 진로 교육가, 대학교수, 컨설턴트, 출판사 대표, 작가, 전략 기획가, 건물주, 청소부, 수리공, 상담가, 작가 양성 아카데미 교수, 독서 모임장, 책 편집자, 드럼연주자, 피아노 연주자, 기타 연주자, 첼로 연습생, 풋살 커뮤니티장…

이렇게 자기 인생을 통틀어 하나하나 살펴보며 맡고 있는 역할들을 적어 내려가다 보면, 생각보다 훨씬 많은 것을 하고 있다는 걸 깨닫게 되실 겁니다. 그러면 저는 내담자에게 이렇게 말합니다. "이렇게 많은 역할을 불평 없이 잘 해내면서 살고 있다는 것만으로도 엄청 대단하신 겁니다."라고요. 이것은 빈말이 아니라 사실이기 때문에 거의 모든 내담자에게 할 수 있는 격려의 말인 것 같습니다.

이렇게 자신의 역할들을 객관화해본 후, 하는 작업이 바로 '역할 벗어나기'입니다. 이것은 일상에서 의도적으로 역할이나 책임 같은 것을 잠시 내려놓은 상태를 경험하는 휴식 방법입니다. **중요한 것은 이것이 영구적으로 내려놓는 것이 아니라는 것입니다. 앞으로 더 잘 해내기 위해 잠깐의 스위치 오프(Swich-Off)를 하는 것이죠.** 세상의 이치가 그렇듯 비워 내지 못하면 채울 수도 없습니다. 시간과 공간, 사람도 마찬가지입니다. 그래서 잠깐이라도 시간을 비우고 외부의 자극이나 디지털 정보를 최소화하고 모든 역할에서 제외당하는 시간을 가져보는 겁니다.

역할 벗어나기의 핵심은 휴식의 방법이 역할을 해내는 행위와 겹치지 않게 하는 겁니다. 저의 대표적인 역할이 대학교수, 진로 교육가, 출판사 대표 같은 것들인데 역할 벗어나기를 한다면서 논문을 읽거나 자료를 정리하고 있으면 안 된다는 말이죠. 하지만 같은 독서라도 학습을 위한 독서가 아니라 '읽기' 자체에 한정된 독서라면 역할 벗어나기의 휴식이 될 수 있습니다. 제 경우는 이 역할 벗어나기의 휴식법을 활용할 때, 소설이나 문학을 읽습니다. 평소 수많은 데이터와 논문 자료에 파묻혀 살다 보니 독서 중간에 무언가를 적어두거나 자료를 정리하지 않아도 된다는 것만으로 저는 일종의 자유로움을 누리기 때문입니다.

자기의 여러 역할을 미리 적어두고 나서 할 일은 **내가 지금 하고 있는 휴식법 리스트를 적어보는** 겁니다. 이렇게 두 가지의 리스트를 적어두고 나의 휴식법과 나의 역할이 겹쳐 있지 않은지 점검해 보는 것이죠. 만약 나의 휴식법이 나의 역할들과 겹쳐 있다면 그것은 제대로 된 휴식이 아닐 가능성이 높습니다. 그렇게 찾아낸 저의 역할 벗어나기 휴식법은 다음과 같습니다.

■ **윤성화 소장의 역할 벗어나기 휴식법**
다이소에서 1만 원짜리 플렉스 쇼핑하기, 목적 없이 30분 산책하기, 문구 편집숍 아이쇼핑하기, 데스크 테리어 용품 검색하기, 전동 롱보드 타고 공원 한 바퀴 돌기, 노이즈 캔슬링 헤드셋 끼고 그루브 있는 음악 듣기, 노을 있는 시간에 밖에 나가 멋진 풍경 사진 찍기, 풍경 앞에 앉아 종이에 펜 드로잉으로 그림 그리기, 캘리그래피로 좋은 말들 따라 적어보기, 지도나 리뷰 보지 않고 새로운 카페 찾아 커피 마시기.

이렇게 역할 벗어나기 휴식법을 적어 보면 '내가 진정으로 원하는 휴식'에 대한 힌트를 조금이나마 찾게 됩니다. 각 항목 사이에 내가 진정으로 원하는 어떤 속성들이 숨어 있기 마련이거든요. 예를 들면, 다음과 같이 숨겨진 휴식의 결을 찾아내는 겁니다. 다이소에서 천 원, 이천 원 하는 소소한 생필품을 빨간 바구니 가득 담다 보면 저는 어떤 자유를 느끼는 것만 같습니다. 평생 무엇이든 절약하며 아끼고 오래 쓰는 습관이 부모님의 건강한 유산이기도 하지만, 때때로 그것이 너무 답답하게 느껴질 때도 있었거든요. 그리고 이 부분에서 메모해 둡니다. '나의 휴식에는 자유로움이 중요하구나...'

비슷한 원리로 전동 롱보드를 타고 약 3km가 넘는 큰 공원을 한 바퀴 돌며 휴식할 때 저도 모르게 물결에 이는 윤슬과 바람에 날리는 나뭇잎 같은 풍경을 카메라로 담습니다. 그리고 여기까지 생각이 미쳤을 때 또 한 문장을 적습니다. '아, 나는 자연 속에 안겨 있을 때 휴식이라고 느끼는구나...' 이런 방식으로 휴식의 방법마다 사색하고 성찰해 본 문장들을 모아 보세요. 그러면 그 휴식을 더 잘 누리기 위해서 내가 무엇을 해야 할지 바로 보일 겁니다.

조금 더 설명해 보자면, 저는 자연 속에 조용히 속해 있는 시간을 온전히 즐기기 위해서 중고로 구매한 캠핑 의자 몇 개를 차에 넣고 다닙니다. 전국을 다니며 강의하는 시기가 오면 강의 장소 주변에 공원이나 산책로, 캠핑장 등을 검색해서 책 한 권을 다 읽을 동안 자연 속에 파묻혀 있기도 합니다. 휴식의 결을 이해하니 어떤 도구와 환경이 그것을 더 잘 누리게 하는지도 조금씩 알게 되는 것이죠.

휴식을 찾아가는 궤도에 한 번 오르고 나면 세상에 있는 즐거움을 찾아다니는 시간이 참 재미있습니다. 마치 전 세계를 무대로 보물찾기하는 느낌이랄까요. 그 즐거움을 하나씩 늘려가다 보면 자연스레 역할 스위치를 스스로 끌 수 있는 단계에 이르게 됩니다. 저는 무언가를 '잘 해내야 한다'라는 부담감과 '잘 해낼 수는 있을까?'와 같은 걱정들이 꼬리에 꼬리를 무는 바람에 수년간 불면증에 시달렸던 적이 있습니다. 하지만 지금은 그동안의 기록과 성찰의 작업 덕분에 온전히 역할 스위치를 끌 수 있게 됐죠. 삶의 다양한 무게와 타인의 시선으로부터 자유로워질 방법을 아는 것만으로도 저는 몇 년 만에 수면제 없이 잠을 깊이 잘 수 있었죠. 아마 한 번이라도 불면증을 겪어 보신 분들은 아실 겁니다. 오랜만에 잠을 깊이 자고 맞이한 아침이 얼마나 고귀한 시간인지.

감사하게도 휴식을 통해 얻은 중요한 깨달음은 여기서 끝나지 않았습니다. 역할에 대한 스위치 오프를 할 수 있게 되니 자연스럽게 제가 매우 깊게 관여하고 있던 것들이 보이기 시작하더군요. 거절하지 못해서 떠맡아 버린 일들, 내가 할 수 있는 일이라 모두를 위해 먼저 나서서 해결하려고 했던 일들, 서먹해지기 싫어서 좋지 않은 컨디션에도 이를 악물고 자리를 차지하고 있던 관계의 시간이 머리를 스쳐 지나갔습니다. 역할 스위치를 끄기 시작하자, 적절한 거리두기를 할 수 있는 힘도 생겨난 거죠.

그렇게 나만을 위한 휴식 설계를 시작으로 저는 크고 작은 거절을 해 나가기 시작했습니다. 제가 매운 음식을 먹지 못한다는 걸 알면서도 굳이 매운 메뉴를 골라서 같이 먹자는 상사에게 "저는 따로 먹겠습니다.

맛있게 드세요!"라는 말을 평생 처음으로 해봤습니다. 아직도 멀뚱멀뚱 멀어지는 저의 모습을 당황해하며 지켜보던 상사의 시선이 기억나네요. 솔직히 짜릿하고 통쾌했습니다.

  또 대안 없이 불평과 불만을 늘어놓기만 하는 친구의 넋두리를 두세 시간 들어 주는 것도 그만하기로 했습니다. 그리고 사업적으로 만나게 되는 사람 중에서 습관처럼 "안된다.", "그 사람은 믿지 마라.", "그렇게까지 열심히 할 필요 없다."라고 하는 사람들과도 적당한 거리를 두기 시작했습니다. 그들의 말을 결정이 아닌 조언으로만 듣기 시작한 거죠. 신기한 것은 그렇게 부정적으로 저를 갉아 먹는 시간과 거리를 두기 시작하면서 예전보다 저 자신을 더 잘 알게 되었다는 점이었습니다. 생각해 보면 저는 그런 이질적인 선택 속에서 어떤 개운함과 자유로움마저 느꼈던 것 같습니다. 속으로 삭히기만 했던 말들을 분명하게 하기 시작했고 다른 사람들의 눈치를 보느라 저에게 어울리지 않는 것을 하는 경우가 급격하게 줄어들기 시작했기 때문입니다.

  물론 좋은 일만 생긴 것은 아닙니다. 분명 예전과 달라진 저의 반응 때문에 "이기적이다.", "이제 너랑은 연락 안 해." 같은 협박성 발언을 듣기 일쑤였습니다. 하지만 제 마음이 건강해지니 이 또한 '내 주변을 건강한 사람들로 채워나갈 기회다!'라고 여겨지더군요. 그래서 저를 지키기 위한 거절에 섭섭해서 등 돌리는 사람들을 굳이 붙잡지 않았습니다. 제가 바지라도 붙잡고 매달려서 잘못했다고 할 줄 알았던 분들이 많았나 봅니다. 오히려 제가 "그렇게 하세요~"라는 태도를 계속 유지하자 적잖이 당황하는 분들이 많았습니다.

  드디어 그동안 알게 모르게 받아왔던 상처의 흔적들을 볼 수 있게 된 것이죠. 이런 부분에 대해 글을 하나씩 쓰면서 마음 구석구석을 살펴보는 시간을 가져보니 마치 맨몸으로 전쟁터에 다녀온 병사처럼 상처들이 셀 수 없었습니다. 그제야 저를 진심으로 위하지도 않는 타인들을 위해 사느라고 저 자신을 너무 홀대하며 살았다는 것을 깨달았습니다. 이전에는 그렇게 살아가는 것이 사회성 있는 인간이며 함께 어려운 시기를 이겨낼 수 있는 유일한 방법이라 생각했던 겁니다.

하지만 조금씩 생각과 행동도 바뀌면서 제 마음을 돌보는 방식도 점차 바뀌어 갔습니다. 무엇보다 가장 많이 바뀐 점은 '모든 사람에게 사랑받고 인정받을 필요는 없다'라고 생각하기 시작했다는 것입니다. 그것은 애초부터 불가능한 것이라는 점도 인정하게 되었죠. 그리고 저와 다른 생각을 말하는 것이 '나'라는 사람 자체를 부정하는 것은 아님을 알게 되었습니다. 실수할 수는 있지만 그 실수하는 모습이 저라는 사람의 전체는 아니라는 것과 실수는 배워서 채워가면 되는 것임을 이해하게 된 거죠. 그렇게 여러 관점이 바뀌기 시작했습니다. 과거의 제가 하루의 좋고 나쁨을 회사에서 부여하는 업무 성취도에 두었다면, 이후로는 저의 몸과 마음이 건강하게 하루를 잘 보냈는지 그렇지 않은지를 기준으로 날마다 돌아보기 시작했습니다.

결국 올바른 휴식으로 우리가 도달하려고 하는 목적지는 '나 자신을 조금 더 사랑하기'가 아닐까 싶습니다. 잘 쉬어가는 것이 업무 생산성을 올리는 일이기도 하지만, 그것보다 더 중요한 것이 적절한 자기 연민을 가지고 살아가는 것일 테니까요. 저는 자기 연민(Self-Compassion)

이라는 단어를 참 좋아하는데요. Krestin Neff 박사님이 그의 저서 《Self-Compassion: The Proven Power of Being Kind to Yourself》에서 처음 언급한 개념으로, 자신에게 친절하고 현재의 고통을 인정하며 인간으로서의 보편적 결핍을 받아들이는 태도를 말합니다. 보통 '연민'이라고 하면 '동정'과 유사한 개념으로 인식하는 경우가 많은데, 동정이 누군가를 가여워한다는 의미가 있지만 연민은 존중을 기반한 수용성이 있다는 차이가 있습니다. 즉, 자기 연민에 능숙한 사람은 모든 인간이 완전하지 않으며 고통 또한 삶의 일부라는 사실을 받아들일 줄 압니다. 그리고 인간은 태어나 죽을 때까지 실수하는 존재라는 것을 이해하고 그것을 과하게 확대해석하지 않습니다.

　모든 사람이 이렇게 자기 자신을 사랑하는 방법을 같은 시기에 올바른 방법으로 체화하기는 참 어렵습니다. 그래서 성인이 됐음에도 불구하고 어린아이의 마음 밭을 가진 분들이 많은 것이죠. 흔히 '자존감 낮은 사람'이 여기에 속합니다. 자존감 낮은 사람 중에 은근히 워커홀릭이 많습니다. 현대 사회에서 타인의 인정을 가장 빠르고 가시적으로 받기 좋은 것이 업무 성과와 돈이기 때문에 그렇습니다. 많은 사람이 타인의 대우나 연봉의 액수로 내가 가치 있는 사람이라는 것을 증명하고 싶어 합니다. 하지만 애초부터 결핍의 원인이 물질이 아니라, 마음이었기 때문에 쉽게 채워지지 않습니다. 같은 맥락에서 작은 결함이나 사소한 실수가 자신의 모든 것을 부정하는 것처럼 느끼게 되는 완벽주의에 빠지기 쉬운 것이죠.

　조금 마음 아픈 이야기이지만, 이런 분들을 상담해 보면 대부분 자존감이 자라야 하는 시기에 오히려 깎여가는 경험을 한 분들이 많습니다.

많은 사람 앞에서 수치심을 느낀 기억이나 아끼는 사람에게 배신을 당한 경험, 학교나 직장에서 왕따를 당하는 경험 등 그 종류도 다양합니다. 가장 큰 문제는 따뜻함과 공감을 기반으로 정서적 안정감을 배워야 하는 시기에 그들은 그렇지 못했다는 데 있습니다.

제가 이런 분들을 상담할 때 '마음이 아프다'라는 표현을 하는 것도 비슷한 이유입니다. 이들은 어릴 때부터 다재다능하고 공부를 비롯한 일상의 다양한 분야에서 늘 노력했을 뿐 아니라, 그만큼 성취도 많았습니다. 하지만 정작 본인은 그 과정과 결과를 즐기지 못했습니다. 이를테면, "그걸 해냈으면 기뻐하느라 멈춰있지 말고, 바로 다음 목표로 나아가야지!", "너는 책임감 있는 사람이니 끝까지 해내야지!"와 같이 사랑을 빙자한 부모의 자기만족 언어들 때문입니다.

부모의 정서적 공감력은 아이 자존감의 기초 골격이 됩니다. 아이가 아이임을 인정하고 기다려 주며, 불안해할 때 느긋하게 기다려 주는 사람들이 부모여야 합니다. 하지만 부모님의 부모에게 따뜻함과 공감을 받아본 적이 없는 부모나 어른이 갑자기 그런 마음의 그릇을 갖출 수 있는 것은 아닐 겁니다. 정작 부모님의 부모에게 그런 따뜻함과 공감을 받아본 적이 없을 테니까요. 결국 누구의 잘못도 아니지만 모두가 피해자가 되는 이상한 일이 벌어집니다.

이 악순환의 고리를 끊어내는 일이 바로 **'지금부터라도 나를 제대로 사랑하기'**입니다. 그러기 위해서는 나 자신을 향한 채찍질을 멈출 수 있어야 합니다. 자기 비난과 자기 비하가 습관이 되면 결코 이 악순환에서 벗어날 수 없습니다. 그러니 '내가 지금 나를 비난하며 살고 있구나…'를 알아차릴 수 있는 수단이 필요한 것이죠. 그래서 '일기'처럼 나 자신의 감정과 생각, 세상을 바라보는 관점들을 기록으로 적어보는 것이 중요합니다. 그러면 같은 생각도 이렇게 바뀌게 됩니다.

- **기록 전의 생각 :** 남들은 주말에도 열심히 운동하고 독서도 하면서 자기 계발에 힘쓰는데, 나는 일어나니 벌써 10시네? 나는 왜 이렇게 게으를까?

- **기록 후의 생각 :** 일주일 동안 주어진 일들을 게으름 피우지 않고 열심히 해냈으니 토요일 오전에는 그 보상으로 늦잠을 잤다고 생각하자. 알람을 듣고도 못 일어날 정도로 애쓴 거지!

결국 자기가 했던 일들을 '누구나 그 정도는 하고 살아!'처럼 별것 아닌 일로 취급하거나 아니면 '내가 할 수 있는 최선의 노력을 하고 있어. 자잘한 실수가 있지만 앞으로 더 괜찮아질 거야!'와 같이 생각하는 것의 차이가 인생의 크기를 결정합니다. 이런 메타인지적 사고와 삶의 긍정성을 동시에 키워낼 방법이 하나 있습니다. 무려 저는 이 방법을 23년간 유지하고 있답니다. 바로 **감사 제목 적기**입니다.

일상에서 소소하게 느껴지는 감사한 내용들을 일기 쓰듯 기록으로 적어내려 가면 됩니다. 저는 좋은 날씨, 가족들이 건강한 것, 지금 내가 집중할 수 있는 나의 일이 있는 것, 버스를 기다린 지 5분도 되지 않아 타게 된 것 등 일상의 순간들이 당연한 것에서 감사한 것으로 바뀌어 가는 연습을 매일 하고 있습니다.

대학생 때 한 선배의 추천으로 시작하게 된 이 '감사 제목 적기'를 23년간 하고 있는데요. 이 감사 미션은 그냥 좋은 것 정도가 아니라 삶의 관점을 송두리째 바뀌게 할 만큼 강력한 힘이 있는 것 같습니다. 나를 비난하고 채찍질하던 관점이 조금씩 칭찬하고 보살펴 주는 관점으로 바뀌게 되었으니까요. 무엇보다 감사 제목 속에 드러나는 저의 일상을 객관적으로 지켜보면서 제가 꽤 열심히 그리고 반듯하게 살아온 사람이라는 것을 확인하게 된 게 가장 큰 위로가 됩니다.

'남들도 이 정도는 다 한다.'라고 생각했던 어떤 것들은 저만의 특별한 강점이라는 것을 알게 되었고, '나는 왜 이렇게 일을 못 하지?'라고 저 자신을 비난했던 날들을 되짚어 보니 단지 저에게 맞지 않는 곳에 있었기 때문임을 알 수 있었습니다. 생계를 위해 억지로 붙어 있던 회사에서 들었던 인격 모독의 말들은 그저 강아지에게 "너는 왜 원숭이처럼 나무를 못 타니? 내가 알려줬잖아!"라고 하는 것과 같은 말이었다고 생각하니 분노보다는 피식하고 웃음이 났습니다.

잘 쉬지 못했고, 그래서 당시 제 상황을 제대로 파악할 힘이 없었습니다. 그저 주어진 하루하루를 살아내기 바빴던 거죠. 그제야 저는 처음으로 제대로 보살펴 주지 못한 과거의 저에게 어떤 미안함을 느꼈던 것 같습니다. 그날 저는 가족들이 모두 잠든 후, 홀로 다이어리를 펼쳐 과거의 저 자신을 향한 장문의 글을 기록으로 남겼습니다.

'세상에 홀로 남겨진 것 같았겠다. 아무도 너를 도와주지 않고 가야 할 길도 막막했을 것 같아. 그렇다고 어디 가서 울먹일 수도 없었을 텐데... 화나고 외롭고 슬펐을 것 같아. 하지만 그런데도 살아가기를 포기하지 않아 줘서 고맙다. 기특해. 정말... 수고 많았어.'

저는 새벽녘까지 꾹꾹 눌러 담아 여러 감정을 글로 써 내려갔습니다. 저는 그날을 길고 외로웠던 '삶'이라는 전쟁에서 첫 휴식 나팔을 불었던 날로 기억합니다. 이후로 저는 조금씩 저만의 휴식을 찾는 여정을 시작했고, 지금은 그 누구보다 자기 자신을 잘 챙기면서도 자기 일을 꾸준히 하는 사람으로 살아가고 있습니다. 그 출발점에 있었던 자기 자신을 사랑하는 연습을 이 책을 통해 여러분과 함께 해봤으면 합니다. 저는 여러 사정 때문에 이 작업을 늦게 시작했지만 부디 여러분은 하루라도 빨리 삶의 균형점을 찾아 가셨으면 합니다.

"너 자신의 내면에 주목하라.
거기엔 너를 지탱할 충분한 힘이 있다."
스토아 철학자, 에픽테토스(Epictetus)

미션 4

1. 나만 아는 나의 수고한 날들의 이야기를 간략하게 적어보고, 그 장면들에 대한 가까운 사람들의 구체적인 칭찬을 한 마디씩 적어보세요.

시기	나만 아는 나의 수고한 날들	가까운 사람의 칭찬 한 마디
		1. 2. 3.
		1. 2. 3.
		1. 2. 3.

2. 이 미션을 통해 느낀 점이 있다면 무엇인가요?

5장

양질의 휴식에는 규칙성이 있습니다

일 잘하는 동료의 시간 관리 방법

"출근이야? 퇴근이야?"

다들 출근하는 시간에 피골이 상접한 얼굴로 나타나 터덜터덜 침대에 눕는 저를 보며 아내가 말했습니다.

"1시간 뒤에 다시 나가야 해. 좀 있다가 깨워줘..."

"뭘 그렇게까지 해. 하다가 실수하면 고치고 욕먹으면, '오래 살겠다' 하면 되지..."

저는 애써 아내의 한숨을 외면하고는 침대에 몸을 던졌습니다. 늘 괜찮다고 했지만 사실은 제가 꿈꾸고 있는 건지 일을 하고 있는 건지 구분이 안 될 정도로 비몽사몽일 때가 많았습니다. 걱정 반 잔소리 반 아내의 말을 뒤로 하고 저는 남은 30분이라도 자려고 침대에 머리를 더 깊이 쑤셔 넣었습니다. 그렇습니다. 그 시절의 저는 '완벽주의자' 그 자체였습니다. 매주 돌아오는 평범한 주간 회의에서 보고할 때도 저는 처음부터 끝까지 완벽하게 준비해야 직성이 풀리는 그런 사람이었죠. 하지만 회의 발표가 끝나고 나면 저의 반응은 늘 한결같았습니다.

'아, 아쉽다... 조금 더 준비할 걸...'

이상하게도 그때는 "잘했다", "수고했다"와 같은 말조차 칭찬으로 들리지 않았습니다. 속으로 '분명 실수한 부분을 알아채고 모른 척하시는 걸 거야... 나 이제 어쩌지?' 같이 불안한 마음을 지울 수가 없었죠. 그저 더 잘 해내고 싶은 마음으로 출발한 저의 열심은 갈수록 길을 잃고 있었습니다. 동기들에게 사석에서 쉽게 짜증을 내기도 하고, 먼저 퇴근한다는 후배들에게는 괜히 심술을 부리기도 했습니다. 마치 전혀 다른 사람이 된 것만 같았습니다. 그런 시간이 여러 날로 이어지자 참다못한 한 선배가 저를 옥상으로 불러냈습니다.

"야, 너 잠은 좀 자냐?"
"잠잘 시간이 어디 있어요... IR 자료 준비하고 스피치 연습하는 시간도 모자라서 밥도 하루 한 끼 겨우 먹는 걸..."
선배는 잠깐 뜸 들이며 담배 연기를 크게 내쉰 후, 계속 말을 이어 갔습니다.
"너, 남보다 오래 일하면 더 잘될 것 같지?"
"당연한 거 아니에요? 모르는 게 많으니, 공부도 하면서 일을 해내려면 오래 하는 수밖에 없죠."
"멍청한 놈... 그래서 너 인사고과에서 몇 등이냐?"
"지난번에 3등... 했죠. 그래도 대단한 거 아닙니까? 저 같은 지방대 출신이 이 정도 해내는 거면?"
"이 멍청한 놈이 열등감까지 있네? 하... 이걸 어디에다 써먹냐... 너 이번 주는 일하지 말고 네 앞에 있는 그 둘이 어떻게 일하는지 하나부터 열까지 지켜보고 문서로 정리해서 보고해. 머리를 좀 써라. 머리를!"

저는 검지로 관자놀이를 톡톡 두드리며 퇴장하는 선배를 말없이 지켜봐야 했습니다. 어안이 벙벙했습니다. '정말 내가 뭔가 모르고 일하는 건가?'싶었습니다. 저는 그날부터 마치 스파이라도 된 것처럼 제 앞에 있는 두 동료를 관찰하기 시작했습니다. 그중 한 명인 동식(가명)은 한마디로 엄친아 같은 녀석이었습니다. 어릴 적부터 여러 나라를 순회하며 유학도 다녀왔고 이전 직장이 구글이나 페이스북이라는 소문이 있을 정도로 못 하는 게 없어 보였죠. 게다가 근육질 몸매에 피부도 깨끗하고 실적으로도 늘 1등만 하는 그런 녀석이다 보니, 동기들뿐 아니라 여러 여자 선배가 녀석의 주변을 서성이기도 했습니다.

"야, 너는… 보통 언제 출근하냐?"
"갑자기 그건 왜? 카풀이라도 하게?"
"아니, 그냥… 하루를 어떻게 사나, 궁금해서."
"싱겁기는. 난 보통 6시까지 회사에 오지. 지하에 있는 회사 헬스장 쓰려고. 아침에 운동 1~2시간 하고 출근하면 기분이 너무 좋지 않아? 개운하고 뭔가 이미 성공한 것 같고. 막 그렇거든."
"그렇게 운동할 시간이 있어? 난 아무리 쫓아가도 매일 공부할 시간도 모자라던데… 네가 영어를 잘해서 빨리 익히는 건가?"
"공부? 아침 경제 뉴스 요약하는 거 말하는 거야? 그거야, 내가 안 하지. 내가 운동할 동안 내 파트너들이 대신 해줘."
"파트너?"
저는 부끄럽게도 '해외 비서'라는 직업이 있는 줄도 몰랐습니다. 들어보니 녀석은 인도에 1명, 미국에 1명, 중국에 1명. 이렇게 3명의 해외 비서를 파트너로 두고 일하고 있었더군요. 1년이나 함께 일했는데 처음

들었던 정보였습니다. 정확하게는 녀석이 몇 번 알려줬는데 제가 늘 비몽사몽인 채로 들어서 잊어버린 거라고 하더군요.

알려준 사이트에 들어가 보니 정말로 한국보다 훨씬 저렴한 인건비로 세계 증시에 관한 정보를 나라별로 요약해 주는 비서들이 고용인을 줄 서서 기다리고 있었습니다. 저는 거의 밤을 새우면서 번역기를 돌리며 증시 정보들을 요약하고 모았는데, 그 시간에 녀석은 깊은 잠을 자고 새벽 운동을 하며 더 좋은 의사결정을 하는 사람으로 바뀌어 갔던 겁니다. 비로소 녀석이 늘 칼퇴근을 할 수 있었던 이유를 조금 알 것 같았습니다.

저는 자존심을 세울 때가 아닌 것 같다는 생각에 "나도 좀 알려달라."며 술과 밥을 녀석의 입에 털어 넣어 줬습니다. 꼴 보기 싫은 녀석의 으름장과 허세를 이 악물고 견디며 글로벌 비서들에게 정보 오더를 주는 방식과 피드백 주는 방식까지 꼬박 한 달을 배워나갔습니다. 그렇게 배운 대로 제가 매일, 매주, 매월 정리해 두려고 하는 세계 증시에 대한 정보 리스트를 해외 비서에게 전달 해놓자, 한국 시각으로 매일 아침 7시가 되면 제 메일로 주요 이슈들과 그 이슈와 함께 읽어봐야 하는 경제 뉴스들이 일목요연하게 정리되어 도착했습니다.

'와, 이런 세상이 있다니...'

AI라는 단어조차 없을 15년 전의 일이니 대단한 거죠. 그렇게 정보 정리를 위한 시간을 벌고 나니 정말로 잘 수 있는 시간과 여유롭게 밥 먹을 시간까지 생기더군요. 순간 "머리를 좀 써라!"라는 사수의 말이 머리를 스치듯 지나갔습니다. 1년 만에 숙면을 취한 다음 날, 저는 고마운 마음에 한 번 더 녀석을 고기 앞에 앉혔습니다.

"고맙다. 덕분에 푹 잘 수 있었어…"

"진작에 말하지. 난 또 네가 늘 피곤해하고 힘들어하길래 집에 무슨 일이라도 있는 줄 알았지."

"근데, 외국 사람들은 이런 해외 비서를 고용한 채로 일하는 게 흔한 일이야? 사실 난 이번에 처음 알았거든…"

"음. 흔하지 않지만, IT업계에 있는 분들은 거의 1명 이상 고용해서 일해. 정확히 말하면 덜 중요한 일에 드는 시간을 돈으로 사는 거야. 단순하고 반복적인 일을 하느라 힘을 다 써버리면 정작 중요한 일이 뭔지도 보이지 않거든…"

"그래서, 너한테 지금 중요한 일은 뭔데?"

"야, 무슨 고기 한 점에 영업비밀까지 다 털어가려고 하냐?"

"알았다, 알았어~ 이모, 여기 소고기 2인분 추가요~"

"꽃등심…."

"하… 이 새… 아니, 이모~ 꽃등심으로 2인분 주세요!!"

녀석의 표정이 너무 얄미웠지만 지금은 스승과 제자의 입장이니 어쩔 수 없이 잔을 채우며 다음 말을 기다렸습니다.

"내가 6시까지 회사 헬스장 온다고 했지? 집에서는 4시 반쯤 나오거든? 그럼, 그 1시간 30분 동안 뭘 하느냐… 요일마다 마트, 백화점, 공장 같은 곳을 돌면서 새벽 상하차 아르바이트를 해."

"아르바이트? 네가? 왜? 너 돈 많잖아~"

"야. 내가 돈 벌려고 가냐? 거기서 어떤 품목들의 주문이 더 많은지 보려고 가는 거야. 아르바이트비는 보너스고. 지게차로 물건들 내리면서 판매 장부를 보면 주문이 폭주하는 물품들을 볼 수 있거든. 이것만큼 정확하고 좋은 정보원이 어디 있냐? 돈도 벌고 기업 정보도 보고 출근하면서 운동하고 샤워하고... 일석삼조지."

"와우. 리스펙... 너는 다 계획이 있구나...?"

그러고 보니 녀석은 주간 회의에서 뉴스나 공시 정보에 아무런 이슈가 없는데 먼저 매입 제안을 하는 경우가 종종 있었습니다. 아마 이 새벽 아르바이트를 통해서 알게 된 자기만의 인사이트로 제안서를 만들어 확률 높은 제안만 했었나 봅니다. 반면, 무작정 성실하고 부지런하기만 했던 저는 성공할 확률이 30%밖에 되지 않는 투자 제안을 마구잡이로 하고 있었던 것이죠. 저는 그날의 충격을 쉽게 잊을 수가 없었습니다. 늘 회사에 끝까지 남아서 자료를 찾고 정리하는 제가 가장 열심히 사는 줄로만 알았거든요. 그동안 제가 가졌던 근면, 성실, 열심에 대한 정의가 모두 새롭게 재정의 되는 날이었습니다. '머리를 써! 머리를!'

영문 모를 선배의 그 말이 비로소 깨달아지는 순간이었습니다. 그전까지 저에게 '일을 한다'라는 개념은 '주어진 일을 실수 없이 해낸다'와 같은 수동적인 의미였는데, 이렇게 '덜 중요한 일은 아웃소싱하고 중요한 일에만 에너지를 쏟는다'로 관점을 바꾸니 삶의 방식 자체가 전환되는 것 같았습니다. 이후에도 저는 종종 농담 반 진담 반으로 녀석을 "스승님!!"이라고 부르며 졸졸 따라다녔습니다. 보면 볼수록 얻을 수 있는 인사이트가 계속 넘쳐나는 녀석이라는 걸 인정했기 때문이죠.

그러다 저 또한 해외에서 물건을 들여와 국내 많은 물류 창고에 납품하는 유통회사의 새벽 아르바이트를 종종 나가게 되었습니다. 새벽에 일어나야 하는 것이나 지게차 운전이 조금 서툴러서 애를 먹었지만, 점차 익숙해졌죠. 지게차 운전과 포장 기계, 납품 마킹이 조금 익숙해질 때쯤 저는 드디어 수입품목 리스트를 볼 수 있었습니다. '이런 게 이렇게나 많이 팔린다고?'

 저는 너무 의외의 상품들이 전국으로 팔려 나가는 걸 보며 의아해했습니다. 당시 수천 개의 품목 중 1위를 했던 상품이 '택배 짐수레'였거든요. 저는 그제야 그때 시장이 오프라인 매장에서 온라인 마켓으로 전환되고 있는 시점이라는 것을 알게 되었습니다. 많은 사람이 마트나 백화점에 직접 방문하기는 하지만 실제 쇼핑을 하지는 않았습니다. 단순히 실제 제품을 눈으로 확인하고 신어보고 만져보기만 했죠. 그러고는 유유히 매장을 빠져나오면서 스마트폰으로 같은 제품을 온라인 주문하는 사람들이 점차 늘어났습니다. 매장 관련한 비용이 빠지니, 물건의 가격이 조금 더 저렴했던 거죠.
 자연스럽게 택배 물량이 늘어났고 많은 양의 택배 상자를 운반하기에 짐수레는 필수였습니다. 물건을 상하차할 때 물류 회사나 택배 기사님 모두에게 튼튼하게 오래 쓸 수 있는 짐수레가 필요했고, 마침 대형 짐수레를 잘 만들어내던 미국 회사의 제품이 불티나게 팔리기 시작했던 겁니다. 하지만 당시 환율이 꽤 높은 편이라, 미국 회사에 직접 투자하기에는 환손실이 리스크로 작용했습니다.
 그래서 저는 국내 택배 회사, 택배 종이박스를 만드는 회사, 택배 포장할 때 쓰이는 테이프를 만드는 회사를 추려서 회사에 투자 제안서를 만들어 올렸죠. 결과는 예상대로 대박이었습니다. 제 3자의 입장에서 보면 엄청난 인사이트를 가지고 있는 사람처럼 보였을 테지만, 사실 제가 한 일이라고는 덜 중요한 일을 대신할 사람을 고용하고 중요한 일을 해내기 위해 삶의 규칙성을 회복한 것이 전부였습니다. 제안서의 성공적인 발표로 늦게까지 회식이 이어진 다음 날도 녀석과 저는 새벽 운동을 위해 회사 헬스장에서 만났습니다.

"이제 좀 사람답게 사는데?"
"네, 스승님. 덕분입니다. 아가리가또!"
녀석은 삐비빅 러닝 머신의 속도를 높이며 피식 웃었습니다.
"야, 근데 신기한 게 뭔지 아냐? 예전보다 훨씬 적게 일 하는데 성과는 계속 좋아진다? 어떻게 이런 게 가능한 건지 아직 얼떨떨해…"
"그게 바로 생산성이라는 거다. 너 알지? 내가 축구 선출이었던 거…"
"어, 알지. 엄청 힘들게 훈련했다며…"
"그때 우리 코치님이 해준 말씀이 있거든? 내가 부상으로 선수를 그만둔다는 게 확정된 이후에도 코치님이 계속 새벽 운동을 시키시는 거야. 난 이해가 안 됐어. 곧 그만둘 사람인데 왜 내가 훈련에 참여해야 하냐… 이렇게 되물었거든?"
"그렇지. 실전에 뛸 선수도 아닌데 왜 훈련은 못 빠지게 하셨대?"
"그 코치님 말씀이 프로 리그에 데뷔하든 하지 못하든 새벽부터 저녁까지 하루의 규칙성을 지켜낼 수 있는 사람은 어디를 가서도 자기만의 삶의 영역을 만들어 낼 수 있다는 거야. 사실 나도 그때는 그 말이 무슨 말인지 잘 모르겠더라고. 근데 이제야 좀 알 것 같아."
"난 그런 코치가 필요 없어. 우리 어머님이 늘 하셨던 말씀이 그거야.

잘 먹고 잘 쉬고 잘 자야 한다는 그 잔소리가 이렇게 큰 의미일 줄 누가 알았겠냐고."

  저희는 둘밖에 없는 큰 헬스장에서 땀 흘릴 때까지 운동했습니다. 그리고 저는 그날부터 '삶의 규칙성'을 매우 중요하게 생각하며 살고 있습니다. 이전까지는 어떤 성과가 있거나 자기 분야에서 괄목할 만한 성장을 이룬 사람들에게 제가 모르는 어떤 특별한 조건이나 능력이 있는 줄 알고 살았습니다. 하지만 가까이에서 보니 그런 건 없었습니다. 아니, 정확히 말하면 오랜 시간 쌓아온 규칙성 위에 생겨나는 '꾸준한 관리'의 힘이 타인의 시선으로 봤을 때 재능 혹은 좋은 기회 정도로 보인다는 것을 알게 되었습니다.
  인생을 한 번에 역전시킬 수 있는 지름길 같은 것은 없습니다. 저조차도 그런 게 있었으면 했지만, 일과 휴식에 관해 공부하면 할수록 알게 됩니다. 인생에 지름길은 없습니다. 그저 지름길처럼 보이려고 하는 거짓 인생이거나, 내가 다른 사람의 보이지 않는 노력을 볼 수 없는 단계일 뿐입니다. 앞서 살펴본 이야기에서도 꾸준한 새벽 운동 같은 자기 관리가 없었다면, 그 친구에게 '새벽 아르바이트로 시장을 읽어보자!'라는 판단 자체가 생기지 않았을 테니까요.

  양질의 휴식과 규칙성의 상관관계
  이렇듯 삶의 규칙성은 우리에게 많은 것을 가져다줍니다. 규칙성은 이치에 맞는 시간의 흐름을 알게 하고, 그것에 순응하며 살아갈 때만 얻을 수 있는 유익을 우리에게 선물합니다. 안정적인 감정의 폭, 온화한 성품, 순발력, 명석함, 창의력 같은 것들이 바로 그 선물입니다. 저는 삶의 규칙성만 가져도 지금 시절에는 '인재'라고 불릴 만하다고 봅니다. 이것이 특별한 능력이라는 것이 아니라, 이것조차 갖추지 못한 사람이 너무 많기 때문입니다. 그리고 삶의 규칙성에 기름칠해 주는 것이 바로 '양질의 휴식'입니다. **시공간의 패턴화로 삶의 규칙성을 갖추게 되는 것이 첫 번째 해야 할 일이고, 그 규칙성의 질을 높여나가는 과정이 '휴식'이라 할 수 있는 것이죠.**

여러분 모두 어떤 이유에서든 삶의 규칙성이 무너져 본 경험이 있을 겁니다. 앞서 말씀드린 것처럼, 저는 일에 대한 욕심 때문에 이 규칙성을 스스로 무너뜨린 사람 중 한 명이었죠. 삶의 규칙성이 사라지면 어떤 일이 벌어질까요? 일단 아침이 오는 게 반갑지 않습니다. 눈을 떠도 무엇을 먼저 해야 할지 모른 채 보내는 시간이 많고, 늘 높은 피로감과 우울, 불안으로 하루가 가득 차 있게 됩니다.

심지어 할 일은 많은데 집중하기 어렵고 식사는 불규칙하며 밤에는 휴대전화를 붙잡은 채 새벽까지 깨어 있죠. 이런 하루들이 반복되면서도 어느 순간 '내가 왜 이렇게 피곤하지?'라고 생각하게 됩니다. 불규칙성이 규칙성이 되어 무감각해지는 현상입니다. 한번 잘 생각해 보세요. 잘 쉬지 못하고 잠도 못 잔 사람이 일을 잘하고 사람들에게 친절하기가 얼마나 어려울지를. 이런 불규칙성에 빠진 내담자들은 늘 한탄하듯 저에게 물어옵니다.

"소장님, 저는 왜 이렇게 쉽게 무너질까요?"

그러면 저는 일상의 불규칙성을 천천히 다 들어준 뒤, 커피 한 모금을 머금고 대답합니다. "삶의 리듬이 무너졌으니까요."

미국 캘리포니아에서 1965년부터 시작한 Alameda County Study는 약 7,000명의 주민을 대상으로 한 종단 연구로, 1999년까지 생활 습관과 건강의 상관관계를 장기간 추적했습니다. 그 결과, 규칙적인 수면·식사·운동 습관이 있는 사람들의 사망률이 그렇지 않은 사람들보다 최대 50% 낮고, 우울증 및 만성 질환 비율도 현저히 낮은 것으로 나타났습니다. 규칙적인 수면과 생활패턴은 체력뿐 아니라, 정신 건강과 수명에도 직접적인 영향을 준다는 결과[1]였습니다. 이것을 반대로 생각하면 삶을 주체적으로 잘 꾸려 나가는 사람들의 공통점이 바로 **삶의 건강한 규칙성을 유지한다**는 점이었습니다.

저는 그중에서도 '규칙적으로 쉬는 사람들'에 대한 부분이 참 감명 깊었습니다. 우리나라는 민족 특성상 어떤 일을 끝내고 나서야 온전히 쉬어 왔습니다. 너무 힘들면 '노동요'를 만들어 힘든 순간들을 예술로 승화시키려 했지 휴식하지는 않았습니다. 일이 완전히 끝날 때까지는 말이죠. 오히려 앉아 있거나 누워서 쉬는 사람들을 '게으른 사람', '놀고먹는 사람' 정도로 취급했었죠. 하지만 저는 시간이 갈수록 기존의 방법이 지금 시대에 맞지 않다고 느낍니다. 쉴 때는 온전히 쉬어야 합니다. 심지어 가능하다면 그 온전한 쉼이 규칙적이어야 합니다.

양질의 휴식에는 '좋은 수면'이 필요하다

그런 측면에서 인간에게 허락된 대표적인 쉼이 **수면과 놀이**가 아닐까 싶습니다. 위 논문에서도 밝혔듯이 밤 11시에 잠들어서 아침 6시 30분에 일어나는 하루를 반복적으로 살아왔던 사람들이 삶에 대한 행복

---

[1] "Alameda County Study", 1999

도나 관계의 건강함, 일로 벌어들이는 소득 모두가 높게 나타났습니다. 다르게 말하면, 이 수면의 규칙성을 벗어나는 사람일수록 불행이 끼어들었고, 관계적 갈등이 많았고, 소득도 적었습니다. 앞서 말한 정서적 안정감이 삶의 다양한 결과에까지 영향을 미치고 있는 것이죠. 앞서 살펴봤던 저의 직장 생활을 떠올려 보면, 저는 최악의 컨디션인 상황에서 최상의 결과를 바랐던 시절을 보내고 있었던 셈입니다.

그래서 저는 "8시간은 자야 한다.", "깊은 잠이 중요하다."라는 말처럼 수면의 시간이나 종류도 중요하지만, '언제 잠들고 언제 깨는가?'의 규칙성을 잡는 일이 더 중요하다고 생각합니다. 수면의 리듬을 확보하는 것이죠. 반복적으로 같은 시간대에 잠들어서 같은 시간대에 일어나 본 사람은 제가 말하는 이 '리듬'이 무슨 말인지 금방 알아들으실 겁니다. 수면의 시간이 일정해서 생기는 생체리듬은 우리 몸과 마음의 안정감을 줍니다. 곧 신체적인 휴식이 정서적인 휴식으로 확장되는 것이죠.

또한 미국 브리검병원(Boston Brigham and Women's Hospital)에서 진행된 다인종 연구(Multi-Ethnic Study of Atherosclerosis)에 따르면, 혹시라도 매일 수면 시작 시각 또는 수면 길이가 1시간 이상 변동될 경우, 대사증후군(당뇨, 고혈압, 고콜레스테롤 등) 위험이 27% 증가함을 확인했습니다.[2] **이는 단순한 '수면 총량'보다 수면의 규칙성이 우리의 건강에 더욱 중요하다는 사실을 보여줍니다.**

어떤 형태의 규칙성도 양을 먼저 확보한 후에 질을 높여야 지속될 수 있습니다. 휴식 측면에서의 수면도 마찬가지입니다. 수면의 양이 8시간 정도 확보되면 그 패턴에 규칙성이 있어야 수면의 질이 높아지는 것

---
2 다인종 연구(Multi-Ethnic Study of Atherosclerosis), 2012

이죠. 하지만 요즘 대학생들에게 수업을 진행하면서 이렇게 "하루에 8시간은 자야 한다."라고 주장하면 많은 학생이 실소를 머금습니다. 일단 해내야 할 일이 너무 많기도 하고, 반대로는 즐겁고 재미있는 것이 24시간 제공되다 보니 도파민에 수면을 양보하는 일이 허다하기 때문입니다. 그래서일까요. 요즘은 대부분의 사람이 우울, 불안, 분노를 가슴 한편에 품고 사는 것만 같습니다. 마치 "누가 나 건들기만 해봐!"라며 가시를 곤두세운 고슴도치처럼 날이 서 있는 사람들이 많죠.

앞서 하루에 1~2시간 자면서 살았던 저의 모습을 떠올려 보면 이해하기가 쉬울 겁니다. 평소에는 그렇지 않은 사람도 불규칙한 생활패턴과 수면 부족이 이어지면 분노조절 장애 증상을 보이기 쉬운 것이죠. 이런 이유로 저는 제가 가르치는 학생들 모두에게 '양질의 수면'을 위해 다음 2가지를 권유하는 편입니다.

첫 번째는 **11시에는 전자기기 없이 취침 시작하기**입니다. 이 미션은 호주의 한 매체에서 '7일 수면 챌린지'[3]라는 프로젝트가 실효성을 입증하면서 유명해졌습니다. 그들은 규칙적으로 취침 시간을 지키고 저녁에 전자기기를 차단하거나 카페인 섭취를 금하는 등의 방식을 도입한 후, 참가자들의 수면 반응을 기록했습니다. 거의 대부분의 참가자는 "피로가 줄었고 기상이 편해졌으며, 에너지와 정서 안정이 회복되었다."라는 평가를 내놓았습니다.

---

[3] 〈I tried a 7-day sleep challenge, here are my honest thoughts〉, Eleanor Wicklund (25.03.30), news.com.au

특히 그중에서도 전자기기에서 나오는 블루 라이트에 노출되지 않은 것 때문에 수면의 질이 좋아졌다는 내용이 많았습니다. 연구에 따르면, 잠들려고 하는 시간보다 2시간 전에 블루라이트 노출이 없어야만 원하는 시간대에 잠들 수 있다고 합니다. 즉, 밤 11시에 잠들고 싶다면 밤 9시부터는 전자기기를 내 주변에서 치워버려야 하는 것이죠.

가르치는 학생들에게 이처럼 "11시에는 모든 전자기기를 끄고 잠자리에 들어야 한다!"라며 엄포를 놓으면, 처음에는 많은 학생이 "별 거 아니네…"와 같이 반응합니다. 하지만 실제로 2주라는 시간 동안 전자기기 없이 일찍 잠들었다는 것을 인증해 보라고 하면 성공하는 학생들이 10%밖에 되지 않습니다. 그들의 말을 빌리자면, 마치 술과 담배를 끊으려고 할 때 느끼는 금단 현상과 비슷한 감정을 느낀다고 합니다. 그만큼 우리가 도파민 기반의 콘텐츠에 건강한 수면을 빼앗기고 있다는 것입니다. 여기서 하나 제안하고 싶은 것은 어떤 중독을 벗어날 때는 '완전한 차단'보다 **'점진적 감소'가 훨씬 효과적**이라는 점입니다.

만약 여러분이 '전자기기 없이 11시에 잠들겠다.'라는 마음을 먹었다고 가정해 봅시다. 이때 내일부터 바로 11시에 전자기기를 끄고 잠들기로 돌입한다면, 하루 혹은 이틀 정도는 성공할 수 있지만 3~4일째 분명 다시 원래대로 돌아와 버리고 말 겁니다. '작심삼일'이라는 말이 어찌나 과학적인지요. 사람의 결심과 그 사람의 생체 리듬이 동시에 바뀌지 않음을 증명하는 겁니다. 마음먹었어도 몸과 세포와 뇌를 포함한 신체 반응은 여전히 도파민을 원하고 있기 때문입니다.

그래서 중독치료를 할 때는 '점진적 감소'라는 기법을 자주 사용합니다. 하루에 4시간 동안 핸드폰 하던 사람에게 3시간 30분, 3시간, 2시간 30분… 이런 식으로, 조금씩 그것으로부터 빠져나올 수 있는 여유를 주는 것이죠. 중요한 것은 그 줄어든 시간을 아무것도 하지 않는 시간으로 그냥 내버려두면 안 된다는 점입니다. 점진적 감소 기법으로 하루에 1시간을 벌었다면 그 1시간을 생산적이고 인생에 도움이 되는 시간으로 '전환'해야만 이 기법이 의미 있습니다.

그러면 그저 유혹적인 어떤 것을 참고 견디는 '절제'에 집중하는 것이 아니라 새롭게 시작하게 된 긍정적인 활동을 더 잘 해보기 위해 '의식적인 노력'에 집중하게 됩니다. **부정적인 감정을 긍정적인 의식으로 전환하는 것**이죠. 그래서 수면시간 확보 미션을 시작하기 전에 저는 "만약 일찍 잠들 수 있다면 새롭게 생긴 시간에 무엇을 하고 싶나요?"라는 질문을 먼저 던져 줍니다. 단, 유튜브 보는 시간을 줄였는데 영화를 본다는 것처럼 또 다른 도파민으로 도망치는 일이 아닐 수 있게 잘 유도해야 합니다.

그래서 두 번째로 제가 휴식 방법으로 많이 추천하는 방식이 바로 **따뜻한 물로 샤워하기**입니다. 보통 우리는 수면의 질을 결정할 때, '얼마나 오래 누워 있었느냐?' 정도로만 이해하기 쉽습니다. 하지만 실제로 수면의 질을 결정하는 중요한 요소는 얼마나 빨리 잠들고, 깊이 잠들며, 단절 없이 이어지는가에 달려 있습니다. 이 세 가지 요소를 가능하게 하는 가장 좋은 방법이 바로 취침 1~2시간 전에 따뜻한 물로 샤워 혹은 목욕하는 것입니다.

실제로 2019년에 발표된 "Sleep Medicine Reviews" 메타 분석에서는 수면 2시간 전 10분 정도의 따뜻한 샤워가 수면 잠복시간(Sleep onset Latency, SOL)을 줄어들게 하며 수면 효율과 질을 개선한다고 밝혔습니다.[4] 사람의 몸은 참 정직하게 반응합니다. 따듯한 물은 말초 순환을 자극하여 손발의 피부 온도를 높이고 체내 열을 빠르게 외부로 방출하게 합니다. 이에 따라 심부 체온이 자연스럽게 낮아지고, 이는 곧 우리 뇌에 멜라토닌을 분비하게 하며, 수면 개시 신호의 전기 자극으로 전환되죠. 즉 몸이 '이제 자는구나!'를 알게 한다는 겁니다.

 반대로, 잠들기 위해 누웠어도 휴대전화의 블루 라이트를 시신경으로 받아들이고 있다면 어떤 일이 벌어질까요? 몸은 피곤해서 잠들고 싶지만, 뇌는 블루 라이트 때문에 오히려 각성 상태에 있게 됩니다. 그래서 종종 '잘 수 있는 타이밍을 놓쳤다!'라는 한탄과 함께 밤을 새우고 출근하는 분들을 목격합니다. 피곤한 몸과 싸워서 뇌의 각성 상태가 이겼기 때문에 '잠들지 않겠다!'라고 결정해 버린 것이죠. 이렇게 되면 실제로 원하는 삶과 내가 내 몸에 하는 행동이 엇갈리게 됩니다.

 즉, 불규칙성이 일어나는 겁니다. 몸은 자고 싶어 하는데 뇌는 깨어 있고 싶어 합니다. 일은 잘하고 싶은데 몸은 피곤해서 자고 싶어 합니다. 관계는 잘하고 싶은데 사람을 대할 때 느끼는 스트레스 지수는 높아져만 갑니다. 이런 방식으로 삶의 영역들이 하나씩 엇갈려서 불규칙성이 번져나가기 때문에 거의 모든 것에 예민해지고 힘들어지는 겁니다. 이런 시간이 지속되면 곧 '열심히 해도 소용없구나…'와 같은 무기력과 우울함에 빠져들게 됩니다.

---

4 "Before-bedtime passive body heating by warm shower or bath to improve sleep: A systematic review and meta-analysis", Shahab Haghayegh et al., National library of medicine (2019)

다시 한번 강조하지만, 잠들기 1~2시간 전에 따뜻한 물로 샤워하고 모든 전자기기를 끄고 침실 외의 공간에 두면서 멀리해보세요. 이 간단한 2가지 기법만으로 삶의 불규칙성을 끊어낼 수 있습니다. 혹 기상 알람이 필요하시다면 마트에 가서 1~2천 원짜리 시끄러운 알람 시계를 하나 구매하세요. 그럴듯한 핑계로 다시 핸드폰을 손에 쥐지 않아야 합니다. 그 작은 결심을 행동으로 옮겨내지 못한다면 우리는 휴식의 질뿐 아니라, 삶의 주체성을 가지는 여정을 누군가 떠먹여 줘도 내 것으로 만들지 못할 겁니다.

저는 이처럼 아주 작은 결심일수록 더 악착같이 지키려 노력해야 한다고 믿습니다. 왜냐하면 이런 소소한 결심조차 지켜내지 못했을 때 '나'라는 사람이 초라해지기가 너무 쉽기 때문입니다. 그리고 자연스레 '나는 이것조차 못하는 인간인가...?'와 같은 자조적인 비관론에 빠질 수밖에 없습니다. 앞서 '점진적 감소'라는 단어를 사용했습니다. 이것은 다르게 말하면 '점진적 성공'과도 맥락을 같이 합니다. 무언가를 해낸 것만이 성공과 성장이 아니라, 하지 않아야 하는 것을 안 하는 것 또한 우리에게는 성장의 발판이 될 수 있기 때문입니다. 조금씩 나아지면 됩니다. 그것이 다른 사람들에게 별거 아닌 것으로 취급받는 일일지라도 과거의 나보다 조금씩 나아지는 오늘의 나를 마주할 수 있다면 우리는 충분히 지금보다 좋은 인생을 살아갈 수 있을 겁니다.

잘 놀 줄 아는 사람이 '양질의 휴식'을 얻는다

여기서 '수면' 외에 한 가지 더 강조하고 싶은 것이 바로 '놀이'입니다. 저는 어릴 적부터 노는 것을 참 좋아하는 아이였습니다. 공 하나 있으면 몇 시간을 혼자 놀 수 있을 만큼 놀이에 능했죠. 그래서일까요. 저는 제가 과도한 스트레스 상황에 놓였을 때 어떤 놀이를 하면 다시 정상적으로 돌아오는지를 잘 알고 있습니다. 한 번 정도는 이런 기분을 느껴보셨을 겁니다. 저는 특히 풋살이나 축구를 즐겨하는 편입니다. 어느 정도냐면, 한주의 일정을 확정할 때 가장 먼저 시간표를 할당하는 항목이기도 합니다.

풋살이라는 운동이 제게 휴식이자 놀이가 될 수 있는 이유를 설명해보면, 저는 경기의 시작을 알리는 "삐이익-!" 호루라기 소리가 참 좋습니다. 그 날카로운 소리를 듣고 몸을 움직이기 시작할 때만큼은 모든 걱정과 책임, 역할에서 벗어나 마냥 뛰어놀기 좋아했던 어린아이로 돌아가는 것만 같습니다. 풋살 실력에 상관없이 웃으며 여기저기 뛰어다닐 수 있다는 것만으로도 저는 어떤 자유로움마저 느낍니다. 뛰다가 멈추고 잠깐 고개를 들어 거친 숨을 내쉬는 다른 선수들을 봐도 마찬가지입니다.

힘들어 죽을 것 같은 호흡이지만 그들의 표정에는 분명 행복함이 묻어 있습니다. 또한 유일하게 '승패와 상관없이 즐길 수 있는 세상'이 그 풋살 경기장이라 느끼는 것 같습니다. 10:0으로 우리 팀이 패배해도 괜찮습니다. 애초부터 이기려고 하는 게임이 아니라 서로 발을 맞추며 멋진 그림 하나를 만들어 보는 데 목적이 있기 때문입니다. 제가 유독 경쟁이 치열한 사회구조 속에 살아와서 그런지 모르겠지만 '경쟁하지 않아도 된다.'라는 맥락이 저에게는 참 중요한 놀이의 요소가 됩니다.

흔히 '논다'라는 행위는 '목적 없는 여가' 정도로 취급당하고는 합니다. 하지만 현대 심리학에서는 놀이가 단순히 시간 보내기가 아니라 정서적 & 인지적 회복과 창의성 회복의 핵심 요소임을 강조합니다. 즉, 놀이를 '양질의 휴식'이라고 정의하고 있습니다. 2017년에 발표된 "Journal of Happiness Studies"에서는 50대 직장인 200명을 대상으로 일주일에 60분 이상의 '의식적인 놀이시간'을 확보하게 하고 그렇지 않은 그룹과의 스트레스 지수를 비교·분석했습니다. 그랬더니 의식적인 놀이를 경험한 그룹이 그렇지 않은 그룹에 비해 스트레스 호르몬인 코르티솔 분비량이 15% 감소했고, 우울 & 스트레스 지표는 약 30%나 낮게 나왔습니다.[5]

또한 2020년에 발표된 "Creativity Research Journal(2020)" 내용을 살펴보면, 예술 & 문화 종사자 120명을 대상으로 놀이 중심의 워크숍(즉흥극, 그림그리기, 신체 연기 등)을 8주간 진행했을 때, 창의성 지표가 평균 25%, 정서적 활력감(Vitality)도 19% 정도 상승했다고 밝혔습니다. 위의 두 가지 실험을 놓고 보면 **놀이는 우울과 스트레스로부터 우리를 벗어나게 할 뿐 아니라, 삶의 활력과 창의력을 높여주는 도구이기도** 한 것이죠. 저는 이렇게 부정적이고 침체한 상황에서 우리를 긍정적이고 진취적인 상황으로 바뀌게 하는 모든 것이 휴식의 본질이라고 생각합니다. 그 구체적인 실행 방법은 차이가 날 수 있겠지만, 본질적으로 나를 마이너스 구간에서 플러스 구간으로 올라가게 한다는 것에는 변함이 없죠.

---

[5] "Journal of Happiness Studies" (2017)

저는 휴식에 관한 글을 쓰면서 이 '우상향의 요인'을 찾아보고 분석하는 데 큰 노력과 시간을 쏟았습니다. 이를 뇌과학에서는 이미 자율신경계를 기반으로 한 메커니즘으로 정의하고 있더군요. 즐거움을 기반한 놀이 활동을 하면 우리 뇌는 긴장 수용, 즉흥 반응, 감정 조절이 자연스러워집니다. 이는 곧 부교감 신경 활성화(HRV) 증가로 이어져 우리가 좋은 의사결정을 할 수 있게 만들어 주죠. 또한 감정 조절이 자연스러워지면서 정서적 교감과 소통에 능숙한 상태를 유지해 주며, 특히 성과나 목표보다 '나 자신의 반응'에 집중하게 하는 역할을 합니다.

저는 제 아이들과도 이런 놀이의 메커니즘을 자주 활용하는 편입니다. '부루마블'이라고 익히 알려진 게임을 아이들과 종종 하는데, 기본적인 규칙을 숙지한 이후부터는 '그날의 규칙'을 하나씩 만들어 게임을 즐깁니다. 기본적으로 운이 따라야 하는 게임의 법칙에서 '만들어진 행운'이라 일컫는 '세렌디피티'를 경험할 수 있게 하는 것이죠.

이를테면, 게임 한 바퀴를 돌면서 받게 되는 월급을 2배로 정하기도 했다가, 은행 이자를 2배로 정하기도 합니다. 아파트를 많이 가진 사람들에게 누진세를 매기기도 했다가 우주여행을 떠나려는데 빌런이 나타나 막아서기도 하고요. 그러면 상호 합의된 규칙을 통해 이전에는 없던 새로운 형태의 게임이 탄생하게 되는 거죠. 이런 방식으로 앞을 알 수 없는 주사위에 미래를 온전히 맡겼던 게임의 판도를 바꿔보는 것이죠. 나아가 불확실성 속에서도 가장 좋은 의사결정을 하려면 무엇이 필요한지 게임을 통해 가르치는 겁니다.

게임이 끝나면 방금 했던 게임에 관해 이런저런 이야기하는 시간을 가집니다. 무엇을 느꼈는지 혹은 어떤 규칙이 불공평하게 느껴졌는지 등 당연한 듯 수긍했던 법칙들에 관한 질문을 하게 만들죠. 이 또한 '모든 생각은 완전하지 않다.', '과거보다 앞으로 우리가 어떤 선택을 하느냐가 더 중요하다.'와 같은 전제에 기반한 성장 주의를 학습해 볼 수 있는 좋은 툴이 되어 줍니다. 어느 날, 아들 녀석이 했던 말이 아직도 제 기억에 남아있습니다.

"누군가 서울 지역을 먼저 선점했다는 이유만으로 그 사람은 특별한 노력 없이도 계속 부자가 되는 거잖아요? 다른 사람들은 몇십 바퀴를 돌면서 모아야 하는 금액을 가만히 앉아서 받기만 하고... 다음에 규칙을 바꿀 기회가 오면 지역마다의 가격이 비슷하게 만들 거예요."

저는 아들의 말에 박수 치며 그 사고의 과정을 칭찬했습니다. 대학에서 자본론을 강의할 때도 듣지 못했던 질문을 집에서 부루마블을 하며 들을 수 있다니. 놀이 교육의 효능을 직접 체험해 보는 귀한 날이었죠. 저는 조금 다르게 생각하는 창의적 관점 역시 규칙성 위에서만 존재할 수 있다고 믿습니다.

간혹 "새벽까지 깨어 있을 때 영감이 더 잘 떠오른다."라고 말하는 분들을 만납니다. 보통은 예술가이거나 창작자의 삶을 살아가는 분들입니다. 창작의 고통을 모르는 것은 아니지만, 홀로 밤샘 작업을 하느라 점점 마르고 눈이 충혈되어 가는 모습을 볼 때마다 제가 늘 하는 말이 있습니다. "일찍 자고 이른 아침에 그 작업을 하셨더라면 피카소가 되셨을 텐데..."

제가 가장 안타까워하는 것은 재능이 삶의 불규칙성에 잡아먹히는 모습을 볼 때입니다. 그들은 번뜩이는 아이디어를 늦은 새벽에 얻었다는 사실만으로 계속 유사한 시점을 찾으려고 하는 것 같았습니다. 하지만 창작활동은 마치 언제 물고기가 잡힐지 모르지만 계속해서 그물을 던지는 행위와 비슷합니다. 그래서 무엇보다 계속 그물을 던지고 거둬들일 체력과 끈기가 필요한 일이죠. 우연히 그물에 걸려 올라온 물고기 한 마리를 만났다고 해서 거기서만 물고기를 잡으려고 하면 결국 허탕을 치기 쉽습니다. 물고기 떼는 조류를 타고 이동하기 때문이죠.

 우리 삶의 결과가 다양한 것도 비슷합니다. 예전에 한 번 통했던 과정이 지금은 통하지 않는 경우가 너무 많습니다. 그래서 누군가의 비결이 다른 사람에게는 쓸모 없게 되죠. 심지어 지금은 앞서 말한 그 조류가 더 빠르고 더 복잡하게 이동하는 시대에 살고 있습니다. 그러니 애초부터 한두 번의 운으로 삶을 영위해 갈 수 있는 시대가 아니라는 말입니다. 그래서 제가 그들에게 말한 것입니다. 당신이 규칙성 위에서 동일한 노력을 계속할 수 있다면, 지금 얻는 결과보다 훨씬 더 다양하고 창의적인 작품을 만들어낼 것이라고. 이것이 규칙성과 반복의 힘이며 규칙성과 반복의 생산성을 결정하는 것이 바로 휴식입니다.

 앞서 살펴봤듯이 단기적인 피로 누적으로 인한 긴장 완화 상태는 창의적 발상에 잠깐 유리할 수 있지만 지속적인 루틴이 없는 상태에서는 우리의 회복 능력은 결국 멈추고 맙니다. 몸이 고장 나고 정신이 멈춥니다. 다르게 말하면, 그동안 열심히 에너지를 썼으니 잠을 자고 푹 쉬고 마음의 평안을 찾아서 다시 평범한 상태로의 회복에 집중해달라며 몸과 마음이 신호를 보내는 것이죠. 그리고 다시 평안한 상태로 돌아갔을 때 우리는 또 다른 창의성을 개발할 수 있는 상태로 진입합니다. "진정한 창의성은 규칙성 위에 존재한다."

다시 친구의 기발했던 투자 제안서 기획법으로 돌아가 봅시다. 모든 사람이 일찍 퇴근하고, 일찍 쉬고 싶어 합니다. 대부분의 직장인은 회사 문을 나서는 순간, 일에 관한 생각 자체를 다 잊어버리기를 원합니다. 자유로워지고 싶고 자신만의 시간을 보내기를 원하기 때문입니다. 한 번 뿐인 인생인데 행복한 하루를 보내고 싶어 하는 것이 중요한 것은 당연합니다. 하지만 저는 오히려 그런 분들에게 되묻고 싶습니다.

"집에 가서 자신을 위한 시간만을 계속 보내면서 회사에서 창의적인 인재로 인정받기를 원한다는 말씀인가요? 당신이 아인슈타인이라도 되는 줄 알아요?!"

가슴 아픈 사이다 발언이지만, 제 부사수로부터 제가 실제로 들었던 말이기도 합니다. 사실 저 또한 열심히 해보고 싶은 그 마음은 동일했습니다. 하지만 자발적 야근으로 고되고 힘든 시간을 보내고도 정말로 필요한 창의적인 방법을 찾아내지는 못했죠. 왜 저에게는 보이지 않았던 방법이 그 친구 녀석에게는 보였을까요? 네, 예상하신 대로 그 친구는 평범한 상태 이상의 좋은 컨디션을 계속 유지하면서 시장의 정보를 받아들이는 빈도가 높았기 때문입니다. 보통 창의성(creativity)이라고 하면 자유, 혼돈, 무질서와 결합한 이미지를 떠올리게 됩니다. 반면, 규칙성(routine)이라고 하면 정형화, 반복, 안정성의 영역을 떠올리죠. 이렇게 상반되어 보이는 개념을 서로 이어주는 것이 바로 '양질의 휴식(rest of high-quality)'입니다.

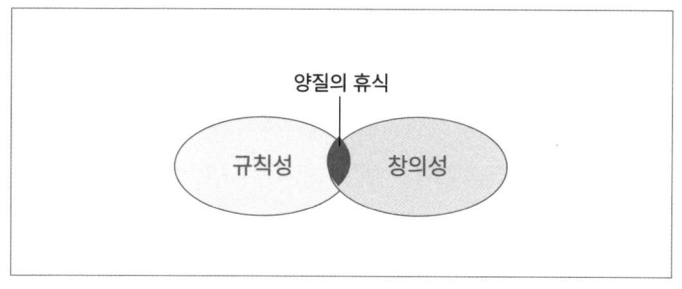

　상반된 듯 보였던 창의성과 규칙성 사이에 '휴식'이라는 개념이 연결되면 이 둘이 상호 보완의 관계로 바뀐다는 말입니다. "The Effects of Routinization on Radical and Incremental Creativity(규칙적 루틴이 증진하는 점진적 창의성)"라는 논문을 보면 재미있는 실험이 있습니다.

　한 그룹에는 브레인스토밍, 마인드맵, 기획 프로세스와 같은 창의성 툴을 제공해주고, 다른 한 그룹에는 종이접기, 책 커버 붙이기, 박스 포장하기 등의 단순 반복 업무 미션을 주는 겁니다. 일정 시간이 지난 후, 두 그룹 모두에게 '창의성 검증 테스트'를 해보게 했죠. 그랬더니 놀랍게도 단순 반복 업무를 했던 그룹의 창의성이 무려 37%나 높게 나왔습니다. 논문에서는 이것을 '작은 개선 중심의 창의성'이라고 부르더군요.

　다르게 말하면, 반복되는 작업이 우리의 정신적인 부담을 낮춰주고 그 긴장감을 완화한 덕분에 여유로운 사고 즉, 창의적인 생각을 더 많이 할 수 있다는 결론입니다. 이런 현상은 단순 반복적인 일을 처음 해보는 사람들에게 특히 많이 나타난다고 합니다. 집 청소나 택배 포장 아르바이트를 해보시면 어떤 느낌인지 알게 될 겁니다. 단순하고 반복적인 일이지만 하면 할수록 '이것보다는 이 배치가 더 효율적이겠다!' 같은 생각을 하게 되죠. 그래서 포장 순서나 도구의 위치들을 이리저리 바꾸면서 가장 효율적이고 안정적으로 반복 업무를 수행할 수 있는 프로세스를 찾게 됩니다. 여기서 생각해 볼 것은 모든 사람이 그 순간에 이런 개선적 사고활동이 작동하지는 않는다는 것입니다. 왜 어떤 사람은 멍하니 아무 생각 없이 단순 반복 업무를 하고 있고, 또 어떤 사람은 이런 창의적인 사고력이 발휘되는 것일까요?

여기에는 크게 두 가지 이유가 있습니다. 하나는 '일에 대한 목적성 여부'이고 다른 하나는 '좋은 컨디션'이라고 합니다.[6] 즉, 내가 이 일을 무엇 때문에 하고 있는지 그 의미를 인지적으로 이해하고 있어야 하며, 신체적으로는 평범함 이상의 좋은 컨디션이 뒷받침되어야만 창의력이 발휘되는 것이죠. 그래서 이 규칙적인 삶, 나의 일상에서 긍정적이고 생산적인 루틴이 많아지면 여러 자동화를 이루고, 그것은 곧 우리에게 '인지 여유'를 제공합니다. 그러다가 반복적인 업무에 대한 에너지 손실이 최소화가 되었을 때, 인지 여유가 창의력의 원천이 되는 것이죠.

다시 한번 강조하지만, 우리의 모든 자원은 무한하지 않습니다. 에너지도, 시간도, 사랑도 영원하지 않습니다. 그 모든 것이 영원히 나의 것이 아니기 때문에 주어진 시간 동안 나답게 그리고 건강하게 자원을 사용하는 방식을 배워야 합니다. 삶의 유한함을 잘 이해하는 사람일수록 하루의 소중함을 더 잘 이해할 수밖에 없겠죠. 또한 '시간이 얼마 없으니 이것저것 많이 해야지!'와 같이 생각하는 것이 아니라, '시간이 소중하니 온전히 누려야지!'와 같은 생각으로 바뀌어야 합니다.

그래서 저는 가르치는 학생들에게 만약 여행을 떠나게 되면 '언제 또 오겠어!' 혹은 '이번이 마지막이야!'와 같은 생각을 버리라고 조언합니

---

[6] "Journal of Experimental Psychology" (2011)

다. 오히려 '다음에 또 오면 되지!'와 같은 여유로운 생각을 가지고 여행에 임해보라고 권합니다. 그러면 커피 장인이 내려주는 드립 커피를 생수 마시듯 후루룩 입에 털어 넣거나 사진 찍느라 웅장한 풍경에서만 느낄 수 있는 감각적 경험을 지나치지 않을 수 있으니까요.

 생각해 보면, 멈춰진 모든 것은 움직이기 위해 존재하고 움직이는 모든 것은 멈추기 위해 존재하는 것 같습니다. 인간 세계에서 어떤 격차가 존재한다는 것의 의미는 어쩌면 모두가 멈춰 있을 때 가장 먼저 움직이기를 결정하는 기개, 모두가 바쁘게 움직일 때 멈춰서 생각이라는 무기를 작동할 용기, 이 두 가지 덕분이 아닐까요? 저는 잘 쉬는 사람이 바로 이 기개와 용기 모두를 가진 사람이라고 생각합니다. 그런 사람은 어떤 흐름이나 유행 혹은 타인의 생각에 자기 결정을 맡기지 않습니다.
 온전히 나만의 선택과 속도로 인생을 가꿔 가도 괜찮다는 내면적인 믿음이 자리 잡고 있기 때문에 남다른 선택에 불안해하지도 않습니다. 그러니 온전히 쉬기 위해 규칙성과 창의성, 이 두 가지를 여러분의 것으로 만들 필요가 있습니다. 인간이라는 종에 모두 적용되는 규칙, 내가 살고 있는 나라에 한정해서 적용되는 규칙, 내가 희망하는 직업과 산업에서의 규칙을 익히고 배워야 합니다. 그리고 그것들을 내가 살아오면서 익혀놓은 '나의 규칙'에 녹여내야 합니다. 그렇게 익숙해지고 자동화가 될 때까지 반복하고 쉬고 또 반복하기를 멈추지 말아야 합니다.
 이렇게 종의 규칙과 나의 규칙을 서로 연결 지을 수 있는 사람들을 우리는 '전문가'라고 부릅니다. 전문가 단계에 도달하면 이제 반대로 건너가야 합니다. 나의 규칙에서 필요한 창의성, 내가 속해 있는 직업과 산업에서 필요한 창의적 문제해결, 내가 살고 있는 나라에 필요한 창의적 문제 발견, 인간이라는 종에 모두 필요한 창의적 문제 제기에 이르기까지 쉬고 생각하기를 또 반복하는 것이죠. 그러면 알게 됩니다. 규칙성을 갖춘 전문가면서 동시에 창의성을 갖춘 예술가로 살기 위해서는 남들보다 더 많이 쉬어야만 한다는 것을 말이죠. 오늘은 제 생각에 가장 규칙적이면서 동시에 가장 창의적인 삶을 살았던 예술가, 파블로 피카소의 한 마디로 마무리할까 합니다.

"규칙을 전문가처럼 배워라.
그래야 예술가처럼 그것을 깰 수 있다."

미션 5

이번 장에서 배운 내용을 기반으로 아래 내용들을 채워보세요.

구분	항목	나에게 휴식인 이유
나의 규칙성 속 휴식	1.	
	2.	
	3.	
나의 창의성 속 휴식	1.	
	2.	
	3.	

6장

주말엔 이렇게 쉬세요

지옥으로 출근하는 사람들

"월요일은 정말 지옥이네요…"

벌써 세 번이나 지하철을 보내고 네 번째에 겨우 몸을 실은 거래처 대리님이 말했습니다. 그의 행색을 보니 '지옥'이라는 말이 딱 어울렸습니다. 아톰처럼 헝클어진 머리, 땀이 흥건해 몸에 들러붙은 셔츠, 여기저기를 닦아 노랗게 물든 하얀 손수건이 그의 말을 대변했죠.

"네. 덥긴, 덥네요…"

저는 다행히 땀이 많지 않은 체질이라 별일 아니라는 듯 그와 눈인사를 하고 다시 보고 있던 서류로 눈을 옮겼습니다. 하지만 그는 빨갛게 충혈된 눈으로 말하기를 쉬지 않았습니다. 순간 저는 방향이 같다며 함께 이동하자는 그의 말을 거절하지 못한 걸 후회했습니다. 그렇게 그는 서류로 도망가려는 저의 시선을 붙잡아 끌어 올렸습니다.

"보세요. 윤 팀장님. 이게 대한민국의 현실입니다."

읽을거리에 집중하려던 저는 이건 무슨 말인가 싶어 결국 그의 턱 끝이 가리키는 곳을 바라보았습니다. 고개를 들어보니 손잡이에 의지해

서서 잠든 학생, 비좁은 자리에서도 기어코 문제집을 무릎에 올려 공부하는 취준생, 스마트폰에 코를 박고 출근 전 마지막 게임을 하고 있는 직장인들이 보였습니다. 단 하나 공통점이 있다면, 모두 충혈된 눈과 피곤한 표정을 하고 있다는 것 정도였습니다.

"보이세요? 일요일의 끝자락을 월요일 아침까지 붙잡고 있는 저 처절한 모습들이...?"

극단 출신이라던 대리님이 갑자기 모노드라마 톤으로 말을 걸어오자, 저는 반사적으로 반걸음 정도 더 떨어져 대답했습니다.

"다들 각자의 자리에서 열심히 살고 있는 거 아닐까요? 학생은 학생대로, 직장인은 직장인대로...?"

"저는 주말이 계속되길 바라지만 월요일이 되어 버린 사람들이 보이는데요? 그렇지 않아요? 다들 피곤해 보이고 힘들어 보이잖아요..."

"아, 네. 그렇게 보일 수도 있겠네요."

"혹시 게임 같은 거 하세요?"

"아니요. 제가 게임을 한 번 하면 끝장을 보는 성격이라, 시작을 잘 안 합니다."

"아, 그러시구나. 저는 최근에 RPG 게임을 시작했는데 주말 이틀 동안 거의 밤을 새서 퀘스트를 다 깨버렸지, 뭐에요. 중간에 안 풀려서 맥주를 얼마나 마셨는지 몰라요. 그런데 이리저리 헤매다 보니 결국 풀리긴 하더라고요. 그래서 오늘 저녁에는 다른 캐릭터로 다시 한번 더 해보려고요."

그제야 그의 충혈된 눈과 미세하게 풍기던 술 냄새의 퍼즐이 맞춰졌습니다.

"바쁘시겠네요. 일도 하고 게임도 잘하시려면."

"이렇게라도 스트레스를 풀어야 살 것 같거든요. 아니면 이 끔찍한 월요일 아침을 어떻게 견뎌요?"

톡톡톡. 그는 저와 대화를 하면서도 또 다른 스마트폰 게임을 하느라 손가락을 바삐 움직였습니다. 조금은 염세적인 그의 말에 저는 어떤 대답을 해야 하나 고민하던 중이었는데 그는 갑자기 "팀장님, 저 먼저 가 볼게요!"라며 닫히는 문 사이로 후다닥 사라져 버리더군요. 드디어 조용해진 틈을 타 저는 다시 천천히 고개를 들어 지하철 내부를 눈으로 이리저리 살폈습니다.

'설마... 월요일이 지옥인 사람이 그렇게나 많을까...'

그날 저는 그의 지옥 발언 덕분에 종일 월요일에 대해 생각하는 시간을 가졌던 것 같습니다. 그러다 보니 자연스럽게 '월요병'이라는 검색어를 따라다니며 이것저것 읽어보기 시작했습니다. 여러 재미있는 기사나 논문을 항해 하다 보니 생각보다 많은 사람이 '월요일 증후군'을 겪고 있다는 사실을 알게 되었습니다. 미국 시사주간지 〈TIME〉에 따르면 직장인 3,500명을 대상으로 조사한 결과, 월요일마다 스트레스 호르몬인 코르티솔의 수치가 평균 23% 상승했으며, 심장마비와 같은 심혈관 질환 증세를 나타낸 경우도 다른 요일에 비해 19%나 많았습니다.[1] 이런. 그의 말이 전혀 근거 없는 말은 아니었나 봅니다. 사람들에게 월요일이 왜 이렇게 힘든 날이 되고 있을까요? 저는 그날 일을 마치고 집

---

[1] 〈Are Mondays Really That Bad?〉, Eric Barker, (14.03.31), TIME

에 가기 전, 이 질문에 답을 찾아보기 위해 근처 카페에 자리를 잡았습니다. 그러고는 자료 찾기의 세계여행을 떠나기에 앞서 여러 질문을 써 내려갔습니다.

'월요병이라는 신조어가 생길 정도로 사람들이 힘들어하는 이유는 무엇일까?', '왜 나에게는 지하철의 그 장면이 다르게 보였을까?', '월요병이 없는 사람들은 어떤 사람들일까?', '그들의 주말은 어떻게 하면 다를까?'

그러고는 달콤한 커피를 한 모금 머금고 저물어가는 노을과 짧은 눈맞춤을 했습니다. 손가락부터 손목까지 이리저리 꺾어주며 스트레칭도 했습니다. 앞으로 몇 시간 동안 이어질 자료 여행을 대비하기 위함이었죠. 그렇게 저는 한참을 '세계의 주말', '휴식', '월요병'이라는 키워드로 자료 여행을 떠났습니다. 그리고 자료 여행의 마침표를 찍는 순간, 저는 자연스럽게 이런 생각을 하게 됐습니다. '역시 한국이구나…'

크게 느낀 점이 있다면 한국의 주말과 다른 나라의 주말이 참 다르다는 것이었습니다.[2] 한국의 주말은 여전히 생산적이고 적극적 활동 중심으로 이뤄져 있다는 겁니다. Asia News Network에서 소개된 것처럼 한국 사회는 여전히 빠른 산업화 덕분에 기본적으로 '근면과 성실을 기반한 과로는 미덕'이라고 여기는 문화가 자리잡은 듯합니다. 그래서 늦은 밤까지 불이 꺼지지 않는 사무실을 동경하고 새벽에 흘러내리는 커피를 틀어막으며 공부하는 것을 자랑스럽게 여기죠. 아마도 농업과 제조업을 근간에 두고 성장을 이뤄온 국가 정책이 한몫한 것 같습니다.

그래서 오늘날 MZ세대가 '온전한 휴식'에 대한 관심이 유행처럼 번

---

[2] 〈Do Koreans feel well-rested?〉, Shin Ji-hye, (2022.08.01), The Korea Herald

지는 것과 이 전통적 휴식에 대한 관념이 서로 충돌하는 과도기가 아닐지 생각됩니다. 이것은 성과나 지표가 분명한 직업군에 속한 MZ세대조차 '휴식은 효율을 갉아먹는 시간'이라는 왜곡된 관념을 두고 있다는 것을 보면 더 분명해지는 것 같습니다.[3]

한국인들의 실제 주말 여가 시간 자체는 1999년부터 2019년까지 꾸준히 증가해 왔습니다.[4] 하지만, 이 조차 진정한 휴식이라기보다 '미디어 소비 시간' 정도로 정의하는 게 맞을 것 같습니다. 오죽하면 "아빠 안 잔다…"라는 말만 들어도 웃음이 날까요? 그들이 취한 휴식은 티브이를 틀어놓은 채 피로가 풀리지 않은 몸은 반수면 상태에 접어드는 형태였던 거죠.

이런 휴식의 형태는 앞서 살펴본 '정적 휴식'과 많이 닮았습니다. 다르게 생각해 보면, 우리 부모 세대는 성실과 근면을 외치며 열심히 달려갈 줄만 알았지, 마음 편히 쉬는 방법은 평생 접해보지 못한 불행한 세대 같아 안타까움이 앞섭니다. 몸은 피곤해서 당장 쓰러져 잠들기 직전에도, '뉴스'라는, 꼭 들어봐야 할 것만 같은 소식들은 포기하지 못한 세대. 단지 그 형태가 뉴스에서 유튜브로 바뀌었을 뿐, 제대로 된 휴식을 누리지 못하는 것은 지금도 비슷하지 않을까 싶습니다.

종합해 보니, 지금까지 한국인들은 휴식다운 휴식을 누려본 적이 없

---
3 〈Efforts to end overwork not working〉, Sung So-young, (2010.09.15), korea joongang daily.
4 "A longitudinal study on changes in weekend leisure time by age groups in Korea (1999–2019)", Yu-Jin Cha, BMC Public Health(2024)

는 민족인 것 같습니다. '주말에도 바쁘다'라며 곡소리가 끊이지 않는 카톡방만 봐도 그렇습니다. 그렇게 이런저런 사정들 때문에 미뤄둔 자기 계발과 회사 업무들은 '주말'이라는 성역을 서서히 침략하기 시작합니다. 그즈음 주말까지 일하는 한 멘티가 눈물을 글썽이며 하소연했습니다.

"일을 제대로 하려면 주말에도 일할 수밖에 없어요. 그러다 보니 휴식 시간도 없고 친구도 없어요. 인생에 일 말고는 아무것도 없는 거죠."

그녀는 지하철 이동시간에도 노트북을 꺼내 들어 회사의 한 주 아젠다를 정리했고, 산책하는 중에도 스마트폰으로 회사와 관련된 글로벌 뉴스를 읽어내는 워커홀릭이었습니다. '하루에 밥을 두 끼만 먹을 수 있어도 좋겠다', '잠을 4시간 만이라도 푹 좀 자고 싶다'라는 하소연에 저뿐 아니라 함께 수업을 듣는 이들도 그녀를 걱정했습니다.

안 자고 안 먹고 안 쉬면서 일에 빠져드는 그녀의 삶이 급속도로 불행해지는 것을 함께 목격했기 때문입니다. 그래서 저는 마침 찾아놓은 자료도 있겠다, 그녀에게 "나에게 1시간만 개별 상담 시간을 내어달라." 요청했습니다. 마치 누가 뒤에서 쫓아오기라도 하듯 그녀는 그 1시간을 만들어 상담 자리에 나오는 것조차 안절부절했습니다. 밝고 긍정적이던 예전 그녀의 모습이 점점 사라지는 것만 같아 안타까웠죠.

"그래서, 건강은 좀 괜찮은 거야?"

저는 가만히 있어도 동공이 떨리는 것 같은 그녀의 표정을 모른 척하며 겨우 한 마디 내뱉었습니다.

"버텨내야죠. 해내야죠! 제가 할 일이 얼마나 많은데요..."

마침, 정부지원금과 투자사의 씨드 투자까지 성공한 터라 그녀는 실제로 대한민국에서 가장 바빠야 하는 사람 중 한 명이었습니다. 하지만 그렇다고 해서 이렇게 무작정 달리기만 한다면 얼마 지나지 않아 몸과 마음이 고장 날 것이 뻔했습니다. 저는 멘토로서 어떻게든 그녀를 쉬게 만들어야 했습니다. 그래서 평소답지 않게 조금 단호한 어조로 그녀를 자리에 앉히고 눈에 힘을 주어 말했습니다.

"열심히 하는 순간과 무리하는 순간을 잘 구분해야 해. 이걸 스스로 구분하지 못하면 네가 바라는 회사의 성과가 있어도 아무 소용이 없을 거야. 잊지 마. 스타트업에서 가장 귀한 자산은 대표이고, 그 대표가 병들어 있다면 아무도 그 회사에 투자하지 않을 거야."

그렇게 스타트업, 회사, 투자와 같은 단어를 섞어가며 지금의 상황을 객관적으로 알려주고 나서야 그녀는 스스로 병원을 찾았습니다. 예상했던 대로 만성피로와 수면 부족 때문에 면역 체계가 완전히 무너져 있었습니다. '그냥 좀 피곤한가 보다'하며 애써 외면했던 피부 발진이나 기절하듯 잠드는 습관 등을 의사의 말로 "쉬어야 합니다!"로 듣게 하니, 그제야 그녀 역시 휴식하지 않는 삶이 얼마나 위험한지를 실감하는 듯했습니다. 그녀처럼 우리는 해내야 하는 무언가를 위해 가장 중요한 것을 잊고 사는 경우가 참 많습니다. 이 망각의 저주에 빠지지 않기 위해 부단히 노력해 온 북유럽 국가들의 휴식에 대해 잠깐 살펴보겠습니다.

북유럽의 휴식들

가장 먼저 덴마크를 언급하지 않을 수가 없습니다. 다른 나라와는 조금 다르게 덴마크는 '휴식을 제도화했다'라는 평가를 받기도 합니다. 바로 '휘게(Hygge)' 문화 때문입니다. 고대 노르드어 'hugaa(위로하다)'에서 유래된 덴마크어 'hygge(후가)'는 19세기 산업화 시기에 들어오면서 '안정된 휴식'의 의미로 자리 잡았습니다.[5] 처음에는 노르웨이 일부 지역에서만 사용되던 단어였지만, 점차 덴마크가 이 문화를 받아들여서 '집안에서 느끼는 따뜻함과 보호'라는 개념으로 발전시켰습니다.

Meik Wiking은 《The Little Book of Hygge》에서 hygge를 '안전하고 편안하며 서로를 기대는 감각', 그리고 '바깥 세계로부터의 잠깐의 쉼터'라고 정의했습니다. 그 배경에는 19세기 덴마크 역시 갑작스러운 산업화와 도시화로 인해 차가운 환경, 긴 겨울, 사회적 거리감이라는 새로운 문제를 직면한 것입니다. 그래서 따듯하고 온기가 느껴지는 조용한 쉼터가 필요하다고 느꼈던 것이죠. 덩달아 기본적으로 덴마크는 사회적 평등과 상호 신뢰가 높은 나라여서 이 hygge(휘게)라는 문화는 평등한 분위기에서 나눔, 속도를 늦추는 시간으로 자리를 잡아갔습니다.

제가 가장 놀랍다고 느끼는 점은 이 사회적 합의가 얼마나 탄탄한지 지금은 덴마크의 모든 가정에 'hyggekrog'라고 하는 휴식을 위한 별도의 공간을 마련하기에 이르렀다는 것입니다. 한국에서는 손님들을 위한 사랑방을 마련하는데 그들은 그들 자신의 휴식을 위해 공간을 마련했다는 점이 재미있습니다. 덴마크의 수많은 가정은 담요, 쿠션, 조명, 양초, 따뜻한 음료가 포함된 공간에서 가족 또는 친구들과 금요일 저녁과 일요일 저녁마다 모여서 조용한 대화를 나누며 시간을 보냅니다.

여기서 제가 주목하는 단어가 바로 이 '조용한 대화'입니다. 덴마크인

---

[5] 〈Denmark's UNESCO Intangible Cultural Heritage nominations〉, Daniel Schneide, (2025.06.26), Last week in Denmark

을 인터뷰한 어느 기사를 보니, 이들은 이 시간 동안 각자의 가치관, 교육관, 앞으로의 삶을 통해 이뤄내고 싶은 것, 덴마크라는 나라를 위해 내가 헌신할 부분 등에 대해 많이 이야기한다고 합니다.[6] 직장에서 어떻게 승진하고, 돈을 더 많이 벌지에 대해 자주 이야기하는 한국과는 사뭇 다른 주제들이죠? 게다가 덴마크에서는 긴 겨울 동안 양초를 집안 곳곳에 켜서 자주 따뜻한 분위기를 만듭니다. 시끄럽고 요란한 세상의 일들에서 잠시 거리를 두는 것이죠. 이것이 얼마나 일반적인 사회현상이 되어 있느냐면 덴마크가 인구당 양초 소비량이 유럽 최고 수준인 것을 보면 알 수 있습니다. 저녁과 겨울이 길어 어둡고 추울 수 있는 집이라는 공간을 휴대전화나 전자기기 없는 따듯하고 온기 넘치는 시간으로 채우는 것이죠.

덴마크는 World Happiness Report에서 매번 상위권에 오르고 있는데, hygge 문화와 사회적 신뢰, 평등, 공동체 중심의 시간 문화가 큰 역할을 한다는 분석이 많습니다.[7] 물론 이 행복도 지표는 여러 요인이 복합적으로 작용한 결과지만, 저는 그중에서도 이 휘게 문화가 많은 영향을 줬다고 생각합니다. 한 번 상상해 보세요. 한국의 모든 가정에서 "남들보다 뛰어나야 한다."라는 말이 아니라 "너답게 잘 쉬어야 행복할 수 있다."라는 말과 함께 달콤한 간식을 나누는 시간이 있었다면 우리 아이들은 어떻게 자랄까요?

---
6 〈Why the Danes are dead serious about hygge〉, (2018.05.15), The telegraph
7 〈Hygge: Exploring the Danish Concept of Comfort〉, Fanny Syawbriyanti, (2021.11.23), The KPI Institute

그런 가정이 많아진다면, 과잉 경쟁 시대에 합류할 필요 없음을 스스로 인식하지 않을까요? 혹은 가족과의 휴식 시간이 야근보다 중요하다는 것을 조금 더 일찍 깨닫지 않을까요? 아니, 그것보다 최소한 한국 사회에 팽배해 있는 '휴식은 무책임한 시간이다' 같은 기묘한 죄책감에 시달리는 청춘들은 줄어들지 않을까요? 종종 '월화수목금퇼'이라는 밈을 목격합니다. 평일보다 주말이 훨씬 빠르게 지나간다는 맥락이겠죠. 우리가 덴마크처럼 따뜻한 저녁을 삶에 장착하려면 정확히 이와 반대가 되어야 합니다. 평일이 빠르고 주말이 느리게 지나가야죠.

충분히 휴식하고 복잡한 콘텐츠 없이 느리게 대화하는 시간이 많아져야 할 겁니다. 그리고 우리 아이들로부터 "이번 주말은 그냥... 아무것도 하지 않을래요."와 같은 말을 듣게 되었을 때 "그렇게 게으르게 살면 성공하겠니?"가 아니라, "그래, 네가 원하는 만큼 푹 쉬어야지."라고 반응할 수 있는 부모님들이 많아져야 합니다. 의도적으로 느림을 선택하는 삶이 그렇지 않은 삶보다 훨씬 행복과 가까운 삶이기 때문입니다.

이번에는 스페인으로 한 번 가보죠. 이전에 저는 '스페인'하면 플라멩코(Flamenco), 투우사와 같이 붉고 열정적인 이미지가 떠올랐습니다. 그래서 한국처럼 열심이 넘쳐서 생기는 사회문제도 유사하게 존재할 것으로 생각했죠. 하지만 이번에 스페인의 역사와 휴식에 대한 관념들을 정리하다 보니 그것이 큰 착각이었다는 것을 알게 되었습니다.

그중에서도 재미있다고 생각한 것은 바로 '시에스타(siesta)'라는 문화였습니다. 한 번쯤 스페인으로 여행을 가본 타국 사람들이 한여름 정오 무렵에 모든 스페인 사람이 잠깐 조용해지는 정적의 시간을 경험한다고 합니다. 바로 이 '시에스타'라고 하는 낮잠 문화 때문입니다. 너무 재미있지 않나요? 마치 정전이라도 된 듯, 모든 마을 사람이 동시간대에 낮잠을 청한다는 사실이. '시에스타'는 라틴어 'hora sexta(여섯 번째 시간)', 즉 정오 이후를 뜻하는 말에서 유래되었습니다.

과거 스페인은 농업 중심의 국가였습니다. 그래서 한여름 정오의 더위를 피해 낮잠을 자는 전통이 생겨났죠.[8] 스페인의 역사를 따라가 보면 '피곤함' 그 자체인 것 같습니다. 오랜 내전, 스페인 독감과 같은 재난적 상황이 끊이지 않았죠. 내수경기를 안정화하기 위해 스페인 사람들은 농업뿐 아니라 지금의 N잡러처럼 한 사람이 다양한 직업을 감당해야 했습니다. 그렇다 보니 고된 일과 중 잠깐의 낮잠은 선택이 아니라 꼭 필요했던 거죠. 근래에 들어서는 스페인에서도 도시화와 표준 근무제 확산, 세계화 및 온라인화된 근무 형태로 전통적인 시에스타가 점차 줄어들고 있지만, 여전히 더운 여름철이나 농업 위주의 마을에서는 이 '시에스타의 고요'를 느낄 수 있다고 합니다.

인지과학에서는 '시에스타'의 필요를 오히려 더 강조하고 있습니다. 단순한 '의식적 정지상태'가 아니라 집중력, 기억력, 반응속도, 창의성 등을 단숨에 향상할 수 있는 유일한 수단이 낮잠이라고 주장하기도 합니다.[9] 의학적으로 봐도 낮잠의 효능은 대단합니다. 실제로 30분 이하의 시에스타를 즐겼던 스페인 사람들은 고혈압 위험이 21%나 감소했고, 심방세동 등 심장 위험이 평균보다 19% 낮았으며 폐 기능은 무려 39% 정도 좋았습니다.[10]

---

8 〈A Brief History of the Spanish Siesta〉, Jessica Jones, Culture pop
9 〈Association between sleeping hours and siesta and the risk of obesity〉, Carmen Sayón-Orea et al., (2013.08.10), pubmed
10 〈Revealed: How taking a typical Spanish siesta is good for your heart〉, Simon Hunter (2023.10.28), The Olive Press

체력의 한계가 없는 듯, 90분 내내 경기장을 휘젓고 다녔던 안드레스 이니에스타 선수의 활동량에도 다 이유가 있었나 봅니다. 하지만 유의할 점이 하나 있습니다. 40분 이상의 시에스타 또는 불규칙한 낮잠 패턴은 오히려 사망 위험도를 높인다는 것입니다. 이로써 시끄러운 알람 시계를 살 명분이 하나 더 생겼습니다.

재미있는 사실은 한국에서도 '낮잠 문화'를 정착하게 하려고 시도했던 시절이 잠깐 있었다는 것입니다. 이는 9시 뉴스에 보도가 될 정도로 인상 깊은 시도였죠. 바로 2015년경 서울의 강남과 역삼 중심으로 '힐링'이라는 단어와 함께 '낮잠 카페'가 등장했던 것입니다. 그리고 2017년 코리아타임스에 〈Nap cafes flourish in sleep-deprived Korea〉라는 기사에서 본격적으로 주목을 받으며 널리 유행했습니다.[11]

세계적으로도 주목을 받자 많은 언론사에서 OECD 기준으로 한국의 연간 노동시간은 세계 2위이며, 평균 수면시간은 OECD 평균보다 약 40분이나 짧다며 대서특필 했습니다. 그러자 꽤 많은 직장인이 점심시간을 포함한 1시간 이내의 짧은 낮잠을 누리기 위한 비용을 기꺼이 지급했죠. 저는 뉴스에서 '낮잠 카페'라는 이슈를 보게 되었을 때, 조금 염려되는 부분이 있었습니다. '낮잠'이 스페인의 시에스타처럼 한 나라의 문화가 아니라 상업성의 메카라 할 수 있는 '카페'라는 단어와 묶여 있다는 사실이었습니다.

아니나 다를까. 얼마 가지 않아 유행처럼 낮잠 카페가 많아졌고, 차별성을 갖출 시간과 자원이 부족한 상태에서 100개, 200개로 지점이 늘

---

11 〈Nap cafes flourish in sleep-deprived Korea〉, Park Jin-hai (2017.06.25), The Korea Times

어나다 보니 과포화 상태에 너무 빨리 진입해 버렸습니다. 게다가 일반 카페에 들어가는 커피 머신은 물론이고 안마 의자와 같은 고급 시설비, 그리고 무엇보다 이용자 모두가 다른 수면 습관을 지니고 있어 브랜드로서 가치를 유지하기도 힘들었습니다. 너무 시끄러울 수도, 너무 조용할 수도 없었습니다. 의자가 너무 푹신할 수도 너무 딱딱할 수도 없었습니다.

거기다 잠깐의 점심시간에 낮잠을 청하는 직장인의 모습이 '게으른 사람'이라는 인식이 퍼지면서 다른 사람의 눈치를 보느라 발길을 뚝 끊게 되는 최악의 결과를 맞이했습니다. 저는 일시적인 유행으로 지나쳐 버리기에 이 '낮잠'이라는 효용이 너무 아까웠습니다. 안타깝게도 문화로 자리 잡기까지 한국 시장의 성숙도가 너무 낮았고, 또 사회적으로 넘어야 할 인식의 장벽이 너무 높았던 것입니다.

사실 이러한 문제는 아직도 진행형이라고 봐야 할 것 같습니다. 아직도 한국에서는 낮잠을 자는 사람이 게으르다거나 책임감 없는 사람 정도로 취급하는 경우가 많기 때문입니다. 실제로 2024년에 BMC Public Health에서 발표한 내용에 따르면, 한국인의 여가 형태는 지나치게 미디어 중심이라는 데이터가 나왔습니다. 심지어 정적인 휴식에 초점을 맞추지 못할 뿐 아니라, 오히려 그 시간에 업무를 하거나 일정 중심의 활동을 많이 하므로 휴가를 통한 회복력의 지표가 다른 나라들에 비해 낮았습니다. 이에 반해 스페인에서는 낮잠이 문화적인 권리이자 사회적 정서 회복제로서의 기능을 수행하고 있는 것이죠.[12]

---

[12] 〈Association between sleeping hours and siesta and the risk of obesity〉, Carmen Sayón-Orea, et al., (2013.08.10), pubmed

일본의 휴식 문화

이제 가깝고도 먼 이웃 나라 일본으로 한 번 가보겠습니다. 일본에도 추천할 만한 여러 휴식 문화가 있지만, 저는 그중에서도 'Time-Gathering Weekend' 문화를 소개하고 싶습니다. 지금 일본의 상황을 잘 나타내주는 단어가 바로 過労死(karoshi, 과로사)가 아닐까 싶은데요. 과거의 장인정신과 현대의 성공 욕구가 만나 지금 일본인들에게는 '과로하지 않는다면 열심히 하지 않았다는 뜻'으로 여겨집니다.

수도권에 집중된 발전, 양질의 일자리 축소, 지속적인 자연 재난 등의 환경들이 일본인들을 쉬지 못하게 합니다. 그러다 보니 일본인들에게는 단순한 휴식 이상의 '시간의 확보'가 중요해졌습니다. 그래서 일본 정부는 모든 직장에 매월 마지막 금요일 오후 3시가 되면 퇴근을 권장하는 정책을 펼치기도 했고, 2025년부터 도쿄를 시작으로 주 4일제 근무를 도입하겠다고 밝히기도 했습니다.[13]

이렇게 야금야금 저축하듯 모은 주말의 시간을 많은 일본인은 등산, 숲욕(shinrin-yoku), 온천(onsen) 등으로 채웁니다. 조금은 평범해 보이는 휴식 방법들이지만, 하나 특이한 점은 이런 휴식 활동을 하면서 "시계를 보지 말라."라고 권한다는 것입니다. '내가 얼마나 쉬었지? 도대체 얼마나 많은 시간을 낭비 한 거야?' 같은 생각에서 벗어나야 한다는 걸 강조하는 것이죠. 효율과 성실을 동시에 추구하는 일본에서 '주말에는 시계를 보지 말자!'라는 건 엄청난 혁신 문화라고 할 수 있습니다.

게다가 요즘 일본에서는 평일에는 '작업 모드', 주말에는 '회복 모드'로 시간의 구조를 완전히 분리하려는 시도가 많아지고 있습니다. 이렇

---

[13] 〈Japan starts weekend early to improve work-life balance〉, (2017.02.24), apnews

게 보면 'Time-Gathering'은 단순히 쉬는 것이 아니라, 주중의 단절을 메우기 위한 계획적인 시간 축적이라고 볼 수 있습니다. 그런 의미에서 그들은 주말 동안 도쿄 외곽 지역인 하코네, 니가타 등지처럼 일상과 동떨어진 자연 속에서 시간을 보냅니다. 무엇보다 '주말에도 일해야만 성공할 수 있다'라는 시선에서 '주말에는 나를 챙기겠다'로 시선이 옮겨 오고 있다는 사실이 반길만합니다.

좋은 휴식에는 잘 쉬는 구조가 있다

여기까지 다른 나라들의 휴식 문화를 잠깐 살펴봤습니다. 사실 저는 이렇게 다른 나라의 휴식 성숙도가 참 부럽습니다. 그러고 보면 한국에서는 인생에 관해서도 어떤 통상적인 속도가 있는 것 같습니다. 그 속도에 맞게 살아가지 못하면 '낙오자'라는 오명이 너무 쉽게 씌워집니다. 그래서 서울에 있는 대학을 가지 못하거나 서울에 있는 30평대 이상의 아파트에 살지 못하면 인생이 망했다고 생각하는 세대가 생겨나는 것이죠. 한두 사람의 편협한 고정관념 정도일 거로 생각했는데, 가면 갈수록 더 많은 사람이 이런 생각을 하면서 살아가는 것만 같습니다.

'나만 뒤처지는 게 아닐까?'

이 한 문장이 얼마나 많은 사람의 휴식 시간을 앗아갔는지 모릅니다. 내가 쉬는 동안에 나의 경쟁자가 더 노력하고 있을 것만 같은 불안에 휘둘려서는 안 됩니다. 설령 그것이 사실이라고 할지라도 나는 나의 속도를 지켜내야 합니다. 그런 부분에서 보면 저는 '인생은 마라톤'이라는 말에 어느 정도 동의하는 편입니다. 나보다 훈련이 잘되어 있는 선수를 보면서 그 속도를 무리하게 따라가면 5km도 못 가서 호흡이 무너집니다. 그렇다고 경보하듯 걸어가기만 한다면 완주를 할 수 없겠죠.

그래서 우리에게는 '휴식'이라는 페이스 메이커가 필요한 겁니다. 페이스 메이커가 있으면 지금 가는 길이 오르막인지 내리막인지를 알 수 있습니다. 게다가 내가 흘리는 땀의 양과 보폭의 크기에 따라 알맞은 호흡법을 안내해 주기도 합니다. 호흡의 핵심은 리듬을 잃지 않는 것입니다. 그런 의미에서 **휴식은 그저 해방의 의미를 넘어 삶의 리듬을 재설정하는 일**이라 할 수 있습니다. 그러면 제가 학생들에게 가장 많이 추천하는 주말 휴식 방법들을 간략하게 소개해 보겠습니다.

휴식이 삶의 리듬이라고 생각할 때, 주말은 오히려 이 리듬이 끊어지기에 딱 좋은 훼방꾼 같기도 합니다. 물론 모든 것을 멈춘 채 아무것도 하지 않는 것 또한 휴식일 수 있습니다. 한 번쯤 '잠깐만 쉴까?'라는 생각에 누웠던 침대에서 종일 벗어나지 못했던 경험이 있으실 겁니다. 그렇게 무계획적인 주말을 보내고 나면 다시 월요일을 맞이하기가 참 힘듭니다. 계속 주말이 이어졌으면 좋겠다고 생각합니다. 아니, 딱 1시간만 출근 시간을 미뤄도 여한이 없을 것 같습니다. 멀쩡히 좋은 직장을 다니는 사람조차 이런 생각을 하게 되는 이유가 무엇일까요? 주말 동안 의식 구조가 '쉬는 사람'으로 바뀌어 있는 상태에서 상황적으로는 '일하는 사람'으로 살아내야 하는 까닭입니다. 그래서 우리에게는 **'한시적이고 의도된 휴식'이 필요합니다.**

쉽게 말하면, **휴식에 대한 주도권을 나에게 가지고 오는 것입니다.** 알고리즘에 맡겨 예상보다 훨씬 길어져 버린 유튜브 시청은 주도권이 나에게 있지 않습니다. 언제 그것을 그만둘지는 배터리의 수명에 달려 있으니까요. 그래서 무엇보다 중요한 것이 '나의 주말 휴식을 내가 설정한 대로 쉬어보는 경험'입니다. 무엇을 하면서 쉴지, 그 시간과 장소는 어떻게 할지를 내가 스스로 결정할 수 있어야 합니다. 이것이 가능하다면 똑같이 유튜브 시청을 하더라도 주도권이 나에게 있으니 의도적인 휴식이라 할 수 있죠.

그래서 저는 유튜브를 시청할 때마다 알고리즘 버튼을 비활성화하고, 알람 시계를 맞춰서 세계의 정보들을 탐험해 봅니다. 수학, 과학, 기하학, 건축, 생물, 사파리, 기생충, 면역력으로 이어지는 검색어들을 굳이 하나씩 입력해 가며 영상을 시청하죠. 그러다가 약속한 1시간이 끝나 알람 시계가 울리면 기계적으로 화면을 끈 후 자리를 박차고 일어납니다. 그러고는 창문을 열어 환기하고 5분 스트레칭을 시작하죠. 그리고 옆에 놓인 아령을 들고 5분 정도 짧게 팔, 어깨, 등을 자극하는 근력운동을 합니다. 이렇게 하면 단 10분 만에 앞서 봤던 유튜브 시청에 대한 잔상들을 거짓말처럼 잊어버릴 수 있습니다.

심지어 제가 쉬는 10분 동안 저의 노트북으로 유튜브 시청 기록을 크롤링해서 1시간 동안 봤던 영상들의 자막을 한국어로 번역하게 하고, 챗GPT는 번역한 텍스트를 요약 정리해서 노션 페이지에 올려놓게 합니다. 그리고 그날 저녁에는 오전에 봤던 영상들을 정리한 문서를 PDF 파일로 아이패드에 내려받아서 훑어 읽어 내려갑니다. 이때 저에게 필요한 것은 '50분짜리 재즈 플레이리스트와 편안한 소파 그리고 망고 요거트 스무디 한 잔'입니다.

평소에 좋아하던 재즈 음악을 하나씩 모았다가 50분 정도의 길이로 연결 지어 한꺼번에 듣습니다. 과감히 모든 전자기기를 비행기 모드로 전환하고 재즈 음악과 함께 크게 신경 쓰지 않고 편히 읽어도 되는 글들을 읽어 내려갑니다. 그리고 편한 소파에 몸을 맡기면 한쪽 발을 깔딱깔딱 콘트라베이스 리듬에 맞춰 춤을 추게 됩니다. 그렇게 세상의 얕은 이야기들을 읽다가 악기 소리를 집중해서 듣는 것을 반복하다 보면, 저도 모르게 행복한 미소를 짓고 있습니다. 이 세 가지 휴식의 맥락을 정리하면 다음과 같습니다.

1. 평소 집중해서 해내야 하는 '읽기'에서 해방되기
2. 재즈의 자유로운 변칙 연주와 함께 리듬 타기
3. 먹고 싶었지만, 참았던 망고 요거트 스무디 한 잔 마시기

이것이 제가 주말마다 하는 '잡식 사전 만들기'라는 휴식입니다. 길어도 1시간 30분이면 세계에 존재하는 많은 교양적 지식을 내 것으로 만들 수 있습니다. 심지어 제가 가장 좋아하는 음료 한 잔과 저만을 위한 재즈 밴드도 있습니다. 저에게는 이 세 가지 휴식의 조합이 얼마나 행복한 시간인지 모릅니다.

더불어 주말 오후 동안은 가까운 사람들과 카페를 다니며 시답잖은 이야기로 시간 보내기를 즐깁니다. 보통 카페에 늘 노트북, 논문, 책과 필기구를 챙겨 다니다가 단순히 수다를 위한 장소로 가볍게 방문하면 그 또한 그렇게 행복할 수가 없습니다. 그렇게 가까운 사람들과 음식을 나누고 날씨, 건강, 교육, 돈, 신앙에 이르기까지 조건 없는 편한 대화의 시간을 가져봅니다.

"시간을 효율적으로 써야 한다."라는 인생 전반에 걸쳐 있는 규칙에서 잠깐 벗어나는 해방의 시간이랄까요. 그렇게 좋은 사람들과 이런저런 이야기꽃을 피우다 보면 자연스럽게 이런 생각을 하게 됩니다. '내 주변에 좋은 사람들이 참 많구나...' 이렇게 관계를 통한 휴식은 정서적 안정감을 느끼게 해주어 관계에 대한 긍정 경험을 쌓아갈 수 있게 해줍니다.

그리고 마지막으로 주말의 끝자락이라 할 수 있는 일요일 밤 9시~10시는 항상 고정적으로 한 주를 정리하고 계획하는 피드백의 시간으로 씁니다. 일주일 동안 기억에 남는 특별한 경험들은 일기 형태로 기록하고, 새롭게 알게 된 지식은 디지털 노트로 옮겨 담고, 굵직한 일정은 따로 정리하며 미리 챙겨야 할 것들을 기록하죠. 이 한 시간의 피드백 시간 중에서 가장 우선하는 것이 바로 '다음 주말에는 뭐하면서 놀지?'와 같은 휴식 계획을 짜는 것입니다. 그래서 차주의 계획을 짤 때 아무리 중요한 일이 있어도 휴식 시간을 가장 먼저 고정해 둡니다. 꼭 주말뿐 아니라 매일 1시간을 어떻게 쉬거나 놀 것인지에 관한 시간과 내용을 기입해 둡니다. 저는 이런 일련의 과정들을 해내기 위해 평일 휴식 리스트와 주말 휴식 리스트를 미리 짜두었습니다.

처음에는 국내 여행 다니기, 캠핑하러 가기, 스노 보드 타기 등 시간과 비용을 많이 투자해야만 가능한 휴식 리스트가 많았습니다. 그리고 하나씩 실행에 옮겨보면서 알게 됐죠. 어떤 것은 시간과 비용이 너무 많이 들어서 못 하고, 또 어떤 것은 다른 사람에게 휴식이지만 저에게는 휴식이 아니라는 것을... 이렇게 하나씩 휴식 리스트를 업데이트 하다 보면 자신만의 완성된 휴식 리스트를 가질 수 있게 됩니다.

■ 윤성화 소장의 휴식 구조

1. 토요일 오전 - 유튜브 탐방 + A list 중 1개
2. 토요일 오후 - 가족 혹은 지인들과 식사 & 티 타임
3. 토요일 저녁 - 잡식 사전 정리 + B list 중 1개
4. 일요일 오전 - 말씀 노트 정리
5. 일요일 오후 - 가족 혹은 지인들과 야외 활동
6. 일요일 저녁 - 일주일 피드백 + A & B list 중 1개

휴식의 구분	휴식 항목	소요 시간 및 조건
A list	낮잠 자기	30 min
	아이들과 게임하기	2 h
	지인들과 티타임	2 h
	집안 청소 및 정리하기	30 min
	가족들과 다이소 쇼핑하기	1 h
B list	재즈밴드 연주 감상	50 min
	영화 감상	2 h
	야경 좋은 길 드라이브	1 h
	악기 연습하기	1 h
	소설 & 문학 읽기(필기금지)	2 h

이때, 기억하셔야 할 것이 두 가지 있습니다. 하나는 이렇게 **휴식의 구조를 한 번에 잡을 수 없다**는 사실입니다. 시간을 들여 실험하듯 항목들을 넣었다가 **빼기**를 반복해야만 자신에게 맞는 휴식의 방식에 근접할 수 있습니다. 하지만 대부분 이 지난한 과정들을 건너뛴 채 완성된 휴식 방법을 바로 알려달라고 합니다. "이것은 저만의 방법입니다."

라고 정중히 말씀을 드려도 기어이 위의 표를 달라고 해서 받아 가시는 분들도 많았습니다. 그러고는 얼마 지나지 않아 "그거 해봤는데 효과가 없던데요?"라며 불평하듯 말씀하시곤 했습니다.

다른 사람들의 좋은 휴식의 방법들을 출발지 삼아 보는 것은 권유할 만합니다. 하지만 똑같이 따라 하기만 해서는 제가 누리고 있는 휴식의 기쁨을 제대로 맛보실 수가 없을 겁니다. 저는 글과 음악에 자주 노출될 수 있는 환경에서 자랐기 때문에 그것을 휴식으로 전환하는 데 큰 어려움이 없었습니다. 하지만 땀 흘려가며 격렬한 운동을 해야만 상쾌하다고 하는 분들에게는 이런 저의 휴식이 너무 정적으로 느껴지실 겁니다. 그래서 자신만의 휴식법으로 바꿔 가는 과정이 필요한 것이죠.

두 번째로 기억해야 할 것은 **휴식은 어디까지나 일상의 징검다리 역할을 해야 한다**는 점입니다. 온전한 휴식을 누리면서도 다시 삶의 현장에 나아갈 때, 휴식이 삶의 동력이 되어야 합니다. '쉬었는데 더 쉬고 싶다!'가 아니라 '푹 쉬었으니 더 열심히 해봐야지!' 되어야 한다는 말입니다. 휴식이 이렇게 즐겁고 행복한 삶의 촉매제 역할을 하려면 제일 먼저 내가 하는 일 또한 즐겁고 행복한 것이어야 합니다. 대부분 지금 내가 하는 일이 생계만을 위한 일이거나 혹은 싫지만 해내야 하는 일이었기 때문에 '주말이 끝나지 않았으면' 하거나 '휴가가 조금 더 길었으면'이라며 아쉬움을 토로하는 겁니다.

하지만 실망하실 필요는 없습니다. 아마 대부분의 직장인과 사업체를 운영하는 분들도 마찬가지 상황일 테니까요. **우리가 할 수 있는 일**

은 잠깐의 휴식 시간이 생길 때마다 지금 하는 일을 즐겁게 해낼 수 있는 방법을 찾아 여정을 떠나보는 겁니다. 분명 '나만의 즐거운 휴식'에 그 힌트가 숨어있기 때문입니다. 그래서 내가 어떤 결의 휴식을 원하는지 면밀하게 살펴보고 기록해 둘 필요가 있습니다. 그러면 휴식이 '일탈'의 개념이 아니라 '긴장 완화(relax)'의 개념으로 바뀔 수 있습니다. 그리고 더 이상 힘들고 어렵고 불편한 일에서 도망갈 수 있는 시간으로의 휴식이 아닌, 즐겁고 재미있고 계속해 보고 싶은 일을 더 잘 해내기 위해 잠깐 숨을 돌리는 역할로의 휴식이 되는 겁니다.

저는 무엇보다도 자기다운 양질의 휴식이 여러분의 삶에 좋은 동기부여가 되었으면 좋겠습니다. 다르게 말해, 휴식 자체가 삶의 목적은 아니기를 바랍니다. 모두가 '무위의 삶'을 인생의 목표로 삼으면 그야말로 'Sinking Boat'에 올라탄 꼴이 되어버릴 겁니다. 이 메타포는 기업이나 나라가 위기의식, 문제 인식 없이 '어떻게든 되겠지…'하는 태도로 일관하면서 구멍 난 배가 서서히 가라앉는 현상을 말합니다. 암석에 부딪혀 물이 배안으로 철철 흘러 들어오는 순간에도 '이렇게 큰 배가 그럴 리 없다'라며 가만히 있던 타이타닉호처럼 되는 거죠. 그러니 휴식은 그저 멈춤이 아니라 '나답게 살기 위한 정비의 시간'으로 정의되어야 합니다. 휴식 이후의 삶이 고통스럽지 않을 수 있기 때문입니다. 그래야 여름휴가가 끝나자마자 '어떻게 또 일 년을 버티지?'와 같이 암울한 생각을 마주하지 않을 수 있습니다.

오늘은 로마의 서정과 신화를 노래했던 시인, 오비디우스의 말로 이번 장을 마무리해 보려 합니다. 부디 이 미션들은 꼭 시간을 들여서 여러분의 것으로 만들어 보시기 바랍니다. 저와 제 학생들이 누리고 있는 이 균형 잡힌 휴식의 삶을 여러분도 누려 보셨으면 좋겠습니다. 그때는 분명 오비디우스가 말하는 이 땅의 의미를 체감하실 겁니다.

"휴식을 취하라.
쉬었던 땅에서 가장 풍성한 수확이 일어난다."

미션 6

이번 장에서 배운 내용을 기반으로 주말 휴식 구조를 짜보세요.

시간 구분		휴식 항목	소요 시간	필요 환경	선택 이유
토요일	오전				
	오후				
	저녁				
일요일	오전				
	오후				
	저녁				

7장

휴식의 절반은
체력이 좌우합니다

에너지 통을 키운다는 것

"헉헉... 대표님, 아직... 멀었어요?"

앉아서 커피나 한잔 마실 줄 알았던 저는 뜻밖의 산행에 구두를 신은 채 산을 오르고 있었습니다.

"젊은 사람이 체력이 그렇게 약해서야..."

뒷짐을 지고 별일 아니라는 듯 성큼성큼 저만치 멀어지는 대표님이 그렇게 얄미울 수가 없었습니다. '운동해야지'라는 생각만 하다가 갑작스럽게 산을 오르게 되니 정말 죽을 맛이었습니다. 시야에서 대표님이 사라지자 저는 결국 등산로를 벗어나 털썩 주저앉았습니다. 숨을 헐떡이며 호흡을 진정시키려는데 제 뒤로, 하하호호 웃으면서 산을 오르는 어르신들이 꽤 많다는 걸 그제야 알았습니다. '아침부터 이렇게 운동하시는 분들이 많구나...' 얼핏 봐도 가장 젊어 보이는 제가 길바닥에 주저앉아 쉬고 있으니 괜히 눈치가 보였습니다. 그래서 남은 힘을 쥐어짜서 정상까지 꾸역꾸역 거의 기어올랐습니다. 여유롭게 유자차 한 잔을 마시던 대표님은 제가 시야에 들어오자 기다렸다는 듯 텀블러의 뚜껑을

닫으며 말씀하셨습니다.

"자, 이제 내려가지."

"네? 저 방금 올라 왔..."

제 말이 끝나기도 전에 대표님은 또다시 저를 지나쳐 시야에서 멀어지기 시작했습니다. 오랜만에 뵈어서 일에 대한 이런저런 조언을 듣고 싶었던 저로서는 '이게 뭐 하는 짓인가..?'라는 생각을 지울 수가 없었죠. 하는 수없이 저는 한숨을 한 번, 후우 크게 쉬고 대표님을 따라나섰습니다. 내리막길은 좀 괜찮겠지, 했는데 아니었습니다. 오히려 내려올 때 중심을 잡으며 몸의 여러 근육을 더 써야 했거든요. 보일 듯 말 듯 시야에서 조금씩 멀어지는 대표님을 젊은 패기로 따라잡고 싶었지만 그게 생각보다 꽤 어려웠습니다. 결국 산 입구에서 15분이나 대표님을 기다리게 한 후에야 다시 만날 수 있었습니다.

"오늘은 내 차로 이동하지."

그렇게 만난 지 2시간이 지나서야 저는 제대로 앉을 수 있었습니다. '아이고, 다리야...' 욱신거리며 당겨오는 허벅지 근육에 저도 모르게 곡소리를 내며 차에 올랐습니다.

"잘 쉬었나?"

"네? 저희 지금까지 그 높은 산을... 아니, 대표님은 늘 산을 오르셔서 모르시겠지만, 저 같은 직장인에게 산은 멀리서 경치로만 구경하는 존재라고요. 아, 구두..."

저는 반짝였던 구두에 여기저기 진흙이 묻은 것을 어린 아들이 아빠에게 투정하듯 발을 들어 보이며 말했습니다. 그도 그럴것이, 대표님은 제가 사회생활을 시작할 때 전문인 인터뷰로 인연이 닿아 지금까지 삶에 대한 이런저런 조언을 해주시는 분이셨습니다.

"오징어파전 괜찮나?"

"아, 네. 좋죠."

역시 저를 잘 다룰 줄 아시는지 대표님은 대답 대신 제가 즐겨 먹는 오징어파전 가게로 향했습니다. 가는 길에 저는 참지 못하고 다시 입을 열었습니다.

"대표님, 그런데 오늘은 왜 갑자기 산을 오르신 거예요?"

"왜는. 자네가 쉬고 싶다고 해서 올랐지."

"정말요? 저는 오늘 갑자기 산을 오르게 되서 너무 힘들었는데요..."

"앉아서 아무것도 안 하는 건 잘 쉬는 게 아니야. 그보다 높은 단계의 쉼을 누릴 수 있어야 회사를 잘 이끌어가지."

"단계가 높은 쉼이라면..."

알 듯 말 듯한 말에 저는 고개를 갸우뚱하며 대표님의 답을 기다렸습니다.

"소진한 에너지를 회복하기만 하지 말고, 기회가 될 때마다 에너지의 통을 키워 놓으라는 말이야. 그래야 남들이 못하는 걸 해내지..."

그러면서 늘 가지고 다니시는 큰 물통을 슬쩍 보여주셨습니다. 그러고 보니 저는 겨우 500ml 생수통을 들고 다니는데 대표님은 늘 2리터는 되어 보이는 텀블러를 들고 다니셨습니다.

"회사 대표라는 사람이 너무 빨리 지치면 안 돼. 대표는 직원들의 가족까지 책임지는 사람이니까. 그러려면 기본적으로 가진 에너지의 양이 남들보다 월등히 많아야 하는 거야. 에너지의 양을 키우려면 잘 먹고 잘 쉬고 열심히 운동해야지. 그 길밖에 없어."

"그렇죠. 그런데 그게 참... 생각만큼 잘 안되는 게 운동이네요...하하."
저는 조금 멋쩍게 웃으며 말끝을 흐렸습니다. 제 목소리에 자신감이 없는 걸 눈치채셨는지 대표님은 피식 웃으며 철컥 시동을 껐습니다.
"자, 일단 들어가지."

고소한 연기가 피어나는 주막 같은 식당에 들어서자, 테이블에 놓인 바삭한 오징어파전과 시원한 음료가 저희를 기다리고 있었습니다. 저는 간단한 목례와 눈인사로 주인아주머니께 감사의 인사를 전하고 자리에 앉았습니다. 수저와 물수건을 꺼내 대표님 앞에 준비해 드리는데 대표님은 그새를 못 참고 말을 이어갔습니다.
"자네, 산 정상에서 잠깐이라도 경치를 봤었나?"
"아... 아뇨. 대표님이 제가 정상에 오르자마자 내려가자고 하셔서..."
"바로 그런 거야. 몸과 마음이 튼튼하지 못하면 세상이 주는 여러 경치가 안 보여. 자기가 너무 힘드니까 그 장관을 눈에 담을 '여력(餘力)'이 없는 거지. 경치는 곧 기회야. 높고 넓은 시야로 전체를 볼 수 있는 기회. 그런 기회는 튼튼한 체력으로 정상에 올라보고 그 정상에서도 호흡이 무너지지 않는 사람에게만 보이는 거야. 회사를 돌보고도 나를 돌아볼 힘이 남아있어야 해. 그래서 체력을 키우는 게 제일 중요한 거지. 요즘 체력 관리는 하고 있나?"
대표님은 흘긋 얇아져 가는 저의 허벅지를 보시고는 젓가락을 쫙 뜯어 파전을 한 점 집으며 말씀하셨습니다.
"저는 단순히 너무 바빠서 쉴 틈이 없다고만 생각하고 있었는데, 대표님 말씀을 듣고 보니 시간문제가 아니라 체력 문제일 수도 있겠네요. 마치 효율이 높지 않으면 아무리 충전해도 빨리 방전되어 버리는 배터

리처럼…"

"기업은 자원의 효율 싸움이야. 주어진 자원으로 누가 가장 좋은 결정을 하느냐의 싸움. 대기업처럼 자본이 넉넉한 기업이 아니라 윤 대표 회사처럼 작은 회사를 운영하는 사람들에게 가장 중요한 자원은 대표자의 몸과 마음의 건강이지. 시간이 지날수록 해내야 할 일들은 많아지고 어려워질 텐데 대표가 마음이 힘들고 몸이 지쳐있으면 어떻게 되겠어? 회사 망하는 거지. 그러니까 체력 관리 안 하는 대표는 그때부터 직무 유기야."

순간 직원들의 얼굴이 스치며 정신이 번쩍 들었습니다. 저는 젓가락을 잠시 내려놓고 가방에서 메모지와 펜을 꺼내 기억이 휘발되기 전에 얼른 몇 가지 문장을 붙잡았습니다.

'여력을 키워 놓아야 잘 쉴 수 있다.'
'경치를 볼 수 있어야 기회가 보인다.'
'회사 대표가 체력 관리를 안 하면 직무 유기다.'

그렇게 대표님은 오징어파전이 다 없어질 때까지 인자한 표정으로 송곳처럼 날카로운 조언을 해주셨습니다. 파전의 양이 많아서인지, 욕을 먹어서인지 금방 배가 불렀습니다. 자리를 파하고 문을 나서며 '오늘도 잘 배웠다'라는 생각에 계산대 앞에 섰습니다. 그러자 앞머리 곳곳에 밀가루 반죽이 붙은 주인아주머니가 기분 좋은 웃음을 띄며 말씀하셨습니다.

"대표님이 계산하셨어요~"

"네? 아이… 참… 수업료는 내야죠, 대표님…"

대표님은 어림없다는 표정으로 카운터 앞 이쑤시개를 하나 집으며 말씀하셨습니다.

"수업료를 이렇게 싸게 내려고? 다음에 더 비싼 거 먹을 때 계산해."

대표님이 제게 말씀은 그렇게 하셨지만 늘 자기가 먼저 계산하는 그런 사람이었습니다. 다시 도착한 주차장에서 간단한 인사를 나눈 후에도 저는 대표님 차가 완전히 사라질 때까지 가만히 그 자리를 지켰습니다. 가진 것 없는 제가 할 수 있는 최소한의 존경 표현이었습니다.

'나도 누군가에게 저런 지혜로운 어른이 될 수 있을까?'

뭔가 다른 차원에 살고 계시는 듯한 대표님을 보고 생각이 많아진 저는 주차장 주변을 잠시 걷기로 했습니다. 메모장에 '지혜로운 어른'이라는 단어를 적어두고 저는 꽤 오랜 시간 주차장을 배회했습니다. 마치 그 공간을 벗어나면 오늘 경험했던 생각과 감각이 사라질 것만 같았거든요. 그렇게 저는 한 걸음 걸을 때마다 저릿하게 느껴지는 허벅지 통증에 표정을 찡그리면서도 사색에 빠져 들었습니다.

숲길을 걷다가 한 그루 나무 앞에서 발걸음을 멈췄습니다. 주변의 나무들은 하나같이 반듯하고 단정하게 자라 있었지만, 그 나무는 유난히 비스듬하게 기울어져 있었습니다. 허공 속에서 몸을 기댈 곳을 찾으려는 듯했습니다. 그러다 결국 찾지 못한 삶의 피신처에 속이 배배 꼬여 스스로 비틀려 자라난 것처럼 보였습니다. 자세히 보니 한쪽은 햇볕도 잘 들지 않았는지 잎사귀가 바스락거리며 말라 있었습니다.

순간 수많은 반듯함 속 기울어져 있는 그 모습이 어딘가 익숙하다 느껴졌습니다. 녀석에게 한마디 말을 던질 수 있다면 "네가 덜 노력해서가 아니다..."라는 말을 전해주고 싶었습니다. 누구보다 흐트러지지 않기 위해 똑바로 서 있으려 애써도 내가 어찌할 수 없는 삶의 상황들이 기어코 나를 비스듬히 눌러 버립니다.

 그렇게 기대지 못하고, 숨을 고르지 못하고, 쉴 때조차도 '쉬는 방법'이 뭔지 몰랐던 수많은 날은 세상에 대한 내 시선까지 삐딱하게 만듭니다. 그리고 햇볕을 받아야 할 때 오히려 그늘 속에 숨어 버립니다. 그러면 갑자기 불어오는 비바람에 속절없이 빈약해진 잎사귀들을 내줘야 하죠. 그렇게 나무는 쉬지 못한 방향으로 마르고 기웁니다. 결핍 많은 인간처럼.

 이런 일이 벌어지지 않으려면 어떻게 해야 할까요? 일상을 살아가면서 나도 모르게 내 마음의 한 귀퉁이가 조용히 말라가고 있지는 않은지 살펴야 합니다. 햇볕은 잘 받고 있는지, 잦은 비바람에도 떨어지지 않을 만큼 잎사귀가 튼튼하게 자라고 있는지를 살펴야 합니다. 그래야 반듯하고 잎사귀가 풍성한 나무로 자랄 수 있을 테니까요. 나무에 햇볕과 같은 존재가 우리에게는 온전한 휴식입니다. 모든 나무가 90도로 자랄 수 없듯이 사람마다 햇볕이 닿는 방향이 다르고 바람을 견뎌야 하는 각도가 다릅니다. 그래서 누군가는 조금 일찍 똑바로 설 수 있었고, 누군가는 조금 비틀려 자라야만 했겠죠. 그러므로 저마다 다른 온전한 휴식을 찾는 여정을 조금이라도 일찍 시작할수록 좋은 겁니다.

 고개를 들어 기울어진 나무 주변을 한 번 더 살펴봅니다. 역시나 반듯하게 자란, 풍성한 잎사귀를 가진 녀석들 앞에는 나무 벤치가 설치되어 있습니다. 야속하게도 기울어진 나무 녀석 앞에는 버려진 플라스틱

쓰레기와 날리는 잎사귀가 전부였죠. 저는 굳이 녀석 아래 협소하게 드리운 그늘을 찾아 바닥에 자리 잡고 앉았습니다. 한 번 숨을 크게 들이쉰 후, 온몸에 힘을 뺀 채로 녀석에게 푹 기대어 봅니다. '뭐야. 꽤 편하잖아?' 기울어진 나무라 더 많이 기댈 수 있었습니다.

　저는 그렇게 녀석에게 기대어 잔뜩 들어간 삶에 대한 힘을 빼는 시간을 가졌습니다. 조용한 재즈 음악과 적당히 시원한 바람, 적확하게 맞아떨어지는 크기의 그늘까지 있으니 웬만한 카페가 부럽지 않았습니다. 이것저것 만져보고 둘러보다 보니 마른 잎이 떨어진 자리에서 새순이 올라오고 있었습니다. 기울어졌지만 녀석은 여전히 다음을 준비하며 계속 자라고 있었던 것입니다. 비틀렸지만 자라나는 것을 멈추지 않는 강인한 녀석이 멋지지 않나요? 자신의 기울기를 고쳐가며 누군가의 마음에 들어 보려고 아등바등하지 않고 자기만의 새순을 키워내는 모습에, 저는 절로 박수가 나왔습니다. 순간 정복 차림에 구두를 신은 남자분이 제게 말을 걸어왔습니다.

　"아저씨, 괜찮아요?"

　아. 그러고 보니 벤치도 아닌 땅바닥에 홀로 주저앉아 웃으며 박수치고 있었다는 것을 깨달았습니다.

　"스... 스미마셍..."

　순간 창피했습니다. 그리고 저도 모르게 일본어로 인사하고 일어섰습니다. 그러자 당황해하며 "아, 일본인이세요?"라고 되묻는 아저씨의 말에 저는 눈웃음 인사로 대답을 대신하고 얼른 자리를 옮겼습니다. 갑자기 벌어진 상황에 헛웃음을 지으면서도 저는 방금 나무 밑에서 끄적였던 메모장을 다시 한번 정리했습니다. 저는 생각의 마침표를 찾아내기 전에는 자리를 잘 옮기지 않기 때문에 그렇게 한참을 차 안에 머물렀습니다. 그러다 사색을 끝낼 마침표의 인물의 이름을 메모장에 적고 나서야 시동을 걸었습니다.

'무라카미 하루키…!'

꾸준한 사유의 힘은 걷기에서 나온다

세계적인 작가, 무라카미 하루키에게 휴식은 멈춤이 아니라 리듬의 회복이자 삶의 균형추를 잡는 작업이었습니다. 그는 심지어 소설 속에서나 에세이 속에서, 그리고 실제 생활에서도 일·운동·사색의 균형을 철저히 지켰습니다. 하루키는 30대 초반, 소설가로 전업한 이후 매일 아침 10km 달리기를 습관처럼 이어왔습니다. 그에게 달리기는 단순한 체력 단련이 아니라 집필을 위한 컨디션 조율이었습니다. 그는 자신의 에세이 《달리기를 말할 때 내가 하고 싶은 이야기》에서 이렇게 적었습니다.

'소설 쓰기는 마라톤과 닮았다.
장기전에서 살아남으려면 몸과 마음을 함께 단련해야 한다.'

그에게 달리기는 '몸을 깨우는 의식'이었고, 집필에 몰입한 후 흐트러진 호흡과 생각을 다시 균형 잡아주는 활성화 된 휴식이었습니다. 무엇보다 제가 그의 삶의 루틴에서 꼭 배우고 싶은 부분은 하루키가 집필과 휴식의 경계를 명확하게 지켰다는 사실입니다. 그는 오전에 집필, 오후에는 달리기나 수영, 저녁에는 음악 감상이나 독서를 하며 시간을 보냈는데 어떠한 일이 있어도 이 일정한 리듬을 지켜냈습니다. 그에게 수많은 작가 지망생이 비슷한 질문을 수년간 던졌습니다. "어떻게 그렇게 좋은 글을 계속 쓸 수 있나요?"라고. 그럴 때마다 그는 늘 이렇게 대답했습니다. "꾸준함이야말로 최고의 무기입니다."라고. 그 속을 조금 들여다보면 꾸준함의 근원은 지속적으로 관리된 체력에 있다는 것을 금방 알 수 있습니다. 그 체력 덕분에 남들은 쉽게 가지지 못하는 '의도적인 휴식'을 그는 거의 매일 누릴 수 있었던 것 같습니다.

특히 저는 그의 '달리기 습관'을 유심히 살펴봤습니다. 그에게 달리기는 단순히 땀을 흘리는 행위가 아니라 온전한 사색의 시간이었습니다. 몸이 반복적인 리듬에 맞춰 움직일 때, 머릿속에서는 집필 중인 소설의 흐름이 자연스럽게 정리되거나 새로운 아이디어가 떠올랐습니다. 하지만 그는 달리기 중에도 의도적으로 생각을 비우는 순간을 만들었습니다. 그 순간이야말로 '휴식'의 진정한 의미였습니다. 그리고 그는 말합니다. "머릿속이 고요해질 때, 다음 문장이 찾아온다."

저는 이것이 하루키만의 방식인지 우리 모두에게 적용이 가능한 것인지 궁금해졌습니다. 실제로 스탠퍼드 대학교 연구에 따르면 걷거나 뛰는 행위만으로도 창의력이 평균 60% 증가했다고 실험적으로 확인되었습니다.[1] 앉아서 생각하는 것보다 실내 트레드밀이든 야외든 걷고 뛰는 동안 창의적 산출이 크게 늘었다는 결과입니다. 제가 이 연구 자료에서 유심히 살펴본 지점은 달리기로 시작된 창의성의 발현이 단편적인 결과가 아니라는 점이었습니다.

---

1 〈Stanford study finds walking improves creativity〉, May Wong, (2014.04.24), Standford Report

이런 방식입니다. 달리기처럼 규칙적인 운동을 꾸준히 하면 조금씩 수면의 질이 높아집니다. 높아진 수면의 질은 다음 날 고차원적인 생각을 할 수 있는 상태의 내가 되게 합니다. 이런 선순환의 과정을 반복해서 '지속 가능한 창작'의 모범 사례로 자주 언급이 됩니다. 하루키의 삶이 주는 교훈은 간단합니다. 휴식은 가만히 누워 있는 시간이 전부가 아니라, 몸과 마음이 회복되는 방식을 찾는 것입니다. 누군가에겐 달리기일 수 있고, 누군가에겐 요리, 악기 연주, 산책일 수 있습니다. 그는 말합니다.

'달리기를 멈추면, 나도 멈춘다.
그러나 달리면서 쉬면, 나는 계속 나아간다.'

집에 돌아와 아직도 잔잔하게 남은 저릿한 허벅지 통증에 대표님께 감사의 인사를 건넸습니다. "오늘도 많이 배웠습니다. 다음에는 제가 식사를 대접할 수 있는 기회를 꼭 주세요. 너무 감사합니다." 무심하게 체크 표시만 하고 별다른 답장을 안 하셨지만, 주변에 따라갈 어른이 한 분 더 생긴 것 같아 참 든든한 하루였습니다. 저는 간단하게 샤워를 마친 후 저는 서재에 들어가 칠판에 '체력과 휴식'이라는 문장을 작게 적어놓고 여러 검색과 사색에 빠지는 시간을 가졌습니다. 그러다 "꾸준히 사유하는 힘은 꾸준한 산책에서 나온다."라고 했던 철학자 알랭 드 보통(Alain de Botton)을 만났습니다.

그는 《불안》, 《행복의 건축》, 《여행의 기술》 등에서 인간의 내면과 일상의 심리를 정교하게 해부해 왔습니다. 많은 사람은 그를 책상 앞에서 하루 종일 글을 쓰는 지적인 사색가로만 상상합니다. 그러나 그의 작업 방식과 삶을 조금 깊이 들여다보면, 알랭 드 보통의 창작과 사유에는 '체력'이라는 숨은 전제가 놓여 있음을 어렵지 않게 발견하게 됩니다. 그의 강연과 인터뷰에서 반복적으로 드러나는 습관은 단순하지만 참 중요합니다. 심지어 그는 규칙적인 걷기와 산책을 창작의 일부로 여깁니다. 런던에서의 일상은 카페, 도서관, 집을 오가는 지적인 루틴으로만 채워져 있는 것 같지만, 그는 매일 일정 시간을 비워두고 근처 공원이나 강변을 걷습니다. 날이 좋으면 때로는 자전거를 타고 먼 거리를 달리기도 합니다. 그 이유를 그는 이렇게 설명합니다.

'사유는 고정된 자리에만 머물러서는 흐르지 않습니다.
몸이 흐르면 생각도 흐릅니다.'

이 말에는 하나의 간단한 진리가 숨어 있습니다. 잘 쉬려면, 그리고 깊이 생각하려면, 먼저 몸이 버틸 수 있어야 한다는 것이죠. 그런 의미에서 알랭 드 보통은 그의 저서 《불안》을 통해 휴식에서 가장 조심해야 하는 것이 '아무것도 하지 않는 시간'이라고 강조합니다. 많은 사람이 아무것도 하지 않는 시간의 총합을 휴식이라고 생각합니다.

하지만 실제로는 체력이 없으면 그 '아무것도 하지 않는 시간'조차 온전히 누릴 수 없습니다. 무(無)의 영역에 들어가서 그 고요함을 유지하는데도 에너지가 필요하기 때문이죠. 그래서 몸이 지쳐 있으면 휴식 시간에 책을 읽어도 내용이 머릿속에 들어오지 않습니다. 음악을 들어도 멜로디가 귀에 스치듯 지나가 버립니다. 심지어 명상을 할 때도 집중이 쉽게 깨지고 그 자리를 잡념이 대신합니다. 알랭 드 보통의 글을 읽다 보면, 그는 '휴식'을 매우 의도적으로 설계하는 사람임을 알 수 있습니다. 그는 강연에서 이렇게 말했습니다. "저는 제 작업 시간을 절대 하루 종일 채우지 않습니다. 글을 쓰지 않는 시간이, 글을 쓰는 시간만큼이나 중요하니까요."

그가 **의도적으로 비워둔 시간은 그냥 빈 시간이 아닙니다.** 그 시간에 그는 걷거나 가벼운 스트레칭을 하고, 때로는 지방 도시로 여행을 떠나기도 합니다. 그 과정에서 자연스럽게 체력은 유지되고, 사유의 깊이는 점점 쌓이게 되는 것이죠. 저는 그의 집필 방식을 보면서 마치 운동선수의 '훈련과 휴식 주기'를 닮았다고 생각했습니다. 운동선수들이 경기력 유지를 위해 한 경기를 뛰고 나면 최소 이틀은 쉬면서 체력을 관리하듯, 그는 사유의 지속 가능성을 위해 체력을 관리합니다.

인물을 중심으로 휴식을 따라가다 알랭 드 보통이 철학자임에 한 번 집중을 해봅니다. 간혹 철학적 사유와 체력이 무슨 상관이 있겠냐는 분들이 계셨습니다. 이 질문에 대한 답을 찾아가다 보면 익숙한 두 형님을 만나게 됩니다. 아리스토텔레스는 아테네의 '리케이온'을 걸으며 제자들과의 토론을 즐겼습니다. 그의 별명이 '페리파토스학파(걷는 철학자들)'인 이유도 여기서 유래했죠. 그리고 '개인의 행복'이 중요해진 현대에 들어 자주 이름을 듣게 되는 프리드리히 니체도 비슷한 이야기를 합니다. 그는 "모든 위대한 생각은 걷는 동안 떠오른다."라며 걷기와 사색이 연결되어 있음을 말합니다. 니체 역시 매일 수 킬로미터를 산책하며 철학적 문장을 다듬었습니다.

위에 언급했던 대표님부터 무라카미 하루키, 알랭 드 보통, 아르스토텔레스, 니체에 이르기까지 이 역사적 인물들이 우리에게 주는 메세지는 간단합니다.

'잘 쉬고 싶다면 먼저 움직여야 한다.'

역설적이게도 마음이 힘들 때는 몸을 움직여야 합니다. 그렇게 아무것도 하기 싫은 마음을 이겨내고 몸을 움직이면 마음이 금방 풀립니다. 풀린 마음은 우리에게 진정한 휴식의 시간을 가지게 합니다. 그 밀도 높은 휴식이 곧 회복과 충천의 시간을 지나 창조의 시간으로 바뀌게 되는 것이죠. 그러니 마음이 고통으로 가득할 때는 주말의 한 시간을 떼어내어 산책을 하셔야 합니다. 누워서 쉬고 싶고 옷을 챙겨 입고 밖으로 나가는 것이 꽤 귀찮은 일이겠지만 막상 나가면 너무 좋다는 것을 스스로 잘 아실 겁니다.

그것도 여의치 않으시다면 평일의 점심시간을 활용해 짧게라도 걸어보세요. 이런 일은 단순히 피로를 덜어내는 것이 아니라, 다음 날 더 깊이 사유하고 더 몰입해서 쉴 수 있는 준비를 하는 겁니다. 《여행의 기술》 저자, 알랭 드 보통의 문장처럼, '우리는 삶의 속도를 조절함으로써만 삶의 의미를 되찾을 수 있다'라는 것을 기억해야 합니다. 체력을 기르는 것이 이 균형점을 찾는 가장 중요한 일임을 잊지 마시길 바랍니다.

우리가 잠시 멈춰도 세상은 무너지지 않고 내가 머릿속으로 걱정하는 그 최악의 경우는 쉽게 일어나지 않습니다. 일을 잠시 내려놓는 시간은 절대 삶으로부터의 도망이 아닙니다. 오히려 그렇게 의도된 휴식을 통해 쉴 수 있는 용기를 가져야 합니다. 그래야 삶의 크고 작은 파도를 오래 버틸 수 있습니다. 오래 버티다 보면 그 파도가 더 이상 무섭지 않게 되고 오히려 서핑하며 그 파도를 즐길 날이 곧 올 겁니다. 그러니 우리가 할 일은 그 즐거운 서핑보드 위에 반듯하게 설 수 있는 튼튼한 다리를 만들어 두는 것입니다. 작게 시작하고 오래 하세요. 남들이 이미 결승선을 통과했다며 메달을 자랑해도 개의치 마세요. 나는 그저 나의 속도대로 조금씩 나아지면 됩니다. 정말입니다. 그거면 충분합니다.

미션 7

1. 질 높은 휴식을 위한 나만의 체력 관리 계획을 세워보세요.

구분	루틴 항목	필요 시간	필요 환경	최소 목표	최대 목표
월요일					
화요일					
수요일					
목요일					
금요일					
토요일					
일요일					

2. 표를 채우면서 느낀 점이 있다면 무엇인가요?

8장

디지털 웰빙을 유지하면
삶의 무기가 생깁니다

당신의 뇌는 도파민에 중독됐다

정훈은 손에서 스마트폰을 놓지 않는 사람이었습니다.

회의 중에도, 식사 중에도, 심지어 엘리베이터를 타고 이동하는 20초조차 화면을 엄지로 쓸어 올렸습니다. 그래서일까요. 그의 손목은 늘 약간 굽어 있었고, 엄지손가락은 자동 반사처럼 화면을 터치했습니다.

그날 아침, 마케팅팀의 월간 전략회의가 열렸습니다. 회의실 한쪽 벽에는 커다란 스크린이 걸려 있었고, 슬라이드에 띄워진 '3분기 캠페인 전략안'이라는 문구가 회의실의 긴장감을 더했습니다. 팀장인 윤선이 말문을 먼저 열었습니다.

"자, 이번 3분기는 좀 더 공격적으로 가야 합니다. 정훈 씨, 지난번 캠페인 리포트 분석 자료 준비하셨죠?"

정훈은 대답하기 위해 고개를 들었습니다. 하지만 동시에 그의 스마트폰도 부르르 진동했습니다. 아차 싶어 얼른 무음 버튼을 눌렀지만, 미리보기로 몇 초간 떠 있는 '오늘도 골프?'라는 카톡을 이미 옆 사람들이 보고 말았습니다.

"정훈 씨?"

윤선 팀장의 목소리가 두 번의 침묵을 깨뜨리며 울렸습니다.

"아... 예, 잠시만요." 그는 놀랍게도 대답 전에 먼저 알림을 눌렀습니다. 채팅창에는 '이번 주 토요일, 남촌 골프장 예약 완료!'라는 메시지가 떠 있었습니다. 그는 '좋아요' 이모지를 보낸 뒤에야 고개를 들어 억지 미소를 보였습니다.

"그래서, 자료는요?"

"아... 그게... 아직 다 정리 못 했습니다. 오늘 오후까지 보내드리겠습니다."

회의실의 공기가 미묘하게 식었고, 반대편에 앉아 있던 분들도 조용히 한숨 쉬며 고개를 떨구었습니다. 결론 없는 회의가 끝난 뒤, 동료 몇 명이 커피 머신 앞에서 모였습니다.

"야, 정훈 씨 요즘 왜 저래?"

민지가 컵에 커피를 담으며 말했습니다.

"원래도 폰 많이 보긴 했지만, 요즘은 좀 심하잖아. 발표 도중에도 카톡 확인하더라."

영수가 눈살을 찌푸렸습니다.

"저러다 진짜 큰 사고 한 번 치겠어."

그들의 시선은 사무실 한구석, 여전히 휴대전화를 들여다보고 있는 정훈에게로 향했습니다. 그는 손가락으로 화면을 스크롤 하면서 그 짧은 몇 초 사이에도 웃고 찌푸리기를 반복했습니다. 점심시간. 팀 전체가 회사 근처의 식당에 자리를 잡았습니다. 메뉴판을 고르던 중에도 정훈은 휴대전화를 놓지 않았습니다.

"정훈 씨, 뭐 먹을 거예요?" 민지가 물었습니다.

"아, 뭐... 아무거나요." 그는 고개도 들지 않고 대답했습니다. 민지가 몸을 살짝 일으켜 그의 화면을 보니 이번에는 비트코인 차트였습니다.

"그럼, 매운탕으로 할까요?"

"네, 네. 괜찮아요."

여전히 그의 손가락은 화면 위를 휘젓고 있었습니다. 음식이 나오자, 이번에 그는 사진을 찍느라 몇 분간 젓가락조차 잡지 않았습니다.

"다들 잠깐만요. 빛 좀 조절하고... 민지 씨, 접시 좀 치워줄래요?"

민지는 억지 미소를 지으며 접시를 옆으로 옮겼습니다. 그렇게 어색한 침묵과 간간이 들리는 정훈의 휴대전화 화면을 향한 웃음소리로 식사 시간을 채웠습니다. 결정적인 사건은 그날 오후에 터졌습니다. 회사의 중요한 클라이언트 중 한곳에서 긴급한 수정 요청이 들어왔습니다. 팀장은 즉시 수정 작업을 해서 퇴근 전에 완료해달라는 전체 메시지를 보냈습니다. 메신저를 확인한 동료들은 머리를 질끈 묶기도 하고 큰 텀블러에 커피를 가득 담아오며 전투태세에 들어갔습니다. 하지만 정훈은 여전히 휴대전화에 시선을 고정한 채 미동조차 하지 않았습니다. 미심쩍은 팀장은 괜히 한 마디 더 던져봅니다.

"정훈 씨, 이 자료는 오늘 안에 보내야 합니다. 알겠죠?"

"네, 알겠습니다."

정훈도 드디어 노트북 앞에 앉았습니다. 그러나 불과 3분도 안 되어, 그의 휴대전화가 또 울렸습니다. 부르르르. 이번엔 주식 앱 알림이었습니다. '삼성전자 3% 상승!'이라는 자극적인 문구에 그는 차트 알림창을 꾹 눌렀습니다. 순간, 카톡 메시지가 연달아 도착했습니다. '오늘 저녁

모임 장소 변경!'이라는 친구의 메시지였습니다. 그는 무의식적으로 '삼성전자'를 썼다가 다시 지우고 '오케이'라는 답장을 보냈고, 이어서 인스타그램 앱을 눌러 피드를 당겨 새로고침 했습니다. 시간은 흘러 어느새 오후 5시 40분. 팀장은 초조한 표정으로 정훈에게 다가왔습니다.

"정훈 씨, 자료는요?"
정훈은 당황한 표정으로 노트북 화면을 황급히 가리며 말했습니다.
"아... 거의 다 했습니다."
"거의 다 했다는 건, 아직 안 됐다는 거잖아요?"
팀장의 목소리가 꽤 단호해졌습니다.
"클라이언트 기다리고 있는 거 알기는 해요? 오늘 마감 못 하면 다음 계약에 영향 있을 거예요."
순간 사무실은 조용히 얼어붙었습니다. 동료들은 한숨과 함께 일제히 그를 바라봤습니다. 동료 중 한 명이 작은 목소리로 중얼거렸습니다.
"휴대전화 좀 놓고 살면 안 되나..."
정훈의 늦어진 마무리 때문에 결국 밤 9시가 되어서야 모두 회사에서 탈출할 수 있었습니다. 하지만 그날 밤, 정훈은 집으로 돌아와서도 휴대전화를 손에서 놓지 않았습니다. 자기 때문에 모두 퇴근이 늦어졌다는 사실이 영 마음 불편했지만, 그는 방의 불을 다 끄고 침대에 누워 유튜브 영상을 이어보기 시작했습니다. 불편하고 어려운 생각들이 유튜브 영상으로 덮어지기를 바라면서. 그다음 영상, 또 그다음 영상... 새벽 2시가 넘어가도 그 작은 불빛은 꺼지지 않았습니다. 눈은 충혈됐고, 목은 뻣뻣했습니다. 심지어 그는 가끔 심장도 불규칙하게 뛰는 걸 느끼곤 했습니다. 그는 잠깐이라도 자려고 눈을 감았지만, 머릿속에서는 계속 알림음이 맴도는 것만 같았습니다.

다음 날 아침, 몇 시간 못 자고 출근길에 오른 그는 오늘도 어김없이 '5분 지각'을 했습니다. 다크서클이 턱까지 내려와 있었고, 아직 오전 10시도 되지 않았지만, 그는 벌써 커피만 두 잔째 마시고 있었습니다. 이미 밤 10시까지 야근이라도 한 사람처럼 눈을 찌푸리고 있을 때 팀장이 그를 조용히 불렀습니다.

"정훈 씨, 잠깐 얘기 좀 할까요?"

회의실 안, 팀장은 대화에 앞서 깊은 한숨부터 쉬었습니다.

"정훈 씨... 열심히 하시는 거 잘 알아요. 하지만 어제처럼 일에 집중하지 못하면 아무 소용 없습니다. 우리 일은 시간이 생명인데 어제 같은 일은 고객과의 신뢰를 깨는 겁니다."

정훈은 자기도 모르게 시선을 아래로 피했습니다.

"일에 집중 좀 해주세요. 핸드폰은 알림을 꼭 꺼두..."

부르르르. 그때, 정훈 손안의 휴대전화는 눈치 없이 떨며 소리를 내었습니다. 심지어 그 순간에도 정훈은 반사적으로 알림을 눌러 내용을 확인하고 말았습니다. 그러다 매서운 눈으로 바뀌어 있는 팀장과 눈이 마주쳤습니다.

"...죄송합니다."

"됐어요. 그냥 하던 대로 하세요."

팀장은 체념한 듯 먼저 회의실을 나섰습니다. 정훈은 그날 그렇게 마지막 남은 자기 편을 잃었습니다. 그리고 얼마 가지 않아 권고사직 명단에 이름이 올라와 있었습니다. 마케터로서 수시로 트렌드 정보들을 탐색했다는 그의 마지막 항변도 끝내 받아들여지지 않았습니다.

"어떤 점이 제일 억울하세요?"

저는 그의 이야기를 집중해서 듣느라 식은 커피를 한 모금 마시며 물었습니다.

"종일 휴대전화를 본 건 맞지만 그중에는 일과 관련한 내용들도 많았다는 거예요. 나중에는 너무 분주해져서 정말 일에 집중 못 하는 사람이 되어버린 것도 사실이라... 후회가 되네요. 분명 시작은 '트렌드를 읽어내자'였는데 어쩌다 이렇게 되어 버린 건지... 사실 저도 잘 모르겠어요..."

"여러 이유가 있지만, 그중에서도 도파민 통제를 놓치면 그런 결과가 나옵니다."

"도파민... 이요?"

"네. 인간의 뇌는 보상회로의 포로라고 불릴 정도로 도파민에 취약해요. SNS 알림, 유튜브 영상, 게임 속 레벨 업 알림은 모두 뇌의 보상 체계를 자극합니다. 그 순간 도파민이 분비되면 우리는 작은 쾌감을 느끼게 됩니다. 그런데 문제는 도파민이 오래 지속되지 않는다는 사실입니다. 한 번 치솟은 도파민은 곧 다시 낮아지고, 그 공허함을 채우기 위해 더 많은 자극을 찾게 됩니다. 정훈 씨처럼 밤새 휴대전화를 붙잡는 분들이 아침에 느끼는 피로감, 집중력 저하, 관계의 단절은 단순히 습관 문제가 아닙니다. 그것은 호르몬과 신경전달물질의 불균형이라는 신체적 현상이라 할 수 있죠."

"조금 더 설명을 해주실 수 있을까요, 소장님? 단어가 익숙지 않아서 어렵네요."

"네, 그러죠. 신경과학 연구에 따르면, 도파민은 뇌의 쾌락 중추뿐 아니라 동기부여와 학습 능력에도 관여합니다. 도파민 분비가 반복적으로 자극되면, 뇌는 점차 '기본 수위'를 낮춥니다. 평범한 일터에서의 대화, 맛있는 점심, 퇴근길 산책과 같은 일상적 활동에서 더 이상 즐거움을 느끼기 어려워진다는 의미입니다. 결국 더 강한 자극을 찾아 끊임없이 기기에 손을 뻗게 되는 거죠. 그래서 어느 순간부터는 자기에 대한 통제력을 잃었을 겁니다."

"네, 맞아요. 내 차를 다른 사람이 운전하는 기분이랄까요?"

"실제로 정훈 씨가 겪은 사건은 단순히 개인의 문제를 넘어 조직 전체에 영향을 미칩니다. 재밌는 연구가 하나 있는데요. 경영학 연구자 크리스틴 포러스(Christine Porath)는 "직장에서의 무례함(incivility) 연구"에서, 단순히 일에 집중하지 못하고 딴짓하는 동료가 있다는 사실을 알기만 해도 팀의 성과가 평균 20% 가까이 떨어진다고 밝혔습니다. 회의 중 휴대전화를 확인하는 행위는 동료들에게 '나는 지금 당신보다 중요한 세상과 연결되어 있다'라는 신호를 보내는 거죠. 이것은 존중과 의미의 부재로 읽히고, 결국 관계의 균열로 이어지는 겁니다."

"그게... 그렇게까지 연결되는군요..."

"그래서 알아야 할 사실은, 그런 행동이 단순히 정훈 씨 혼자만의 휴대전화 중독과 같은 개인적인 문제가 아니라는 거예요. 회사는 크고 작은 신호를 서로 주고받으면서 움직이니까요. 여기서 벗어나기 위한 전략이 바로 **'디지털 웰빙을 통한 휴식'**입니다. 디지털 디톡스는 들어 보셨죠?"

"네, 들어보긴 했습니다."

"디지털 디톡스(digital detox)는 단순히 휴대전화를 멀리하자는 캠페인이 아니라, 신경과학·심리학·경영학적으로 입증된 '회복의 전략'입니다. 이건 그림을 그려가면서 한 번 설명해 볼게요. 잘 들어놓으세요. 정훈 씨에게 꼭 필요한 휴식의 방법일 테니까…"

드르륵. 저는 옆에 있던 화이트보드를 몸 쪽으로 끌어당기며 한 손으로는 보드마카를 집어 들었습니다.

"제일 먼저 **디지털 디톡스가 중요한 이유는 '뇌의 휴식'** 때문입니다. 우리 뇌는 24시간 작동하면 고장납니다. 애초부터 작동했다가 쉬기를 반복하도록 설계되어 있죠. 그래서 알림을 끊고 일정 시간을 '오프라인 존(offline zone)'으로 확보하면, 뇌는 다시 에너지를 충전할 시간을 갖게 됩니다. 질 높은 수면과 비슷한 휴식을 갖게 되는 거죠."

"오프라인 존… 이라면 명상 같은 건가요?"

"명상도 그중 하나죠. '뇌가 받게 되는 자극을 최소화하는 환경' 정도로 이해하시는 게 좋을 겁니다. 저는 그래서 휴대전화 없이 숲속에 앉아 있는 시간을 참 좋아합니다. 나무들 사이로 오가는 새소리도 듣고 살랑이는 바람을 온전히 느끼는 시간이죠. 매번 휴대전화를 꺼내 멋진 풍경을 찍어 SNS에 올리고 싶지만, 꾹 참고 휴대전화를 비행기 모드로 해놓습니다. 하는 거라고는 물을 마시거나 담요를 덮고 짧은 낮잠을 자거나 독서하는 게 전부죠. 신기한 건 그렇게 잠깐 쉬고 다시 일터로 돌아가면 일이 너무 잘 된다는 거예요. 배터리가 100%로 충전된 느낌이랄까요?"

"생각해 보니 저는 입사한 뒤로 그런 경험이 없긴 하네요…"

"저는 심지어 이 디지털 디톡스 시간에 '혁신'이 있다고 믿습니다. 연결의 시대에만 빛나는 단절의 힘이라고나 할까요? 세상과 완전히 분리돼서 하나에만 집중할 힘이 이제 희소성의 자원이 된 거죠. 정훈 씨의 이야기로 돌아보면 일을 잘하기 위해서는 연결의 극대화가 아니라 조용한 단절을 통해 생산성을 올리는 선택이 필요했다고 봅니다."

"말씀하신 '조용한 단절'을 좀 더 설명해 주실 수 있을까요?"

"그러죠. 여기가 우리가 살면서 받는 수많은 자극이라고 해볼게요."

저는 화이트보드에 동그라미 하나를 그리면서 설명을 이어갔습니다.

"여기 자극이 있으면 우리는 어떻게든 '반응'하게 되어 있습니다. 이 자극과 반응 사이에는 공간이 있습니다. 여기는 저자극 혹은 무자극의 상태입니다. 자극이 없거나 적으니 당연히 저반응 혹은 무반응이 나오겠죠. **조용한 단절은 바로 이 공간, 즉 자극 단계에서 의도를 가지고 무자극의 단계로 건너가는 행위를 말합니다.** 여기서 중요한 게 '의도를 가진다.'라는 문장입니다. 내가 반응하기 쉬운 자극이 무엇인지 알고, 의도적으로 그 반응에서 멀어지는 것이죠. 그러면 자연스럽게 무자극의 범위가 커지고 그때 회복 또는 충전으로 그 시간이 채워집니다. 그 순간들이 바로 양질의 휴식입니다."

"자극이 없어야 반응이 없고, 반응이 없어야 양질의 휴식이 가능하다… 이 말씀일까요?"

"그렇죠. 정확합니다."

"그런 측면에서 보면 저는 잠들기 직전까지 하루 종일 무언가에 반응하고 있었네요."

"그래서 불필요한 자극들을 없애고 필요한 자극들로 그 자리를 채워야죠. 그래서 필요한 자극들은 보통 의도·자극·반응의 3단계로 이뤄집니다. 쉽게 말해서 검색창에 내가 알고 싶은 무언가를 적어서 보게 되는 것과 광고나 알고리즘이 나에게 알려줘서 알게 되는 것의 차이죠. 이 의도를 갖추려면 삶을 정비해야 하는데 이것을 위해서 필요한 게 휴식인 거죠."

"아, 이제 좀 전체적인 그림이 보이는 것 같네요. 저도 말씀하신 양질의 휴식을 누리는 날이 오겠죠?"

"그럼요. 우선 정훈 씨의 '저자극 설계'부터 한 번 해봅시다."

저는 아껴뒀던 양식 종이를 꺼내 들며 상담을 이어갔습니다. 조금 오래 걸리긴 했지만, 정훈 씨는 그렇게 천천히 디지털 디톡스를 실천해 나갔고, 이제는 하루 중 '휴대전화 없는 2시간'을 누릴 정도로 주체성이 좋아졌습니다. 위 상담에서도 언급했듯, 제가 휴식이 필요한 분들에게 디지털 디톡스를 강조하는 이유는 다음과 같습니다.

- 자극의 간헐적 차단
- 호르몬 균형의 회복
- 생산성의 향상

정리해 보면 **자극을 차단하게 하는 힘, '자기 조절력'**을 기르면 오프라인 존(offline-zone)을 확보할 수 있습니다. 또 이것은 세로토닌과 멜라토닌 분비를 촉진해 집중력을 높일 뿐 아니라 창의적인 생각을 하기에 유리한 상태를 만듭니다. 이것은 실제로 심리학자 Roy F. Baumeister가 "자기조절 이론(Self-regulation theory)" 논문에서 강조했던 내용이기도

합니다.[1]

안타까운 것은 여러 상담과 교육으로 만나는 분 중에 정훈 씨와 비슷한 문제를 겪는 사례가 점점 많아지고 있다는 사실입니다. 아니, 조금 과장해서 지금 한국의 10~40대 모두가 겪고 있는 문제가 아닐까 싶습니다. 휴대전화는 이제 '연장된 신체'라 할 만큼 우리의 손과 뇌에 붙어 다니며, 알림음 하나에 심장이 뛰고 손이 떨리며 집중이 깨지는 경험은 일상일 정도입니다. 문제는 이러한 디지털 의존이 단순한 습관의 문제가 아니라, 휴식의 질과 회복 능력을 근본적으로 파괴한다는 점입니다.

디지털 디톡스, 디지털 시대의 경쟁력이 되다

미국 심리학회(APA)의 2020년 보고서에 따르면, 미국 성인의 86%가 하루 최소 한 번 이상 '디지털 피로(digital fatigue)'를 경험한다고 답했습니다.[1] 한국 역시 다르지 않습니다. 과학기술정보통신부가 2022년에 발표한 "스마트폰 과의존 실태조사"에 따르면 스마트폰 과의존 위험군은 전체 인구의 23.3%에 달했으며, 특히 20대 청년층에서는 그 수치가 30%를 넘어섰습니다.[2]

스마트폰의 지속적 사용은 뇌의 보상회로를 과도하게 자극합니다. 알림, 메시지, '좋아요'라는 도파민을 분비해서 즉각적인 쾌감을 줍니다. 그러나 이러한 반복은 뇌의 보상 민감도를 낮추고 점점 더 강한 자극 없이는 만족을 느끼지 못하게 만듭니다. 실제로 2019년 "JAMA

---

[1] "Self-control and Depletion of Limited Resources: Does Self-Control Resemble a Muscle?", Mark Muraven and Roy F. Baumeister, Muraven, M. & Baumeister, R. F. (2000), Psychological Bulletin, 126(2), 247-259.
[2] "2022 스마트폰 과의존 실태조사", (2022). 과학기술정보통신부

Pediatrics"에 실린 연구는, 하루 3시간 이상 스마트폰을 사용하는 청소년은 그렇지 않은 청소년보다 우울감과 불안 수준이 평균 2배 이상 높다고 밝혔습니다.[3]

그뿐만이 아닙니다. 이러한 디지털 중독은 휴식 체계를 붕괴시켜 휴식의 가장 중요한 축이라 할 수 있는 수면의 질 또한 저하합니다. 미국 국립수면재단(NSF)의 연구에 따르면, 자기 전 30분 이내에 스마트폰을 사용하는 사람들은 그렇지 않은 사람보다 수면 진입이 평균 48분 늦어지고, 깊은 수면(REM 수면)의 비율이 15%가량 낮아집니다.[4]

한국도 사정은 비슷합니다. 2021년 서울대 의과대학 연구팀은 청소년의 스마트폰 사용 시간이 하루 4시간을 초과할 경우, 수면장애 위험이 1.5배 이상 증가한다는 결과를 발표했습니다.[5] 즉, 화면을 바라보며 보내는 시간이 곧 '회복을 빼앗아 가는 시간'으로 작동하는 것입니다. 그러니 밤늦게까지 휴대전화를 하며 깨어있는 것은 절대로 좋은 휴식이 될 수 없는 것은 분명하죠.

디지털 중독의 또 다른 문제는 관계의 질적 저하입니다. 스마트폰을 손에 든 채 대화하는 사람은 그렇지 않은 사람에 비해 상대방이 덜 신뢰할 만하다고 인식된다는 연구 결과가 있습니다.[6] 앞서 살펴본 정훈 씨의 사례처럼 실제 현장에서도 많은 직장인이 "회의 때조차 카톡 알림을 확인하는 동료 때문에 몰입이 무너진다."라는 불만을 토로합니다.

---

[3] "Associations between screen time and lower psychological well-being among children and adolescents.", Twenge, J. M. & Campbell, W. K. (2019), JAMA Pediatrics.
[4] 〈National Sleep Foundation〉, (2017). Sleep Health Index.
[5] "청소년 스마트폰 사용과 수면장애의 상관성 연구" (2021), 서울대학교 의과대학 연구팀.
[6] "Can you connect with me now? How the presence of mobile communication technology influences face-to-face conversation quality.", Przybylski, A. K., & Weinstein, N. (2013), Journal of Social and Personal Relationships.

이는 결국 협력과 신뢰의 붕괴로 이어지며, 관계적 피로를 증폭시킵니다. 그래서 저는 누군가를 만나 대화하게 되는 자리에서 가장 먼저 휴대전화를 '비행기 모드'로 바꿔놓습니다. 심지어 저는 삶의 루틴이 꽤 일정한 사람이라, 시간대별로 혹은 장소별로 이 비행기 모드를 자주 이용합니다. 아침에 일어나 오전 5시부터 7시 30분까지는 어떤 알람도 받지 않고 지낼 수 있고, 일과를 끝낸 밤 9시 이후에 제가 집 주소에 머무르고 있다면 자동으로 핸드폰이 비행기 모드로 바뀌도록 단축어를 설정해 두는 것이죠.

  저는 디지털 디톡스를 활용한 이 잠깐의 자유로움이 참 좋습니다. 쌓여있는 메일함, 읽지 않은 카톡 메시지들, 아직 체크하지 못한 할 일 등과 적당히 거리 두게 해주거든요. 또한 이런 시간은 '완벽한 하루를 보내고 싶다.'처럼 채울 수 없는 욕심을 내려놓게 만듭니다. 하지만 이것이 '열심히 살지 않아도 된다'와 같은 기만이 되지는 않습니다. 곧 열심히 움직여야 하는 순간과 회복하고 충전해야 하는 순간을 균형 있게 해주는 거죠. 그런 의미에서 **디지털 디톡스는 단순히 기기를 멀리하는 행위가 아니라, 뇌와 몸이 다시 균형을 되찾게 하는 적극적 회복법입니다.**

2018년 스탠퍼드 대학의 연구에 따르면, 스마트폰을 하루 1시간 이하로 제한한 실험군은 3주 후 스트레스 호르몬(코르티솔) 수치가 평균 20% 감소했고, 자기 보고식 행복감은 30% 증가했습니다.[7] 여기서 말하는 자기 보고식 행복감은 개인이 스스로 자신의 행복 상태를 평가하고 보고하는 방식을 의미합니다. 즉, "나는 지금 얼마나 행복한가?"라는 질문에 대해 본인이 직접 점수를 매기거나 서술하는 방식으로 측정됩니다.

심리학과 사회학 연구에서는 흔히 설문지, 일기 기록, 인터뷰 등을 통해 수집하며, 객관적 지표(소득, 건강 상태, 생리학적 반응 등)와 대비되는 주관적 웰빙(Subjective Well-being, SWB)의 핵심 구성 요소로 간주합니다. 그러므로 디지털 디톡스를 실천한 사람들은 단순히 스트레스 지수가 내려간 것을 넘어서 본인 스스로 "나는 더 행복하다."라고 평가하게 되는 것이죠. 자기보고식 행복감이 중요한 이유는, 인간의 삶에서 객관적 조건보다 주관적 해석이 더 큰 영향을 미치기 때문입니다.

예컨대 두 사람이 같은 조건(같은 직장, 같은 연봉)이어도, 스마트폰 알림에 시달리고 수면이 부족한 사람은 행복감이 상대적으로 낮게 나타납니다. 반대로, 디지털 디톡스를 실천하는 사람은 자신의 삶을 더 긍정적이고 만족스럽다고 평가해서 행복도에도 긍정적인 영향을 끼치게 되는 것이죠.

---

[7] "Stanford University Study on Smartphone Restriction and Stress Reduction", Rosen, L. et al. (2018).

국내에서도 유사한 사례가 있습니다. 2019년 강원도 홍천군에서 진행한 '스마트폰 디톡스 캠프'에 참가한 청소년들이 5일간 스마트폰 없이 지낸 뒤, 평균 수면 시간이 1.2시간 증가했고 불안 척도가 현저히 감소했습니다.[8] 한 참가자는 "처음엔 휴대전화가 손에 없다는 사실이 불안했지만, 캠프가 마무리될 즈음에는 마음이 훨씬 가벼워졌다."라고 말했습니다. 이는 '잠시 끊는 것'만으로도 휴식의 회복이 시작됨을 보여줍니다.

저는 직장이든 꿈에 그리던 진로든 새로운 무언가를 시작할 때는 부족하게 알고 몸으로 부딪쳐가며 배우는 시간이 필요하다고 생각합니다. 솔직히 말하자면 그렇게 배웠던 시절이 그립기까지 합니다. 인지적으로 다 알지 못한 채 현장에 뛰어들면 긴장을 늦출 수가 없습니다. 언제, 어떤 형식으로 배움의 순간이 찾아올지 모르기 때문입니다. 하지만 그렇게 모든 신경을 곤두세우며 배웠던 것들은 평생 기억에 남습니다. 잊어버릴 수가 없으니 온전히 내 것이 되기도 쉽죠. 하지만 유튜브 등으로 가볍게 접한 수많은 정보는 당장은 아는 것처럼 느끼지만, 하루만 지나도 다시 모르는 것이 되어버립니다. 분명 시간을 투자했는데 '아직 모르는 것 같다.'라는 불안은 우리를 더 깊은 디지털의 세계로 빨아들이죠. 이러한 사유 없는 정보의 소비는 그저 시간의 낭비일 뿐입니다.

경제학적으로 보면 이는 '기회비용'의 문제이기도 합니다. MIT 슬론 경영대학원의 니콜라스 카르(Nicholas Carr)는 "집중이 파괴될 때, 생산성은 단순히 줄어드는 것이 아니라 곱셈적으로 무너진다."라고 경고했습니다. 즉, 스마트폰에 빼앗긴 집중은 단순히 몇 분이 아니라, 그날의

---
[8] "스마트폰 디톡스 캠프 효과 분석 보고서", 강원도 홍천군 & 한국청소년정책연구원. (2019).

몰입 자체를 잃게 만드는 치명적 손실이라 할 수 있습니다. 결국 '사유'라는 디지털 시대의 경쟁력을 갖추기 위해서는, 역설적으로 디지털과 멀어져야만 디지털 시대의 경쟁력을 갖출 수 있게 된 것이죠. 동서양의 철학자와 사상가들도 이미 오래전부터 '절제'와 '세상과의 거리 두기'에 관한 지혜를 강조해 왔습니다.

공자의 제자 자로(子路)는 늘 조급한 사람이었습니다. 그는 새로운 지식을 들으면 곧장 세상에 내보이고 싶어 했습니다. 하루는 그가 밤을 새워 글을 외우고, 이튿날 아침 수업 시간에 피곤한 눈으로 자랑하듯 공자에게 말했습니다.

"스승님, 저는 어제 밤을 꼬박 새우며 책을 읽었습니다. 이제 세상에 나가 가르칠 준비가 된 것 같습니다."

공자는 잠시 그를 바라보다 이렇게 말씀하셨습니다.

"배우고 때로 익히면 또한 기쁘지 아니한가. 자로야, 배움이란 씨앗을 뿌리는 것과 같다. 씨앗이 자라려면 햇볕도 필요하지만, 무엇보다 밤의 고요가 있어야 한다. 네가 쉼 없이 몰아붙인다면, 결국 메마른 땅에 씨앗을 던지는 것과 다르지 않다."

이 대화는 지금의 우리에게도 적용해 볼 수 있습니다. 스마트폰 속 무수한 지식과 정보들을 쉴 새 없이 받아들이는 우리는, 사실상 익히지 못하는 배움을 소비하고 있습니다. 공자가 강조했던 밤의 고요함과 닮은 '쉼 속에서 완성되는 배움'은 디지털 디톡스의 본질과 맞닿아 있습니다. 정보의 폭풍 속에서 한 걸음 물러나 그 고요함을 누릴 때, 우리는 진짜 지혜다운 지혜를 얻을 수 있습니다.

서양으로 넘어가 보아도 비슷한 맥락을 이야기하는 곳이 많습니다. 로마 시대, 철학자 세네카는 종종 원로원 의원들과 대화를 나누며 씁쓸한 표정을 지었습니다. 그들은 권력 다툼과 연회에만 몰두했고, 정작 인생의 본질에 관한 토론에는 크게 관심이 없었으니까요. 어느 날, 한 젊은 귀족이 세네카에게 물었습니다.

"선생님, 인생은 왜 이렇게 짧습니까? 저는 아직도 이루고 싶은 것이 많습니다."

세네카는 조용히 웃으며 대답했습니다.

"인생은 본디 짧지 않다. 우리가 시간을 낭비하기 때문에 짧게 느껴질 뿐이다. 너는 하루 종일 원형 경기장의 소음과 잔치에 휩쓸려 살면서 정작 자신에게 단 한 순간도 주지 않았지 않은가?"

그때나 지금이나 대중의 관심이 쏠린 것에 한 발을 담근 채로 오롯하게 자신의 삶을 성찰하는 것은 어려운 일이었나 봅니다. 저는 오늘날 우리가 잔치와 경기장에 빠져 있던 그 귀족과 다르지 않다고 생각합니다. 다만 원형 경기장의 함성 대신 스마트폰 알림음에 반응하고 있을 뿐입니다. SNS의 무의미한 스크롤, 게임의 끝없는 업데이트, 유튜브의 자동 재생 알고리즘이 우리의 시간을 조금씩 갉아먹고 있음을 알아야 합니다. 세네카는 루킬리우스에게 보낸 편지에서도 이렇게 강조합니다.

'모든 방해와 소식을 차단하고 자신에게 시간을 주어라.
그때 비로소 너는 자유를 얻게 될 것이다.'

정말 가장 본질적인 부분을 꿰뚫는 말입니다. '자신에게 시간을 줄 수 있어야 비로소 자유를 얻는다.' 그리고 '외부에서 들어오는 많은 소식은 대부분 타인의 시간이다.'라는 점을 세네카는 그때부터 알아차리고 있었나 봅니다. 이런 맥락에서 보면 디지털 디톡스란 곧 '자기 자신만의 시간을 되찾는 일'이라고도 할 수 있겠습니다. 생계나 가족을 위해 회사로 출퇴근하고 승진과 고액 연봉을 위해 퇴근 후에도 또 다른 공부에 매진하는 것은 온전한 자기 자신만을 위한 시간이라 할 수 없을 겁니다. '돈과 시간이 충분하다.'라는 선택권이 주어진다면 분명 그 일을 하지 않으려 할 테니까요.

　이런 관점에서 보면 우리는 참 많은 것을 소유하려는 것 같습니다. 더 많은 재산, 더 많은 물건, 더 많은 정보까지도. 하지만 정말 중요한 것은 소유보다 존재 그 자체가 아닐까요? '내가 무엇을 가지고 있는 사람인가?'보다 '내가 어떤 사람으로 존재하느냐?'라는 것이 스스로 던져야 하는 훨씬 더 중요한 질문입니다. 왜냐하면 고요한 순간에 자기 자신이 무엇에 자유를 느끼고 무엇에 행복을 느끼는지 알 수 있다면, 그 어딘가에 숨어 있을 '내가 존재해야 할 방식'에 대한 힌트를 찾을 수 있을 테니까요.

　끊임없는 자극과 집착 속에서는 배움도 시간도 존재도 사라집니다. 오로지 고요 속에서만 우리는 진정한 회복과 자유를 누릴 수 있습니다. 거듭 강조하지만, 디지털 디톡스는 그저 휴대전화를 멀리 한다는 것 정도의 이야기가 아닙니다. 이것은 공자의 배움, 세네카의 시간을 확보하듯 '존재 이유'를 발견하기 위해 꼭 필요한 **삶의 본질을 회복**하는 시간입니다. 저는 이번 장의 핵심 주제로 디지털 디톡스에 대한 글을 쓰면서 만난 괴테의 다음 말이 참 기억에 남습니다.

'모든 곳에 있고자 하는 자는
어디에도 존재하지 않는다.'

모든 사람에게 사랑받고 싶고, 되도록 많은 사람에게 나의 일상을 알리려고 발버둥 치는 사람들을 보면서, 디지털 세계에 24시간 연결되어 있으려는 노력이 어쩌면 자기 존재의 부재로 이어질 수도 있겠다고 생각합니다. 대부분의 사람은 자신의 가장 좋은 모습만 인터넷에 보여주려고 할 것이고, 그 모습을 순진하게 모두 믿는 대중이 계속 생긴다면 우리는 모두 '가짜를 닮으려는 가짜'가 되어가지 않을까요? 그리고 언젠가 정말로 내가 원하는 삶과는 확연하게 동떨어진 삶을 살게 되지는 않을까요?

스크린 빛이 아닌 밤하늘의 어둠 속에서 가장 깊은 휴식을 배울 수 있어야 합니다. 휴대전화를 끄고 고요하게 뛰는 심장 소리를 들으며 **나만의 삶의 리듬을 찾아와야 합니다.** 그래서 통제하고 있다고 믿는 디지털 기기들이 우리를 통제하지 못하도록 종종 플러그를 빼는 시간을 가지셔야 합니다. 그러면 비로소 알게 되실 겁니다. 디지털 세상은 우리에게 무한한 연결을 약속하지만, 진정한 연결은 전원을 끌 때 시작된다는 것을.

미션 8

1. 한주 동안의 디지털 디톡스 계획을 세워보세요.

월요일		
화요일		
수요일		
목요일		
금요일		
토요일		
일요일		
	기상 후 1시간에 할 아날로그 활동	취침 전 1시간에 할 아날로그 활동

8장. 디지털 웰빙을 유지하면 삶의 무기가 생깁니다

2. 한주의 디지털 디톡스를 도전해보고 나서 나에게 생긴 소소한 변화를 적어보세요.

항목	체력	수면	관계	시간	결심	마음
나에게 생긴 소소한 변화						

9장

회복과 충전의
리듬을 찾아야 합니다

휴식에 대한 오해들

　소연 씨는 대기업 마케팅 부서에서 일하는 30대 직장인입니다. 최근 몇 달간 그녀는 프로젝트 마감과 발표 준비로 인해 매일 밤늦게까지 일을 이어왔습니다. 몸은 늘 피곤했고, 아침에 눈을 떠도 개운하지 않았습니다. 분명히 '휴식이 필요하다'라는 신호가 쏟아지고 있었지요. 어느 주말이 되었을 때, 그녀는 친구들이 추천한 여러 휴식을 따라 해 보기로 했습니다. 주로 요가, 자기 계발 강연 듣기, 새로운 취미 배우기 같은 활동이었습니다.

　무언가 새로운 자극이 있으면 좋아지려나 싶었던 그녀는 유명인의 인생에 대한 강연을 유료로 신청해서 자리를 잡았습니다. 소연 씨는 북적이는 인파 속에서 한참을 헤매다 강연 시작 직전에 겨우 자리를 잡고 앉았습니다. 이제 연사를 소개하고 있는데 벌써 그녀는 지쳐버린 듯한 느낌이었습니다. 좁은 좌석 때문에 다리는 불편했고 무언가 쓰고 기록하고 싶었지만, 무릎에 올린 노트와 볼펜이 수시로 미끄러져 주변 사람들의 눈초리를 견뎌야 했습니다. '왜 이렇게 힘들지? 나만 이런 건가?'

하는 생각에 사로잡히자 비싸게 주고 듣는 강연이 좋은 내용인 건 알아도 귀에 들어오지 않았습니다. 그러자 비싼 강연료도 내고 시간을 들여 멀리까지 와서도 집중하지 못하는 자신에게 오히려 화가 났습니다.

'이런 곳에 와서까지 도대체 뭐 하는 거야?!'

허벅지를 꼬집기도 하고 크게 한숨을 쉬며 잠을 이겨내려 했지만, 그녀에게 졸음은 거부할 수 없는 숙명처럼 느껴졌습니다.

"저기요, 다 끝났어요…"

옆자리에 앉았던 분이 나가기 전에 톡톡 무릎을 두드려 주었습니다.

"아, 흠. 네… 감사합니다…"

결국 두 시간이나 깊은 잠을 자버렸습니다. 이내 자기 자신에 대한 한심함이 밀려왔습니다. 피가 날 정도로 입술을 깨물어 자신에게 벌을 주고는 헐레벌떡 강연장을 도망치듯 나왔습니다. 하지만 집으로 돌아오는 지하철 안에서도 그녀는 자기도 모르게 꾸벅꾸벅 졸고 말았습니다. 내려야 하는 정거장을 놓칠 뻔하다가 겨우 빠져나왔습니다. 문득 지하도 거울에 비친 자신을 바라봅니다. 화장을 뚫고 나올 것만 같은 다크서클, 푸석해진 피부, 충혈된 눈, 땀이 나서 덕지덕지 붙어버린 머릿결… '하… 진짜 한심하다…' 그녀는 짧은 자책 후 행여나 아는 사람을 만날까 봐 집으로의 걸음을 재촉해야 했습니다.

한편, 성혁 씨의 경우는 조금 달랐습니다. 그는 한동안 취업 준비와 가족 문제로 심리적 소진이 심한 나날을 보내야 했습니다. 마음이 복잡해졌습니다. 해야 할 일은 쌓여가는데 왠지 모르게 꺼진 엔진을 억지로 작동하려는 것만 같았기 때문입니다. 여느 때와 같이 바쁜 하루를 보내고 있었지만, 공부의 능률이 떨어지는 이유를 찾을 수가 없었습니다.

성혁 씨는 체력과 마음이 조금씩 회복되자 그다음 단계로 나아가고 싶었습니다. 하지만 마음과는 달리 집에 누워만 있는 시간이 점점 늘어났습니다. 마침, 한 연예인도 쉬는 날에는 종일 집에서 휴대전화만 하고 있는다는 장면에 더 자신감을 얻어 소파에 몸을 맡겼습니다. 그 역시 하루 종일 TV를 보거나 휴대전화로 영상을 보며 시간을 보냈지만, 이렇게 생각하며 자신을 위로했습니다.

'이게 나에게는 휴식이야!'

하지만 잠깐의 휴식인 줄 알았던 그 시간이 점점 늘어나더니 이제는 밤을 새워가며 유튜브를 보고 있는 것이 문제였습니다. 물론 처음에는 준비하는 취업과 관련한 영상을 보는 것으로 시작했지만, 어느 순간 알고리즘이 보여주는 영상에 몇 시간을 연달아 빼앗기기 일쑤였습니다. 시간이 갈수록 알 수 없는 그의 무력감은 더 깊어져만 갔습니다.

여러 커뮤니티 단체 톡방에는 '몸이 안 좋아서 이번에는 참석하기 힘들다.'라는 짧은 인사를 남기고 알림을 껐습니다. 지금껏 그렇게 재미있던 러닝과 독서 모임, 취업 스터디가 지금은 왜 이렇게 부담이 될까요? 성혁 씨는 종종 "뭐하냐?"라며 물어오는 친구들의 연락도 애써 모른 척했습니다. 시간도 많으면서 하루를 제대로 살지 못하는 모습을 가까운 친구 녀석은 금방 알아차릴 것만 같았거든요. 그렇게 성혁 씨는 점점 깊은 동굴 속으로 자신을 숨겼습니다.

저는 위 두 분을 정기 상담으로 만나 오랫동안 그들의 모습에 관해 이야기해 봤습니다. 그리고 두 분의 상담을 통해 저는 한국 사람들이 대표적으로 갖는 휴식에 대한 오해들을 알 수 있었습니다. 상담 내용을 기반으로 그들이 가지고 있던 오해들을 정리해 보니 다음과 같이 요약

할 수 있었습니다.

- 남에게 통하는 휴식이 나에게도 통할 것이다.
- 휴식이 통하지 않는 것은 내 잘못이다.
- 언제나 통하는 휴식 방법이 존재한다.

여기서 저는 한국 사람들의 '타인의 시선'을 의식하는 문화를 언급하지 않을 수가 없습니다. 그래서 어디를 가도 이런 말이 꼬리를 달고 사람들을 따라다닙니다. "모르겠으면 다른 사람들 따라 해. 그러면 중간은 해…" 유독 한국에서 자라면 한 번쯤은 듣게 되는 말입니다. 자기만의 취향을 가지거나 자기만의 휴식 체계를 잡아내는 것이 그토록 어려운 이유도 이런 문화 때문이죠.

첫 번째 오류 항목인 '남에게 통하는 휴식이 나에게도 통할 것이다'를 대표하는 휴식이 **미디어 휴식**이 아닐까 싶습니다. 한마디로 말하면 SNS나 유명한 TV 프로그램에서 본 유명인의 휴식이 너무 멋져 보이고 행복해 보여서 '나도 저렇게 쉬어야지!'라고 생각하는 겁니다. 아마도 이런 생각에 같은 방식으로 큰 비용을 들여 같은 휴식을 누려보면 금방 이런 생각을 하게 됩니다. '생각보다 별로네…', '이런 걸 이런 돈 주고 한다고?'

보이는 휴식은 대부분 진짜가 아닙니다. 왜냐하면 진정한 휴식을 가지는 사람들은 대부분 사람의 시선에서 벗어나져야만 휴식이 가능하다는 것을 알기 때문이죠. 그래서 오히려 쉴 때는 세상이나 인터넷과 단절되는 경우가 많고, 그것은 자신만의 휴식 방법이기 때문에 다른 사람에게 쉽게 추천하지도 않습니다. 그래서 '나는 이번에 이런 휴식을 해서 너무 좋았어!'가 초점이지 '이번에 이렇게 쉬었는데 부럽지?'가 초점이 아닌 겁니다.

다른 사람의 좋은 휴식법들을 그대로 따라 하기만 해서는 안 됩니다. 다만, 그것이 휴식의 탐색 방법일 수는 있으니 새롭게 알게 된 그 좋은 방법들을 '나만의 시각으로 재해석하는 과정'이 꼭 필요합니다. 예를 들면 저에게는 '다이소 2만 원 플렉스하기'라는 휴식법이 있습니다. 어떻게 보면 그저 단순한 과소비로 보일 수도 있겠지만, 저는 그 2만 원을 채울 때 조건부 규칙이 하나 있습니다.

바로 '새롭게 나온 아이템이지만 사람들이 많이 찾는 제품'이어야 한다는 조건입니다. 이 조건을 만족하는 제품을 직접 써보기도 하고 비슷하게 팔리고 있는 온라인 마켓의 상세 페이지를 훑어보기도 합니다. 늘 제 관심사는 '사람들은 무엇을 원하는가?'와 같은 질문이기 때문입니다. 그래서 굳이 필요하지 않더라도 '이걸 왜 많이 살까?', '쿠팡에서는 얼마에 팔리고 있지?', '내가 만약 이것을 생산한다면?'과 같이 생각을 아이디어로 확장해 보는 시간을 즐깁니다.

하지만 같은 방식의 아이디어를 독서나 문서를 통해 얻는다면 이렇게 즐겁고 재미있지는 않았을 겁니다. 실물을 보고 직접 그것을 찾아다니는 사람들의 반응을 관찰할 수는 없을 테니까요. 그래서 저는 늘 다이소를 들를 때마다 '품절된 상품'들을 찾아서 메모해 놓습니다. 심지어 소진된 상품을 기록하는 중에 누군가 그것을 또 찾으러 왔다면, 구매대

행, 쿠팡 파트너스 같은 부업이나 투자 활동의 귀한 소스를 얻게 되는 거죠. 생각해 보면 이런 방식으로 다이소에서 휴식하는 사람은 많이 없을 겁니다. 하지만, 그래서 저만의 방식이라고 할 수 있습니다. 다른 사람의 눈에 이것이 '휴식이 아니라 공부하는 거 아니야?'라는 의구심이 들어도 상관없습니다. 오로지 저의 초점에 맞춘 휴식이고 그것이 제게 휴식의 효과가 있다면 그만입니다.

휴식에는 두 얼굴이 있다

이런 맥락에서 두 번째 휴식에 대한 오해인 **'휴식이 통하지 않는 것은 내 잘못'**이라는 생각도 연결되어 있습니다. 흔히 '다른 사람들은 이걸로 다 잘 쉬는데 왜 나만 못 쉴까?'처럼 자조적인 생각이 바탕에 깔려 있기 때문입니다. 이것은 휴식 방법 자체에 오류가 있다고 생각하지 않고 휴식을 온전히 누리지 못하는 자신에게 어떤 문제가 있다고 여기는 것입니다. 즉, 타인은 모두 옳고 나는 늘 틀리다는 식으로 성급하게 일반화한 생각이 자리 잡고 있기 때문입니다. 내 선택보다는 타인의 선택을 조금 더 쉽게 믿는 사람들의 고정관념인 거죠. 그래서 '대중들에게 많이 알려진 그 휴식의 방법이 나에게는 맞지 않구나'라는 생각보다는 '내가 부족해서 이런 것도 못 누리는구나…'와 같은 생각이 먼저 드는 겁니다.

하지만 다른 건 몰라도 이 부분은 제가 분명하게 말씀드릴 수 있습니다. 모든 사람은 살아가는 방식이 모두 다릅니다. 느끼는 거나 보는 것, 듣고 경험하는 것이 다르기 때문이죠. 심지어 같은 환경에서 자란 형제

자매도 다른 걸요. 그러니까 살아가는 방식 안에 '휴식하는 방식'도 포함되어 있음을 알아야 합니다.

저를 예로 들면, 저는 막노동을 하시는 아버지 덕분에 시끄러운 공사판에서 자랐습니다. 하루 8시간 정도 이어지는 드릴 소리, 망치 소리, 아저씨들의 고함을 제 의지와 상관없이 집중해서 들어야 했죠. 그래서 저의 휴식 조건에는 '소음 없는 환경'이라는 요소가 자연스럽게 자리 잡았습니다. '노이즈 캔슬링'이 되는 헤드폰이 세상에 나왔을 때 얼마나 감격했던지요. 제 형편에서 조금 무리였지만, 헤드폰을 최대한 빨리 구매해서 귀에 씌어줬습니다. 그렇게 이런저런 소음에서 벗어난 뒤로부터 삶의 만족도와 휴식의 질이 굉장히 좋아졌습니다. 이런 제게 유명한 워터파크나 관광지에 가서 사진을 찍고 노는 일은 큰 흥미가 없는 것은 당연한 일이죠. 오히려 소음 환경에 노출되는 일이니까요. 중요한 것은 '내가 어떤 환경, 어떤 시간을 휴식이라고 생각하는가?'를 잘 아는 것입니다. 이왕이면 어떤 휴식이 내게 '회복의 휴식'인지 '충전의 휴식'인지를 알 수 있다면 금상첨화겠지요.

마지막으로 살펴볼 휴식에 대한 오해 요인은 **'언제든 통하는 휴식 방법이 존재한다'**라는 것입니다. 앞서 말했던 저의 '헤드폰을 통한 소음 차단' 같은 방식의 휴식이 365일 24시간, 모두에게 통했으면 얼마나 좋을까요? 애석하게도 아무리 그럴듯한 휴식법도 그렇게 절대적인 것은 존재할 수가 없습니다. 휴식법의 효과가 변하는 것이 아니라 '나 자신의 상태'가 계속 변하기 때문입니다.

저 역시 '헤드폰을 통한 소음 차단'이라는 휴식을 계속 누리고 있었는데, 어느 날 그 방식이 너무 답답하고 지루하게 느껴지더군요. 왜 그런지 생각해 보니 당시에는 긴장의 이완보다는 의욕적인 집중이 필요한 시기였다는 걸 알게 됐습니다. 자연스럽게 듣던 음악을 웅장한 클래식으로 바꾸고 자리를 책상 앞으로 옮겨, 평소 집중력이 부족해 잘하지 못했던 일들을 먼저 하는 것으로 순서를 바꿨습니다.

그랬더니 신기하게도 엄청난 집중력으로 단 2시간 만에 원고 작성을 뚝딱 해치워버렸습니다. 저는 이 경험을 토대로 휴식과 집중에 대한 여러 자료를 모으기 시작했습니다. 여기 어딘가에 휴식과 몰입의 비밀이 숨겨져 있을 것이라는 가설 때문이었죠. 그렇게 몇 개월을 논문과 책들 사이에 파묻혀서 휴식과 몰입을 알아가는 데 시간을 쏟았습니다. 그 결과, 알게 된 사실이 있습니다.

진정한 휴식은 두 얼굴을 가지고 있습니다. 많은 사람이 '휴식'을 말할 때 아직도 단순히 '아무것도 하지 않는 상태'를 떠올리곤 합니다. 그런데 실제로 휴식은 두 가지 층위에서 서로 다른 방식으로 작동합니다. 첫 번째는 **회복(Recovery)**이고, 두 번째는 **충전(Recharge)**입니다. 회복의 휴식은 나의 상태가 마이너스에서 제로로 돌아오는 과정이며, 충전의 휴식은 제로에서 플러스로 나아가는 과정입니다. **이 두 가지가 균형을 이뤄 지속적으로 안정감을 가지는 시간이 쌓일 때 비로소 '진정한 휴식'이 완성된다**고 볼 수 있죠.

지영 씨는 30대 초반의 간호사입니다. 그녀는 응급실 근무 특성상 밤낮이 바뀌는 생활을 하고 있었습니다. 어느 순간부터 출근길 버스 안에서 눈을 감으면 그대로 잠들어 버리고, 쉬는 날에는 하루 종일 누워만 있게 되었습니다. 동료들이 체력을 키우기 위해 주말에 함께 등산을 가자고 권유했지만, 그녀는 늘 거절했습니다.

"나는 그냥 아무것도 하고 싶지 않아. 집에서 자고, 누워 있고, 그게 제일 좋아."

하지만 문제는 그 '아무것도 하지 않음'이 조금씩 무기력으로 이어지고 있었다는 것이었습니다. 그녀는 잠을 많이 자고도 개운하지 않았고, 가족과 대화를 나누는 것도 피곤하게만 느껴졌습니다. 그러다 보니 병원에서는 작은 실수를 반복했고, 늘 친절하던 지영 씨는 환자 보호자의 질문에 짜증부터 낸다는 평가를 받게 되었습니다. 그렇다고 지영 씨가 주말에 휴식하지 않은 것은 아니었습니다. 요가 수업을 등록하고, 새로운 영어 공부도 시작해 보려 했습니다. 하지만 두세 번 나가고 나서는 더 이상 발걸음을 옮길 수 없었습니다. 지영 씨는 결국 상담을 찾았습니다. 그녀는 눈 밑에 짙은 다크서클을 드리우며 말했습니다.

"쉬어도 쉬는 것 같지가 않아요. 하루 종일 누워 있어도 피곤하고, 오히려 마음이 더 불안해져요."

저는 조심스레 질문을 던졌습니다.

"지영 씨, 혹시 평소 잠을 자도 깊이 잘 잔다는 느낌이 없으신가요?"

그녀는 격하게 동의하며 고개를 끄덕였습니다.

"네, 맞아요. 눈은 감고 있지만 머리는 계속 돌아가는 것 같아요. 출근 생각, 환자 생각, 오늘 실수한 거 생각…"

"한 마디로 긴장 모드가 꺼지지 않아서 그렇습니다. 우리 뇌와 몸이 긴장 상태를 벗어나야 깊은 잠을 잘 수 있거든요. 또 깊이 잘 수 있어야만 체력도, 지적인 능력도 회복이 됩니다. 요즘 지영 씨 같은 경우가 참 많은데요. 교감신경계가 과도하게 활성화된 상태라서 그렇습니다. 잠을 잘 때가 되었는데도 뇌의 스위치가 꺼지지 않는 거죠."

"말씀하신 그 스위치를 끄려면 어떻게 하면 되나요?"

"우선은 마이너스 상태로 떨어져 있는 지영 씨의 상태를 제로 상태로 되돌리는 '회복'에 집중하셔야 합니다. 크게 세 가지를 추천하는데요. 신체적 회복, 심리적 회복, 정신적 회복입니다."

저는 종이를 꺼내 세 가지 그림을 그려가며 설명을 이어갔습니다.

"회복의 휴식은 단순히 잠을 많이 자는 것과는 다릅니다. 그것은 긴장과 소진으로 고갈된 신체, 감정, 정신을 마이너스 상태에서 제로 상태로 되돌리는 과정입니다. 먼저 **신체적 회복은 수면, 호흡, 스트레칭, 가벼운 산책 등으로 몸의 피로를 풀어주는 활동들을 말합니다.** 지쳤다고 바로 누워버리면 이런 회복의 과정 없이 엔진이 돌고 있는 그대로 눕는 것과 마찬가지죠. 머리는 무언가를 생각하고 고민하는데 몸은 수면 상태에 들어가니 불협화음이 생기는 겁니다.

우리 몸과 정신은 참 정직해서 이런 상황이 되면 머리가 쉴 수 있는 방식을 기어코 찾아냅니다. 하지만 긍정적인 방법은 늘 어렵고 시간이 걸립니다. 그래서 우리 뇌는 간단하고 쉬운 방식으로 우리를 쉬게 만들죠. 바로 도파민 활동으로 우리 뇌를 속이는 겁니다. 아무 생각도 하지 않고 쉴 수 있으니 '뇌의 휴식'에만 집중한 선택을 하게 만들죠. 하지만 이렇게 휴대전화를 보며 2시간을 누워 있으면 어려운 일에 관한 생각은 잦아들지만 방금 봤던 여러 영상의 잔상이 남아 오히려 더 깊은 각성 상태에 들어갑니다. 그러면 기껏 수면 모드로 진입했던 몸까지 깨워버리는 거죠."

"아… 제가 지난주에 했던 것과 비슷하네요. 저도 조금만 보고 자려고 했는데 어느덧 두세 시간이나 유튜브를 보고 있더라고요. 그러다 잠이 안 와서 일어나 앉아서 또 다른 걸 검색하고… 그러다 밤을 새운 적도 있어요."

"그런 이유로 요즘의 신체적 회복은 무엇보다 전자기기가 주변에 없어야 해요. 그리고 간단한 스트레칭이나 짧은 산책으로 몸의 피로도를 올려야 합니다. 이어서 따뜻한 물로 샤워를 하고 바로 누워서 길고 큰 호흡으로 수면을 유도하는 게 좋습니다. 이 구조를 잡아내는 게 생각보다는 쉽지 않을 거예요. 여러 귀찮음과 유혹을 이겨내야 하거든요. 하지만 이게 가장 기초적인 휴식 활동이라는 것을 아셔야 해요."

지영 씨는 메모장에 '귀찮음과 유혹을 이겨내기'라는 문장을 적었습니다.

"두 번째는 **심리적 회복**입니다. 제가 가장 많이 추천하는 방식은 **나의 오늘 감정을 정리해 보는 내용으로 일기를 적어보는 것**이고요. 디지털 방식이든 아날로그 방식이든 상관없어요. **중요한 건, 나의 심리적인 안전망을 스스로 갖추는 힘을 키워내는 데 있기 때문입니다.** 감정에 대한 글을 써보면 나의 감정을 객관적으로 바라보는 시간이 얼마나 중요한 지 곧 알게 될 겁니다.

특히, 회사나 관계에서 안 좋은 일이 있었을 때는 어떤 형태로든 그것을 기록으로 관리해야 합니다. 기록하다 보면 '언젠가 내가 이걸 다시 볼 텐데…'라는 마음 때문에 조금 더 순화해서 적게 되고, 혹 그렇지 않더라도 감정을 기록으로 분리해 놓고 잠자리에 들 수 있는 거죠. 제가 상담하면서 심리적 부정성이 커지는 분들을 보면 어제의 안 좋은 일이 오늘로 계속 이어지는 경우가 참 많아요. 그런 경우, 오늘의 평범한 일도 부정적인 일로 인식되기 쉽죠. 그 스트레스가 결국 양질의 휴식으로부터 멀어지게 하는 거예요."

"그러니까 오늘 아무리 힘들고 안 좋은 일이 있더라도 그걸 내일까지 가져가서 느끼지 말라는 말씀이죠?"

"네. 정확합니다. 부정적 감정의 단절을 '기록'이라는 형태로 해두기만 하면 됩니다. 그러면 내 감정에 대해 객관적인 시각이 생기기 때문이죠. 그렇게 감정의 마디를 하루 단위로 끊어두기만 해도 부정적 인식이 다음 날로 연결되지 않을 겁니다."

"뭔가... 쉬워 보이지만 쉽지 않을 것만 같은 방법이네요."

"맞습니다. 그래서 세 번째 휴식 방법인 **'정신적 회복'**도 병행되어야 합니다. 흔히 말하는 '멘탈 관리'와 맞닿아 있는 방식들인데요. **주로 명상이나 혼자만의 조용한 시간을 통해 삶에 대해서 성찰을 해보는 시간**을 말합니다. 그리고 이러한 시간을 '고요한 침묵의 시간'이라 부릅니다. 이때는 주로 내가 무엇 때문에 이렇게 열심히 살고 있는지, 누구에게 인정받고 싶어 하는지, 인생에서 진정으로 원하는 것은 무엇인지를 고민해 보는 시간입니다."

"그런 어려운 생각들을 해보는 게 정말 휴식에 도움이 될까요? 저는 좀 단순하게 사는 사람이라 그런 수준 높은 생각들을 하려고 하면 머리가 더 아플 것만 같아서요..."

"당연히 그렇게 느끼실 수 있어요. 간단히 원리를 설명해 드리자면,

인생의 진정한 목적을 '행복'에 두는 사람이 있다고 가정해 봅시다. 언젠가 갖게 될 행복의 순간을 위해 지금 눈앞에 놓인 하기 싫은 일을 해내는 인내심을 갖춰야 될 겁니다. 반대로 '나는 오늘 바로 행복하고 싶다'라는 결정을 내린다면 하기 싫은 일은 마음 편히 안 하겠다는 결정을 할 수 있겠죠."

"그렇지만 그렇게 되면 생계나 생존의 문제가 곧 닥칠 텐데요?"

"그렇죠. 오늘 바로 행복하고 싶다며 회사를 나오는 결정을 내리면서 생계의 문제도 없기를 바라면 그게 바로 욕심인 거죠. 행복은 늘 상대적인 것이기 때문에 하나를 결정하면 다른 하나를 감내해야 합니다. 분명히 잡아야 할 기준은 '지금의 행복'과 '나중의 행복' 중 나는 어떤 것에 더 무게를 두고 살아갈 것인가라는 지점입니다. 이 둘의 갈림길에 따라서 휴식의 기준도 달라지니까요.

돈이 많지 않아도 나는 오늘 행복하겠다고 결정한다면 비용이 크게 들지 않는 휴식의 방법을 많이 알아놔야 합니다. 대신에 큰 비용이 필요한 행복의 방식들과 비교하며 부러워하지 않아야 하죠. 반대로 나는 지금 조금 힘들더라도 나중에 정말 큰 행복을 누릴 거라고 결정하신다면 나중의 행복을 위해 지금 내가 많은 것을 누리지 못하는 삶을 불행하게 바라보지 않아야 하죠. 결국 이렇게 정신적인 균형을 이루는 일이 휴식과 밀접한 관련이 있는 겁니다."

"쉽지 않네요... 이 부분은 저도 고민을 조금 더 해봐야 할 것 같아요. 솔직히 저는 지금도 나중에도 모두 행복하고 싶거든요."

"하하, 사실 저도 그렇습니다. 그래서 방금 말씀드린 정신적인 균형을 통한 휴식이 더 중요해지는 거죠. 남을 부러워하지도 않고 자기의 상황을 지나치게 비관하지도 않을 수 있어야 하니까요. 요즘처럼 타인의 삶의 방식을 과도하게 들여다볼 수 있는 시대에는 이것만 잘 지켜도 멘탈 관리의 절반은 성공이라 할 수 있습니다. 다르게 말하면 비교 의식과 열등감에서 벗어나기만 해도 어떤 부분에서는 그 자체가 역량으로 평가받을 수 있는 시대가 된 거죠."

"맞아요. 저도 같이 일하시는 분 중에 한 분이 참 대단하다고 생각한 적이 있어요. 실수해서 공개적으로 사수에게 야단을 맞았어요. 저라면 창피하고 속상해서 일이 안 될 것 같았는데 '죄송하다' 하고 아무 일 없었다는 듯 열심히 자기 일에 집중하더라고요. 심지어 나중에 그 사수를 찾아가서 '감사하다. 다음부터는 실수한 부분을 조용히 알려주시면 더 좋을 것 같다'라는 식으로 말하며 커피 한 잔을 드리는 걸 보고 멘탈이 엄청 강하구나... 라는 생각을 했어요."

"바로 그런 모습이에요! 실수나 실패 앞에서도 의연하게 대처하려면 건강한 상태가 유지되어야 하는데 그건 오로지 질 높은 휴식의 시간으로만 가능하기 때문이죠. 그래서 저는 휴식을 회복과 충전의 두 가지 개념으로 정리해 두셨으면 해요."

그렇게 저희는 진정한 휴식에 대해 긴 이야기를 나눌 수 있었습니다. 어떻게 보면 단순히 '아무것도 하지 않는 시간'의 휴식이 통했던 시절이 끝나고 있는 것 같습니다. 사람들은 더 바빠졌고, 시간은 더 촉박해졌으며 휴식 시간은 훨씬 모자라게 되었으니까요. 이런 사회적 요구 덕분에 휴식은 더 고도화 되어야 했고, 더 세분화 되어야 했습니다. 게다가 이제는 휴식의 세분화에 관련된 연구나 논문들도 전보다 빈번하게 눈에 띄는 것 같습니다.

심리학자 로이 바우마이스터(Roy Baumeister)의 "자기조절 이론(Self-regulation theory)"에 따르면, 인간의 의지력과 집중력은 한정된 자원이며 쉽게 소진됩니다. 회복하지 않고 계속 사용하기만 하면, 충동 조절과 판단력이 급격히 떨어진다고 합니다.[1] 흔히 겪는 과소비나 충동 소비, 잘못된 의사결정 또한 여기에 원인이 있다고 보는 시각이 많아지고 있는 셈이죠. 그래서 이 문제는 그저 단순히 '얼마나 휴식을 누려야 하는가?'에 한정되지 않습니다. **회복의 휴식과 충전의 휴식을 적절하게 누리는 것은 곧 체력, 건강, 소비의 문제를 넘어 인생의 중요한 의사결정을 할 수 있는 상태를 유지하는 힘이 될 테니까요.**

우리에게는 **회복의 휴식(Recovery)과 충전의 휴식(Recharge), 둘 다 필요합니다.** 한 마디로 내게 어떤 휴식이 필요하느냐에 따라 다른 처방전이 필요한 것이죠. 먼저 회복이 필요한 경우를 뇌과학에서는 '과소 각성의 상태'라 부릅니다. 흔히 너무 긴장했거나 피곤해서 불편함을 느끼는 상태를 말하죠. 이럴 때는 근육을 이완하거나 체온을 살짝 높여 몸을 따듯하게 만들거나 심리적으로 편안함을 느끼는 상태에 노출되어야 합니다.

즉, 부교감신경계를 활성화하는 것이죠. 흔히 긴장하게 되는 치과 치료 현장에서 온도조절이 가능한 침대를 쓰거나, 환자에게 푹신하고 보

---

[1] "The strength model of self-control", Baumeister, R. F. et al. (2007), Current Directions in Psychological Science, 16(6), 351–355.

들보들한 쿠션을 쥐여주는 이유도 여기에 있습니다. 과소 각성 상태의 가장 큰 특징은 바로 높은 긴장도와 무기력입니다. 긴장도는 높은데 마음으로는 무언가를 해낼 준비가 안 되어 있으니 거의 무방비 상태나 마찬가지라 할 수 있습니다. 이런 과소 각성 상태에서는 몸과 마음이 쉽게 다칩니다. 방어막 하나 없이 총알이 빗발치는 전쟁터에 있는 기분일 겁니다. 그래서 긴장을 풀어주고 따듯하게 담요를 덮어주고 자신이 가장 편안함을 느끼는 장소로 도망쳐야 합니다.

특히 회복의 휴식에서 저는 '온도'에 민감한 사람이더군요. 저도 제 회복의 휴식을 찾아가면서 알게 된 사실입니다. 이걸 알고 나니 그동안 제가 왜 그렇게 스키장만 가면 컨디션이 안 좋았는지, 겨울에는 왜 그렇게 매사에 무기력했는지를 알 수 있었습니다. 한 마디로 추위에 현저히 약해서 체온이 조금만 떨어져도 집중력과 컨디션이 너무 쉽게 무너졌습니다. 저는 7~8월의 한 여름을 제외하고는 거의 10개월 동안 보온 기능이 있는 내복을 입고 다닐 정도니까요. 종종 "지금도 내복을 입어요?"라는 놀리는 듯한 말을 듣지만, 그런 말을 듣는 잠깐의 순간보다 일할 때 저의 컨디션을 최상으로 유지하는 것이 훨씬 중요하기 때문에 꿋꿋하게 입고 다닙니다.

같은 이유로 저는 한 여름에도 무릎 담요를 꼭 하나 챙겨서 외출합니다. 카페에 가서 일하거나 미팅하기 위해 다른 회사 사무실을 갔을 때, 에어컨 바람 때문에 체온이 급격하게 내려가는 걸 방지하기 위함이죠. 또, 자연 속에 있을 때 제가 편안함을 느낀다는 사실을 알게 되어 추운 겨울에도 자연을 만끽할 수 있도록 사무실을 화원 느낌으로 꾸며 놓았습니다. 게다가 대부분 서서 강의하거나 오랜 시간 앉아서 원고 작업을 하는 저의 일상 패턴에 편안함을 더하기 위해 거의 180도로 누울 수 있는 소파를 하나 장만했습니다. 즉, 온도와 편안함을 갖춘 환경을 의도적으로 설계를 해 둔 겁니다.

신기한 것은 이렇게 저의 회복의 휴식 설계를 해놓으니, 일과 휴식에 대한 회복력이 크게 좋아졌다는 사실입니다. 일에서는 중요한 일로 들어서는 시간, 즉 몰입에 진입하는 시간이 아주 짧아졌습니다. 예전에는 간단한 이메일을 확인하고 주간 업무 정리를 하고, 매일 해야 하는 독서 몇 줄을 읽어놓은 후에야 중요한 일에 매진했습니다. 하지만 회복력이 높아지고, 좋은 컨디션이 유지되니 자투리 일을 하는데 에너지를 소진하는 게 아깝다는 생각이 들었죠. 그래서 순서를 바꿨습니다. 일상적이고 반복적인 일은 오후에 하고 오전에는 기획 업무나 전략을 짜는 업무 혹은 강의안을 업데이트하는 업무를 하는 것으로요.

결과는 놀라웠습니다. 일주일은 걸리던 일들이 단 이틀 만에 다 끝나 버렸으니까요. 수요일쯤에는 '이제 뭐 해야 하지?' 하고 생각하다가, 이내 다음 일을 미리 끌어와 오전에 처리할 수 있는 여유까지 생겼습니다. 이것은 단순히 업무의 순서를 바꿔서 일어난 일이 아닙니다. '업무의 순서를 바꿔야겠다'라는 감각을, 휴식을 통해서 얻어냈기 때문에 가능한 일이었습니다.

반대로 **충전의 휴식**은 조금 결이 다릅니다. 한 번쯤 자려고 누웠지만 머리가 팽팽 돌아가는 경험을 해보셨을 겁니다. 이런 상태를 뇌과학에서는 '과대 각성 상태'라 부릅니다. 그것이 공부나 일 때문이든 이성에 관한 생각이든 연유는 중요하지 않습니다. 과대 각성 상태를 스스로 통제하지 못하면 결국은 수면이 불규칙해져서 낮과 밤이 바뀌는 상태까지 이르게 된다는 사실이 중요합니다. 또 과대 각성 상태가 지속되면 대부분 질병에 노출되거나 사회적으로 고립되고, 기대했던 결과가 아닌 상황에 대한 상처를 입게 됩니다. '내 모든 것을 갈아 넣었는데…!' 같은 생각에 안 좋은 결과를 받아들일 수가 없는 거죠.

사람은 어떤 것을 이뤄내기 위해 과하게 집중하다 보면 주변 사람들의 힘듦이나 아픔을 챙기지 못하게 됩니다. 그러면 관계가 소원해지고 목적이나 결과만 바라는 사람으로 비치기 쉽죠. 그럼에도 불구하고 하던 것을 멈추지 않으니, 수면과 영양이 무너져 면역력과 관련한 질병까지 얻을 가능성이 높아집니다. 관계도 안 좋아지고 몸도 아프게 되면 대부분은 자신을 사회나 조직으로부터 고립시키는 선택을 합니다.

네, 흔히 말하는 '잠수타기'가 여기에 속합니다. 나의 못난 모습이나 움츠러들어 있는 모습을 누군가에게 들키기 싫어서 온·오프라인을 막론하고 내 소식을 누구도 알지 못하게 하려는 것이죠. 이런 과대 각성 상태에 빠지지 않기 위해서는 고요한 시간과 적절한 열정 그리고 의미의 가시화가 필요합니다. 즉, 교감신경을 활성화해야 합니다. 정리하자면, **충전의 휴식에 해당하는 첫 번째는 '고요한 시간'입니다.** 여기서 말하는 고요한 시간은 '내가 놓치고 있는 것은 없는가?', '나는 내가 원하는 삶의 방향으로 살고 있나?' 같은 성찰적 질문을 마주하는 시간을 의미합니다.

자동차 경주의 F1과 같이 300km가 넘는 속도로 경쟁하는 경기에서도 정비를 위해서는 잠시 멈추고 트랙을 벗어납니다. 아무리 바쁘더라도 속도가 '0'에 수렴하는 순간이 있어야 계속 잘 달릴 수 있다는 말이죠. 이런 성찰과 정비의 시간을 가볍게 여겨서는 안 됩니다. 작은 볼트 하나 때문에 승패를 좌우하는 경우가 허다하기 때문입니다. 그러니 과대 각성 상태에 자주 빠지는 분들이라면 종종 '완전한 멈춤'을 설계할 수 있어야 합니다.

사실 저는 거의 3년 동안 과대 각성 상태를 유지하며 살았습니다. 거의 잠을 자지 않았고 모든 주변 사람에게 예민했으며 결국 질병을 얻었죠. 과거를 탓해봤자 아무 소용 없지만, 할 수만 있다면 저는 과거의 저에게 "잠깐 멈춰서 정비하는 시간을 가져도 괜찮다."라는 말을 꼭 해주고 싶습니다. 제가 멈춰 있는 동안 다른 사람은 달리고 있을 것 같아 조급해진 마음을 이겨내지 못했습니다. 그래서 수면시간을 줄이고 일하는 시간을 더 늘렸죠. 하지만 희한하게도 많이 일하고 적게 잤는데, 결과는 갈수록 나빠졌습니다. 바로 '생산성의 저하' 때문이었죠.

우리 몸과 마음을 비롯해 사람의 역량도 생산성의 법칙을 따릅니다. 잘 관리하면 조금만 움직여도 성과가 좋지만 잘 관리하지 못하면 많이 움직여도 성과가 나쁜 게 그런 원리죠. 그래서 벌초 전에 낫을 미리 갈아 놓는 것이고, 장거리 운전을 하기 전에는 타이어와 엔진을 점검해 놓는 겁니다. 모든 생산성의 원리가 이와 유사합니다. 사람도 지속적으로 역량을 발휘해 좋은 성과가 계속 이어지기를 원한다면 반드시 과대 각성의 상태에서 벗어나기 위한 충전의 시간 곧 고요한 점검의 시간이 필요합니다.

저는 이 시간을 주로 '도구'를 업그레이드하는 시간으로 보내고 있습니다. 먼저 생산성에 좋지 않은 결과를 가져왔던 도구들은 과감하게 버립니다. 그것이 기계가 될 수도 있고 나쁜 관계가 될 수도 있습니다. 조금 냉정하게 들릴지는 모르겠지만, 내 삶을 갉아먹는 것들이 없는지 살펴보고 점검해야만 앞으로 나아갈 수 있다고 믿기 때문입니다.

그래서 고장난 마우스를 억지로 쓰고 있다가도 정비하는 시간을 통해 가장 최신 기능이 있는 마우스로 업그레이드합니다. 마찬가지로 매번 자기가 무언가 필요할 때만 갑자기 찾아와서 밥을 먹자거나 커피를 사달라고 하는 사람들에게 "오늘은 시간이 안 되네요."라는 짧은 답장을 하고 연락처를 지워 버립니다. 이런 방식으로 관계, 도구, 사무실, 컴퓨터 프로그램, 중고 물품 등을 버리거나 정리합니다. 그러면 신기하게도 일에 몰두해 있던 저의 뇌가 전환되면서 두통이 사라지죠.

두 번째 충전의 휴식은 바로 **'적절한 열정'**입니다. 제가 이 부분을 강의할 때마다 많은 학생이 "열정은 많을수록 좋은 것 아닌가요?"라고 질문하곤 합니다. 그럴 때마다 저는 자신 있게 답하죠. "아니요. 열정은 불꽃놀이처럼 한 번에 끝나버리면 안 됩니다. 삶이 끝날 때까지 꺼지지 않을 수 있는 열정을 찾아야 합니다."라고. 저는 감사하게도 자기 인생에서 최선을 다하는 사람들을 만날 기회가 비교적 많은 편입니다. 한 분야에서 20년 이상 열정을 쏟은 사람부터 이제 막 불씨를 지펴 사회에 나온 젊은 청년들에 이르기까지 삶의 다양한 불꽃들을 자주 목격합니다. 안타깝게도 그 열정이 오랫동안 지속되는 경우는 참 드뭅니다. 어떤 사람은 건강이 나빠져서 일을 하고 싶어도 못 하게 되는 경우도 있고, 과한 욕심을 부리다 사업이 실패하는 경우도 많습니다.

저는 이런 '꺼지지 않는 열정'을 오히려 조심해야 한다고 생각합니다. 과한 열정은 우리를 더욱 바쁘게 하고 쉬지 못하게 만들뿐더러 밤을 새우게 하는 요인이기 때문입니다. **그래서 저는 활력이 넘치고 무언가 잘 될 때가 가장 통제력이 필요한 순간이라 믿습니다.** 열정적인 순간에만 느껴지는 도파민이나 세로토닌을 잘 관리하지 못하면 한 달 동안 유지될 수 있었던 열정이 3일 만에 끝나 버리기 때문입니다. 결국 시간이 지나면 과한 열정이 깊은 무기력을 불러온다는 것을 인정해야 합니다. 오히려 열정이 불타오를 때 심호흡을 한 번 하고 템포를 조절해야 하죠. 그때 '이 느낌을 오래 유지하려면 어떻게 해야 하지?'와 같은 냉철한 생각을 할 줄 알아야 합니다.

오랜 기간 열정을 지속해 본 사람들은 이것을 잘 이해하기 때문에 '적절한 온도의 열심'을 굉장히 중요하게 생각합니다. 그래서 잘된 일에 너무 흥분하거나 들뜨지 않으려고 하고, 반대로 생각만큼 잘되지 않은 일에도 크게 데미지를 입지 않으려 평정심을 유지하는 데 힘쓰죠. 그 힘이 바로 '충전의 휴식'으로부터 나옵니다. 계속해서 최고점을 돌파하려는 욕심을 부리지 않고 '최고점의 열정을 유지하는 방법과 환경'을 찾아내는 데 집중합니다. 저에게는 이 방법들이 꽤 여러 가지로 존재합니다. 그중 몇 가지를 소개해 드려볼 테니 여러분의 상황에 맞게 응용해 보셨으면 좋겠습니다.

첫 번째로 제가 추천하는 방식은 **'자기 칭찬 메모지'를 활용하는 기법**입니다. 앞서 살펴봤듯이 과대 각성 상태에서는 무언가를 잘 해내고 있을 가능성이 높습니다. 대부분은 여기서 남은 에너지를 더 많은 성과 혹은 다음 목표에 투입하려고 합니다. 문제는 예전보다 훨씬 많은 것을 해내고 있으면서도 성과보다 부족함에 집중한다는 겁니다. 새로운 목표와의 괴리 때문입니다.

이런 이유로, 저를 비롯한 제가 가르치는 학생들은 모두 과대 각성 상태에 진입하게 되면, 아주 사소한 것부터 모든 성과에 이르기까지 메모지에 자기 과업을 칭찬하는 문장을 기록합니다. 아직도 부족한 내 모습에 집중하기 보다 예전보다 나아진 내 모습에 집중할 수 있는 시간을 가지는 거죠. 그리고 단순히 기록만 해놓는 것이 아니라, 하루의 시작과 끝에 그 문장들을 볼 수 있도록 잘 보이는 곳에 붙여두게 합니다.

사람은 워낙 방어적인 동물이라 힘들고 아프고 상처가 된 기억은 비교적 선명하게 기억합니다. 생존 본능 같은 거죠. 반복적으로 아프거나 다치고 싶지 않기 때문입니다. 하지만 반대로 좋은 기억은 휘발되어 버리기 쉽습니다. 생존 본능처럼 몸에 각인시키는 기능이 없기 때문입니다. 그래서 사람들은 그림을 그리고 사진찍으며 외부의 도구를 활용해 그것을 기억하려고 합니다. 이 '자기 칭찬 메모지'도 비슷한 원리라고 볼 수 있습니다. 그러니 소소한 성과에 누군가 "그게 무슨 성과야?"라는 반응을 보여도 나 자신에게는 "잘했다", "수고했다"라고 해줄 수 있어야 합니다. 예를 들기 위해서 제가 상반기에 성과라고 지정해서 칭찬한 내용들을 공유해 봅니다. 아마 '이런 것까지도?'라고 생각하시는 항목들이 있다면 제가 성과 항목을 잘 적은 겁니다.

■ 윤성화 소장의 상반기 성과 항목

- 아침에 물 한 잔 마시게 된 것
- 커튼 여는 습관으로 햇볕 있는 아침이 된 것
- 중고 서점에서 최고 등급 고객이 된 것
- 진로 수업과 경제 수업 학생이 10명 늘어난 것
- 출판사의 책이 1년에 4권 출간된 것
- SNS를 하나 더 추가하게 된 것
- 유튜브를 삭제하지 않은 것
- 부동산 매입을 순조롭게 마무리한 것
- 절약한 돈으로 지인들 책 사준 것
- 몸무게를 2kg 뺀 것

항목들을 보시면 누구나 인정할 수 있을 법한 항목들도 있지만, 저만 인정할 수 있는 것들도 있습니다. '성과를 정의하는 주체가 자기 자신이 되는 것', 이것이 핵심입니다. 돈을 많이 벌었거나 유명해지는 것만 성과라고 정의한다면, 대부분의 사람은 살면서 성취감을 몇 번 느끼지도 못할 겁니다. 그리고 어떤 회사 안에서의 성취가 다른 회사로 이직했을 때는 쓸모 없게 되는 경우도 허다합니다. 그렇게 되면 그들은 또 밤을 새워 가며 새로운 성과에 매달리게 되는 거죠. 그러니 무엇보다 자신의 성취를 스스로 정의하는 작업이 필요합니다. 저는 저의 성취를 다음과 같이 정의 내리고 살아갑니다.

■ 윤성화 소장이 정의한 '성취'
: 나의 비전에 알맞은 선택을 하고 그 선택의 과정에 불성실, 부정직, 과욕이 없으며 선택의 결과로는 타인을 돕는 것이어야 한다.

성취에 대한 정의가 존재하려면 '적절한 열정을 유지하려는 방법'의 두 번째 항목인 **'비전 보드'**가 필요합니다. 흔히 '인생의 이정표 역할을 해주는 그림'이라고 불리는 비전 보드는 오늘부터 내가 죽을 때까지 무슨 일을 왜 하는지에 대한 내용들을 이미지화시켜서 하나의 마인드맵으로 그려놓은 것을 말합니다. 비전 보드 같은 **장기적인 삶의 목표가 존재하면 서두르지 않고 오히려 방향성을 점검할 수 있습니다.** 과한 열심의 본질을 쫓아가 보면, 서둘러서 성과를 내고 싶어 하는 '조급함'이라는 단어를 마주하기 때문입니다.

인생의 다음 스텝을 모르면, 불안해서 서두르게 되고 그 조급함은 방향을 잃게 만듭니다. 그러니 무언가 잘될 때 인생의 장기적인 계획을 생각해 보고 설계해 보는 데 에너지를 분배할 필요가 있습니다. 내가 가려는 인생길을 먼저 가본 사람들의 이야기를 찾아보기도 하고, 그 길을 제대로 가는 데 필요한 자원들도 나열해 보는 거죠. 목적지까지는 아니더라도 방향이 분명하기만 하면, 중간에 생기는 예상치 못한 일들에 흔들리지 않을 수 있습니다.

종종 운전할 때, 내비게이션이 알려준 길을 벗어나 "경로를 재탐색합니다."라는 안내를 받을 때가 있습니다. 하지만 그렇다고 해서 보통 주행 중인 차를 정지시키거나 목적지에 가는 것을 포기하지는 않습니다. 어디로 가야 할지가 분명하기 때문입니다. 그저 몇 분 늘어난 도착 시간에 "에이~"하고 혀를 한 번 차더라도 계속 가기만 하면 됩니다. 만일 또다시 그 경고 메시지를 듣게 되더라도 '늘어난 시간만큼 풍경을 더 보자.'라는 성숙한 태도를 갖출 수 있게 되는 것이죠. 이렇듯 부디 인생의 여러 변수에 이렇게 의연하게 대처할 수 있는 여러분이길 바랍니다.

'적절한 열정을 유지하려는 방법'의 마지막 항목은 **'10% 나눔'**입니다. 어떻게 들릴지 모르겠지만, 저는 성장의 목적이 이타성에 있어야 한다고 믿는 사람입니다. 회사를 키우고 자산을 늘려가는 목적 또한 더 많은 사람을 여러 방면으로 돕기 위함입니다. 저도 '나의 사소한 친절은 아무도 알아주지 않는다', '내가 이렇게 이타적으로 살아봤자 세상은 변하지 않는다'같이 염세적인 시각을 가지고 살았던 적이 있습니다.

하지만 이제는 누군가 알아주지 않아도 또는 당장 그 효과가 드러나지 않아도 누군가를 도우려 애쓰고 있습니다. 저의 사소한 친절이 누군가에게는 어둠 속 한 줄기 빛일 수도 있다는 사실을 알게 되었기 때문입니다. 그래서 제 순수익의 10%에 해당하는 금액만큼 기부하고 저의 한 달, 720시간의 10%인 7시간 20분 동안 누군가를 돕는 데 쓰면서 살아갑니다. 기부할 곳이 마땅치 않으면 찾아서라도 하고, 상황이 여의치 않으면 지인들에게 꼭 필요한 선물을 해보기도 합니다. 7시간 20분의 시간은 주로 재능 기부 강연이나 무료 컨설팅으로 하는데, 이 두 가지 나눔을 통해 저는 정말 많은 것을 배웁니다.

내가 알고 있는 것이 세상의 전부라 착각하지 않을 수 있고, 겉모습으로 사람을 판단하지 않으려는 겸손을 배울 수 있는 시간입니다. 무엇보다 내가 가장 의욕적이고 컨디션이 좋을 때 그렇지 않은 분들을 도울 수 있기 때문에 남을 돕고도 나의 것이 남을 수 있어 좋습니다. 저는 이런 형태가 가장 이상적인 나눔의 삶이 아닐까 생각합니다.

신기하게도 남을 도우면 없던 열정과 에너지가 생깁니다. 아마 단 한 번이라도 타인을 진심으로 도와본 경험이 있다면 제가 무슨 말을 하는지 아실 겁니다. 정말입니다. 누군가를 도와보면 내가 하는 일이나 누군가를 돕는 행위 그 자체만으로 의미와 가치가 생겨납니다. 그래서 어떤 소유를 확장하거나 유명해지기 위해 쏟았던 열정과는 다른 결, 즉 조금 더 고차원적인 열의가 생겨나죠.

저는 이 열의가 '무언가를 오랫동안 하는 사람들의 비밀'이라고 생각합니다. 인류사에 길이 남을 업적을 남긴 사람들은 대부분 인생의 종국에는 누군가를 도우려고 했습니다. 아마 인생의 허무함과 자기답게 살아보지 못한 것 그리고 조금 더 남을 돌보지 못한 것에 대한 회한이 남았기 때문에 그런 선택을 하는 것 같습니다. 이런 원리로 결국 남을 진심으로 돕는 일을 선택하는 사람은 돌고 돌아 자기 열정의 한계선도 넘어보는 경험을 하게 되는 것이죠.

여기서 마지막 충전의 휴식 방법인 **'의미 추구'**와 연결됩니다. 사람은 남녀노소를 불문하고 누군가에게 의미 있는 존재이고 싶어 합니다. 그래서 끊임없이 내가 어떤 존재에게 무슨 의미인지를 확인하고 싶어 하죠. 이것은 존재론적인 본능에 가깝습니다. 그래서 10년 넘게 창업으로 1,000명이 넘는 회사를 키워온 한 대표님도 이런 질문으로 저에게 상담을 해옵니다.

"윤 소장님, 제가 이렇게까지 회사를 키운 이유가 뭘까요?"

그런 위치에 있는 분들의 말을 들어보면 신기할 정도로 이야기가 비슷합니다. 새로운 프로젝트, 더 큰 계약, 대기업과의 협업, 더 높은 매출… 이런 도전적인 삶은 그들에게 엄청난 자극제가 되어 주었습니다. 하지만 누구나 알고 있듯이 어느 지점에 다다르면 더 이상 소유나 멋있는 자동차 혹은 넓은 집이 모든 것을 해결하지 않는 것을 깨닫습니다.

  제가 그 대표님께 제안했던 것은 지역 청소년들에게 대표님의 경험을 나눠주는 멘토링 프로그램에 참여해 보시라는 것과 대학생들을 만나 작은 강연을 해보라는 것이었습니다. 처음에는 그 대표님도 자기는 기업을 운영하는 사람이지, 강연이나 멘토링에는 전혀 소질이 없다며 거절하셨습니다. 하지만 저의 끈질긴 설득 끝에 그를 저의 대학 수업 내 특별강연자로 모셔서 기업을 키워온 이야기를 들을 수 있었습니다. 사실, 대표님은 '이게 무슨 도움이 될까?' 싶은 의구심이 있었다고 합니다. 하지만 강연이 끝난 후 회사로 도착한 학생들의 감사 메일의 한 문구가 대표님에게 새로운 의미를 던져 주었다고 했습니다.

  '대표님의 이야기를 듣고 꿈이 생겼습니다.
   저도 어려운 사람들을 돕는 훌륭한 기업가가 되고 싶습니다.'

  대표님은 메일 속에서 본 '훌륭한 기업가'라는 단어가 머릿속에서 떠나지 않는다고 했습니다. '나는 정말 훌륭한 기업가인가?'라는 질문으로 시작해서 누군가의 꿈이 되어 있다는 건설적 부담감이 작동하기 시작한 겁니다. 1년 뒤, 대표님은 자연스럽게 여러 대학에 장학금을 보내 학업을 후원하는 기업가가 되셨고, 기업 이익의 일정 부분을 계속적으로 어려운 가정에 있는 소년·소녀 가장들에게 기부하기로 약속하셨습니다. 종종 연락하는 대표님의 말을 빌리면 "다시 삶의 의미를 찾은 것 같다."라고 하십니다.

  이렇듯 나눔과 기부와 같은 활동들은 나 자신을 의미상으로 충전해 주는 행위입니다. 실제로 누군가를 도와보면 평생 한 번도 느껴보지 못한 행복감을 느끼게 되며 또한 동기부여가 됩니다. 심리학자 빅터 프랭클은 인간은 극한 상황에서도 삶을 버텨내는 힘이 있는데 그것을 '의미감각'이라고 정의했습니다.[2] 즉, 우리는 삶에서 단순한 행동보다 의미를 추구하는 행동을 할 때, 뇌의 전측 대상피질과 복측 선조체가 활성화되어 장기적인 동기 유지에 적합한 뇌로 바뀐다고 합니다. 이런 의학적인 순서도 그렇지만 저는 무엇보다 타인을 돕는 행위가 자기 자신에 대한 긍정적인 자존감을 강화해 준다는 장점이 있는 것 같습니다.

앞서 살펴본 대표님의 사례처럼 누군가 당신에게 "당신 같은 인생을 살고 싶다."라고 할 때의 그 감동은 이루 말할 수가 없습니다. 이는 곧 내가 속해 있는 사회에서 '내가 좋은 역할을 하고 있구나…'라는 안도감을 느끼게 합니다. 미국심리학회(APA)는 기부나 봉사 직후에 나타나는 행복감과 열정, 심리적 안정을 '헬퍼스 하이(Helper's High)라고 부릅니다.[3] 미국심리학회의 문구에 따르면 누군가를 진정으로 도운 사람들은 자신을 이렇게 평가한다고 합니다. '내가 단순히 돈을 버는 사람이 아니라 누군가에게 길을 보여주는 사람이었구나'. **이렇듯 충전의 휴식은 곧 열심히 살아온 사람들에게는 의미를 부여하고, 그 의미 덕분에 도움이 필요한 사람들에게 자원이 흘러가게 하는 역할도 하게 되는 것이죠.** 지금까지 말씀드렸던 회복의 휴식과 충전의 휴식에 대해 요약을 해보면 다음과 같습니다.

---

2 〈Man's Search for Meaning〉, Frankl, V. E. (1985), Washington Square Press.
3 "Altruism, happiness, and health: It's good to be good", Post, S. G. (2005), International Journal of Behavioral Medicine, 12(2), 66–77.

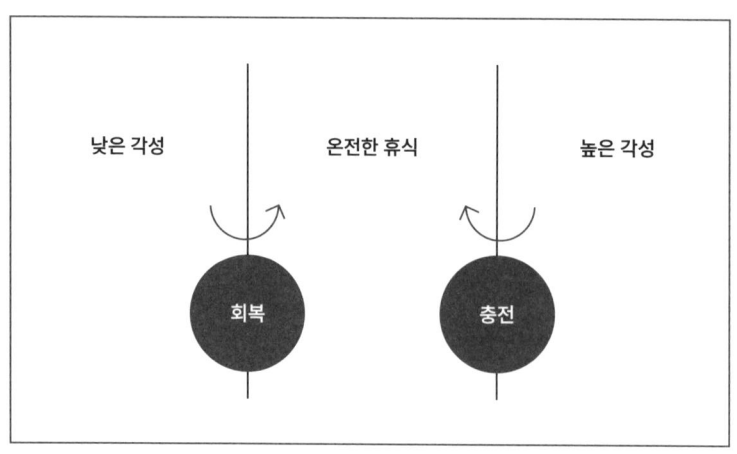

상태의 구분	상태 반응	해결 방안	해결 방법	휴식의 구분
낮은 각성	긴장, 피곤, 불편	부교감신경계 활성화	근육 이완, 따뜻한 온도, 편안한 느낌	회복의 휴식
높은 각성	상처, 고립, 질병	교감신경계 활성화	고요한 시간, 적절한 열정, 의미 추구	충전의 휴식

    제가 휴식에 관한 책을 쓴다고 했을 때, 휴식을 뭐 하러 이렇게까지 분석적으로 접근하느냐고 핀잔을 주시는 분들도 있었습니다. 하지만 전 세계에 존재하는 휴식법을 연구하고 공부할수록 제대로 이해하지 못하면 나뿐 아니라 타인과 사회 모두에게 이롭지 않은 결과를 초래할 수 있다는 생각이 들었습니다.

    결국 나에게 알맞은 방법으로 휴식할 수 있다는 것은 나를 잘 돌보는 일이 되며, 이것은 곧 나와 관계된 타인에게 친절할 수 있는 일이 됩니다. 그 친절함은 점점 커지고 단단해져 속해 있는 사회의 건강한 이타성으로 자리 잡을 수 있습니다. 이런 관점에서 내가 나의 휴식을 잘 관리하고 제대로 쉬면서 살아간다는 것은 나 자신만을 위한 일이 아니라 내 주변과 내가 속한 사회를 조금 더 좋게 만들어가는 일이기도 한 것입니다.

저는 무엇보다 여러분이 이번 장에서 살펴보았던 회복의 휴식과 충전의 휴식을, 시간을 들여서라도 꼭 챙겨보셨으면 합니다. 실제로 저 또한 워커홀릭의 피폐한 삶에서 벗어나 행복하고 균형 잡힌 삶으로 전환하는데, 이 두 가지 휴식을 정의하고 하나씩 설계해 본 경험이 가장 큰 도움이 되었기 때문입니다. 다시 한번 말씀드리지만, 이것만큼은 절대로 가볍게 여길 부분이 아닙니다. 첨부해 드리는 양식에 맞춰서 꼭 자신만의 휴식의 단계를 꼼꼼하게 설계를 해보시고 때에 따라 회복과 충전의 휴식을 충분히 누리는 여러분 되셨으면 좋겠습니다.

이를 위해서는 앞서 살펴본 휴식 프로세스에 맞춰서 회복의 휴식과 충전의 휴식을 설계해 보시면 도움이 되실 겁니다. 제가 10년에 걸쳐 얻은 휴식에 대한 지혜를 여러분에게 나눠드리는 이유는 공자의 이 한마디 때문입니다. 아직은 그렇지 못하지만 저는 장차 어진 사람이 되고 싶거든요.

"君子樂而不獨樂
어진 사람은 홀로 즐기지 않고 함께 즐긴다."
공자

미션 9

전환 변곡점에 맞춰 1, 2, 3, 4분면마다 자신의 회복의 휴식과 충전의 휴식을 설계해 보세요.

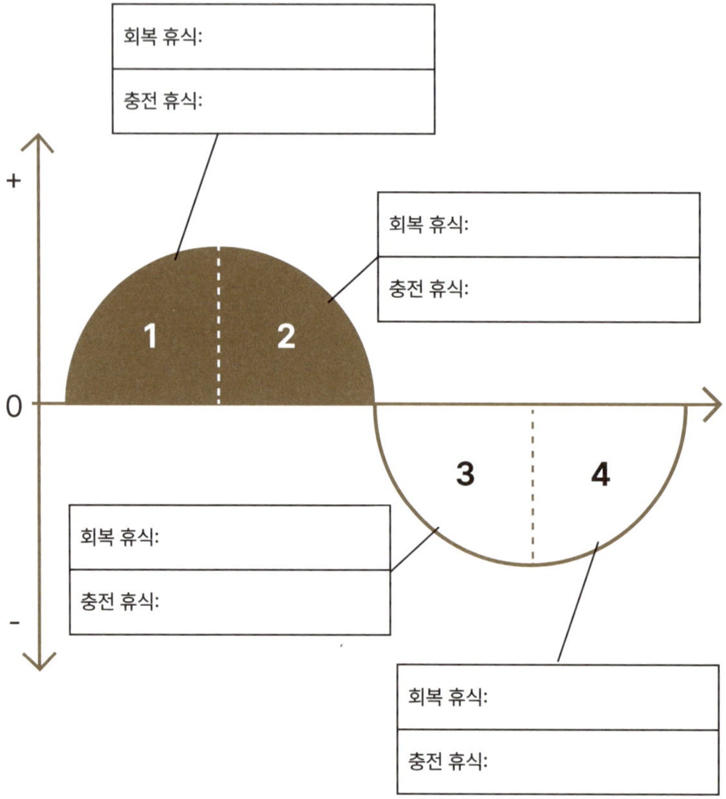
회복 휴식:
충전 휴식:
+
회복 휴식:
충전 휴식:
1
2
0
3
4
회복 휴식:
충전 휴식:
-
회복 휴식:
충전 휴식:

10장

나만의 휴식 철학이 있어야 합니다

나다운 휴식을 위한 철학이 필요하다

제가 휴식에 대한 책을 쓰면서 한국뿐 아니라 세계 곳곳에 존재하는 방대한 자료를 찾아보고 느낀 점이 있다면, 휴식의 필요성에 대한 자료는 많지만 휴식의 방법에 대한 자료는 비교적 적다는 사실이었습니다. 그저 데이터가 적다는 의미가 아니라 일반인이 활용할 만한 개별화된 휴식 설계법이 그리 많지 않다는 말입니다. 그래서인지 '쉬어야 한다'라는 것을 알지만 "어떻게 쉬어야 나답게 쉬는 것인가?"라고 물으면 말문이 막히는 경우가 많습니다.

여기서 중요한 것은 단순한 방법론이 아니라 태도의 전환입니다. 앞서 살펴본 것과 같이 어떤 이는 여행을 떠나야 쉰다고 믿고, 또 다른 이는 고요히 앉아 있어야 쉰다고 생각합니다. 정답은 없습니다. 하지만 이유도 모르고 들어가 있는 경쟁의 소용돌이에서 잠시 벗어나 내 인생이 어디로 흘러가는지 살펴보는 시간을 가져도 괜찮다는 태도는 반드시 필요한 것이죠. 이런 태도를 통해 갖추고자 하는 것은 자신에게 맞는 휴식 시스템을 발견하고 그것을 유지할 자기만의 휴식 철학을 세워가는 것입니다.

'철학'이라는 단어를 굳이 등장시킨 이유가 있습니다. '철학(哲學, philosophy)'이라는 단어는 고대 그리스어 philosophía(φιλοσοφία)에서 비롯되었습니다. 즉, philosophia = 지혜를 사랑하는 것(love of wisdom)이라는 뜻을 갖습니다. 여기서 핵심은, 철학자가 자신을 '지혜를 소유한 자'라고 부르지 않았다는 사실입니다. 그들은 자신을 단순히 지혜를 추구하는 사람, 지혜를 갈망하는 사람이라 불렀습니다.

이는 무언가를 배우는 사람의 겸손한 태도와 끝없는 탐구심을 동시에 보여줍니다. 저는 휴식에도 이런 겸손함과 탐구심이 필요하다고 생각합니다. 그리고 그 무엇보다 자신만의 철학을 갖추는 것과 자신만의 휴식을 설계하는 것은 닮아 있다고 느낍니다. 죽을 때까지 더 좋은 휴식의 기술을 익혀야 하고 익힌 기술을 나에게 맞게 깊이 탐구해야만 진정으로 나의 것이 되기 때문입니다.

이런 맥락에서 보면 "하루 만에 장착해서 써먹을 수 있는 휴식 방법이 무엇인가요?"라는 질문이 얼마나 어리석은지 알 수 있습니다. 이 질문에는 배우겠다는 마음보다는 완성된 휴식 방법을 그냥 가져가겠다는 과욕이 있습니다. 또한 배움을 넘어 자기의 것으로 체화시키는데 필요한 시간과 노력은 뛰어넘고자 하는 기만이 있습니다. 이번 장에서는 자신만의 휴식 철학을 하나하나 설계해 보고 실존하는 휴식법에 적용해 보려고 합니다. 이러한 과정을 스스로 해낼 수 있다면 언젠가는 기존에 존재했던 휴식법을 징검다리 삼아 자신만의 휴식법을 개발할 수 있을 테니까요.

가장 먼저 정리가 되어야 할 부분은 '아무것도 하지 않음'에 대한 자신의 정의입니다. 노자는 《도덕경》에서 이렇게 말합니다.

'무위로써 다스리면 다스려지지 않음이 없다.'

노자가 말한 무위란 단순히 '아무것도 하지 않는다.'가 아니라, 억지로 하지 않는 것, 자연의 흐름을 거스르지 않는 것을 의미합니다. 휴식의 맥락에서 보자면, 우리가 억지로 성취와 효율을 좇으며 몸과 마음을 몰아붙이는 대신 자연스러운 흐름 속에서 스스로 회복될 시간을 주는 것입니다. 앞서 살펴본 회복의 휴식과 결을 같이 합니다. 여기서 중요한 맥락은 '아무것도 하지 않음'과 '의도적으로 무언가를 하지 않음'을 잘 구분하는 것입니다.

퇴근 후, 너무 피곤해서 소파에서 누웠는데 눈을 떠보니 늦은 새벽입니다. 저녁 시간에 헬스장에 가서 운동도 해야 했고 전화 영어도 해야 했지만 이미 다 지나가 버렸습니다. 이런 것을 '아무것도 하지 않음'이라 합니다. 자신의 의도와 상관없이 시간이 맹목적으로 흘러 버렸기 때문이죠. 하지만 반대로 '오늘은 몸살 날 것 같은 컨디션이니 운동과 전화 영어를 건너뛰자…'는 의도를 가지고 PT 선생님과 영어 선생님께 미리 양해의 문자를 남겨 놓습니다. 몸이 쉼을 외치는 상황이니 그 자연스러움을 해치지 않고 몸의 소리에 귀를 기울여 회복하기를 스스로 선택한 것입니다. 이런 선택의 과정이 포함된 것을 '의도적으로 무언가를 하지 않음'이라 할 수 있습니다.

글로 보면 별것 아닌 것 같지만, 막상 몸살이 나서 너무 피곤한 상황이 되어보면 이런 의도성을 지켜내는 일이 보통 어려운 일이 아님을 알게 됩니다. 어떤 이는 그렇게 피곤하고 아픈 몸을 이끌고 기어코 자기계발을 위해 책을 읽거나 운동을 하고 네트워킹 모임에 나갑니다. 자연스럽지 않죠. 아플 때는 쉬어야 하는 데 상황적으로 쉬지 않아야 한다는 생각에 몸의 신호를 무시하는 선택을 하는 겁니다. 그러면 유익하고 즐거워야 하는 운동, 독서, 네트워킹 모임이 점점 회피하고 싶은 고통의 시간으로 변하게 됩니다. 사람들이 자주 즐기는 휴식 활동인 운동, 독서, 네트워킹 모임은 아무런 잘못이 없습니다. 그저 그것을 바라보는 나의 관점이 긍정적인 것에서 부정적인 것으로 바뀌어 버린 것입니다. 이 부정성의 근원을 쫓아가 보면 '부자연스러움'이라는 단어를 마주하게 되는 것이죠. 이것이 노자가 말한 무위 사상입니다.

장자는 휴식에 대해 조금 다른 관점을 제시합니다. 장자는 '나비의 꿈' 일화로 유명합니다. 꿈속에서 나비가 된 자신과 깨어난 장자가 누가 나비이고 누가 장자인지 분간할 수 없었다는 이야기죠. 이 이야기는 결국 존재의 경계가 허물어지는 상태, 즉 공(空)의 상태를 말합니다. 경계가 분명해야 '너'와 '나'의 구분이 가능하고, '안'과 '밖' 그리고 '위'와 '아래'가 구분이 가능합니다. 이 경계의 명확함 덕분에 내 땅이 있고 마을이 있고 국경이 있다고 보았습니다.

하지만 꿈에서 방금 깬 장자는 시야가 흐려졌고 온전히 생각할 수 없는 상태를 마주했습니다. 꿈속에서 나비가 되어 창공을 날아다녔던 내가 장자인지, 방금 꿈에서 깨어 정신을 차리려고 애쓰는 자신이 장자인지 경계가 불명확해진 거죠. 경계가 없다면 끝이 없으니, 모두가 비어 있는 상태가 됩니다. 곧, 장자가 말하는 휴식은 곧 '텅 빔'을 의미합니다. 머릿속의 계산과 욕망, '내가 해야 할 일'에 대한 압박에서 벗어나, 완전히 비워내는 것이 장자의 휴식과 닮아있는 거죠. 현대인에게 이는 명상, 산책, 혹은 아무런 목적 없이 연필로 낙서하는 시간 등이 될 수 있습니다. 아무런 제약을 받지 않고 누구의 평가도 받지 않는 낙서를 하다 보면 그렇게 자유로울 수가 없습니다. 그 시간이 영원했으면 좋겠다 싶을 정도로 마음의 충만함을 느낍니다.

이 비워냄 속에서 충만함을 얻는 가르침이 바로 '공(空)'입니다. 그래서 장자는 행위보다 존재에 더 집중하라고 조언합니다. 휴식이 무언가를 하거나 무언가를 하지 않거나에 대해 얻는 것으로부터 누릴 수 있는 것이 아니라 무언가를 하는 존재 혹은 무언가를 하지 않는 존재 그 자체로부터 휴식을 누릴 수 있어야 한다고 하는 거죠. 행위나 소유가 아니라 존재론적인 휴식을 본질적인 휴식이라 보는 겁니다.

이런 맥락으로 보면 '걷기'라는 행위를 예전보다 더 빠른 걷기 기록을 경신하기 위한 활동으로 정의하지 않고 '걸으면서 느끼는 바람과 지저귀는 새소리를 듣는 것'으로 정의해 보는 겁니다. 그러면 '기록'이라는 의무를 비워내고 바람이라는 촉각과 새소리라는 청각으로 그 빈자리를 채워 놓을 수 있습니다. 이게 바로 공(空)이고 이것이 바로 '의도적으로 아무것도 하지 않음'의 가치라 할 수 있습니다.

저는 노자의 '무위'를 기반한 휴식과 장자의 '공'을 기반한 휴식을 통해 많은 것을 내려놓을 수 있었습니다. 분 단위로 시간을 쪼개어 살던 제가 '아무것도 하지 않는 시간'을 의도적으로 갖기 위해 노력하게 되었거든요. 그래서 그 시간 동안 깊은숨을 들이쉬며 숨소리를 듣기도 하고 카페인 없는 차를 마시며 자연을 가만히 바라보기도 합니다. 늘 끼고 있던 노이즈 캔슬링 헤드폰도 이 순간만큼은 벗어 놓습니다. 대신 내 숨소리를 온전히 듣기 위해 학생들이 공부할 때 쓰는 작은 귀마개를 하나 장착하죠.

    그리고 이 시간을 누리면서 시계가 없어야 한다는 점이 무엇보다 중요합니다. '몇 분만 쉬자'라는 생각 자체가 없어야 온전히 무위와 공의 시간을 누릴 수 있습니다. 그러니 몸과 마음이 평온해질 때까지 차분히 기다리며 차를 음미하고 자연의 흐름으로만 시간을 느껴봐야 합니다. 이런 방식으로 휴식을 누려보면 시간이 다르게 흘러간다는 것을 느낄 수 있을 겁니다. 이런 시간이 쌓이면 번아웃을 예방하고 무기력에서 벗어나며 삶을 새롭게 바라볼 힘을 길러줍니다. 이런 방식으로 저만의 '아무것도 하지 않음에 대한 정의'를 정리해 보니 다음과 같이 완성되었습니다.

> **'목적과 시간 그리고 기록의 압박에서 벗어나 자연을 바라보는 시간'**

이렇게 한 줄로 정리해보니 저만의 휴식 조건들을 명료하게 도출할 수 있었습니다. 저에게는 목적, 시간, 기록이 없어야 하며 자연 속에서 휴식을 누릴 때 진정한 휴식에 쉽게 접근할 수 있다는 것이었죠.
　두 번째로 나의 휴식 철학을 기반해 휴식을 설계하는 방법은 **'휴식의 방해 패턴 제거하기'**입니다. 생각해 보니, 제가 제대로 된 휴식을 누리지 못할 때는 늘 해야 할 일을 떠올리거나 할 일을 눈앞에 적어놓았던 환경이 많았습니다. 목적을 제대로 삭제하지 못한 거죠. 사실, 사업을 7개나 하고 있다 보니 단 30분이라도 목적 없는 시간을 누리는 것이 절대 쉽지 않았습니다. 어디를 가도 메모장이나 다이어리 등에 그 시간에 해야 할 일들이 적혀 있었거든요. 간혹 생각한 시간보다 일찍 어떤 일을 마무리하면 저는 곧장 다음 일을 꺼내 와서 시작하는 지독한 워커홀릭이었습니다. 조금 과장하면, 눈을 떴을 때부터 꿈속에서까지 일을 했던 적이 많았습니다. 종종 일을 다 해내지 못해 사업이 망하거나 가까운 사람들이나 거래처에 기한 내에 필요한 자료를 주지 못해 그들이 실망해서 돌아가는 장면을 꿈에서 마주하곤 했죠.

　그런 이유로, 제가 가장 먼저 했던 일은 휴식의 공간과 일의 공간을 분리하는 것이었습니다. 혹시 까먹을까 봐 적어서 붙여놨던 메모장들을 모조리 떼어내어 일할 때만 쓰는 책상에 모았습니다. 그리고 휴식 시간에 앉아 있는 소파의 방향을 바꿔서 책상이나 일거리가 눈에 보이지 않게 했죠. 그렇게 서재의 배치를 바꾸기만 했는데도 저를 괴롭히던 '무한대의 목적'에서 벗어나는 듯했습니다.
　또, 시계의 위치를 바꿨습니다. 사실 예전부터 휴식을 위해 소파에 앉아 음악을 듣기로 결정했을 때, 시야에 콕 들어왔던 벽시계가 늘 미웠습니다. 좋아하는 재즈를 조금 더 듣고 싶은데 똑딱이며 바뀌는 시계가 "이제 일하러 가야 해!"라고 외치는 것만 같았거든요. 그리고 마지막으로 서재에 꽂힌 책 중에서 경영이나 경제, 심리 서적처럼 일을 더 잘 해내기 위한 책들을 보이지 않는 곳으로 숨겼습니다. 자연스럽게 휴식의 공간에서는 소설책이나 가볍게 읽을 수 있는 철학서들이 자리잡게 되었습니다.

마지막으로 남은 '자연'이라는 요소는 딱딱하고 차갑던 서재에 큰 화분들을 두는 것으로 채웠습니다. 매번 호수나 산에 직접 가서 자연을 눈에 담으면 더 좋겠지만, 여러 여건상 서재를 큰 화분들로 채워놓는 것에 만족한 것입니다. 이렇게 휴식의 방해 패턴들을 구조화하고 방해 요소들을 없애거나 보이지 않게 한 지 일주일. 저는 정말 오랜만에 자유로움을 느꼈습니다. 확실히 일이나 해야 할 것에 대한 자극이 줄어드니 '온전히 휴식에 집중한다'라는 개념을 조금 더 이해할 수 있었죠. 스스로 휴식에 대한 정의를 내려보기 전에는 수년간 '왜 나는 시간이 있어도 잘 쉬지 못할까?'라며 자책만 했습니다.

그런데 '아무것도 하지 않는 시간'을 스스로 정의하고 그것을 방해하는 요소들을 제거하거나 통제하니 그제야 휴식다운 휴식에 진입할 수 있었습니다. 아마 그때부터 저는 일에 대한 생산성도 확보할 수 있었던 것 같습니다. 한 마디로 쉴 때 쉬고 일할 때 일하는 사람으로 바뀌었다고 해도 과언이 아닙니다. 그러다 조금씩 그렇게 구조화한 휴식 환경에 적응할 때쯤 자연스럽게 이런 생각을 하게 됐습니다. '방해 요소를 제거했으니, 반대로 나만의 휴식에 도움 되는 요소들도 있지 않을까?'

먼저 저는 일반적으로 휴식에 도움 되는 요소들을 떠올려보며 마인드맵을 그려봤습니다. 키워드를 쭉 나열해 보니 향초, 맛있는 음식, 좋은 음악, 마사지기 등 다양한 휴식의 단어들이 있었습니다. 그래서 향초를 사서 서재에 피워보기도 하고, 늘 초밥과 김밥으로만 때우던 점심도 굳이 맛있는 식당을 찾아가 먹어보기도 했습니다. 또, 늘 듣던 재즈가 아니라 사람들이 많이 듣는다는 K-pop이나 다른 유행하는 음악들도 들어보기도 했죠.

하지만 이상하게도 저에게는 이런 방식이 오히려 스트레스로 다가왔습니다. 향초는 환기와 재의 뒤처리가 깔끔하지 못해 불편하게 느껴졌고, 점심때마다 맛있는 식당을 찾아 줄을 서서 기다려야 하는 시간이 너무 아깝게 느껴졌습니다. 한 번은 식당 앞에서 만난 아는 자동차 정비사 아저씨가 흘리듯 말씀하신 "타이어 갈아야 해요. 너무 많이 썼어..."라는 말이 떠올랐습니다. 순간 맞춰지지 않았던 퍼즐이 순식간에 자석처럼 맞춰지는 기분이 들었습니다. '많이 쓰는 것을 회복시키고 충전시켜야 진짜 휴식이 될 수 있겠다!'

나의 휴식 최적화하기

'내가 살아가는 방식'이라는 단어를 두고 마인드맵을 한참 그려봤습니다. 그랬더니 저는 거의 하루 종일 컴퓨터 모니터나 책을 보면서 살고 키보드를 두드리거나 펜을 들고 무언가를 적으면서 사는 사람이었습니다. 또한 강연과 수업, 그리고 상담하면서 늘 사람들 속에 파묻혀 지내는 사람이었죠. 즉, 눈과 손을 가장 많이 쓰고 인파 속에 사는 사람이었죠. 그래서 떠오른 것이 바로 '온열 눈 마사지기', '멀리 있는 초록 풍경 볼 수 있는 곳에 가기', '손목 강화 운동', '혼자 있는 시간 가지기' 같은 단어들이었습니다.

저는 곧바로 '눈 건강'이라는 키워드로 정보들을 모아봤습니다. 이미 많은 현대인이 휴대전화나 노트북 화면 혹은 자외선에 장시간 노출되기 때문에 관련 눈 질병에 잘 걸리게 된다는 것을 알게 되었습니다. 늘 인공눈물을 가지고 다녀야 하는 분들도 있었고, 오래 방치하다가 백내장이나 녹내장 수술을 하는 분들도 있다는 사실도 알게 됐습니다. 저는 '병원비보다는 저렴하겠지…'라는 생각으로 적당한 금액대의 온열 눈 마사지기를 주문했습니다. 몇 일만에 도착한 온열 눈 마사지기를 장착하고, 저는 정말 오랜만에 깊은 잠에 빠져들었습니다.

나중에야 알게 된 사실이지만 기능이 업그레이드되어 지금은 눈동자뿐 아니라 관자놀이까지 마사지를 해주며 시간이 지나면서 강도가 점점 약해지다가 나중에는 온열만 남게 되어 자동 수면 모드로 전환되기도 했습니다. 지금은 꼭 잠자는 시간이 아니라, 업무와 업무 사이의 시간에도 온열 눈 마사지기로 휴식을 취합니다. 그리고 '멀리 있는 초록 풍경 볼 수 있는 곳 가기' 항목을 위해 아침 산책을 산으로 향하고 '손목 강화 운동'을 위해 철봉과 가벼운 아령을 듭니다. 그랬더니 찬 바람이 불 때마다 눈이 시큰하여 눈물이 나는 일도 급격하게 적어졌고 욱신거려서 손목을 이리저리 비틀며 자세를 고쳐야 하는 터널증후군의 염증도 자연스럽게 사라졌습니다.

그리고 마지막으로 시도한 휴식의 방식이 바로 **'혼자 있는 시간 확보하기'**입니다. 저는 진로 컨설팅이나 스쿨 수업 그리고 네트워킹 프로그램, 독서 모임 등으로 거의 하루 종일 사람들 속에서 지내는 사람입니다. 그러면 저도 모르게 허리를 꼿꼿하게 세우며 늘 긴장하고 있습니다. 잠자는 시간 외에는 누군가가 나를 CCTV로 지켜보고 있다는 느낌이 들 정도였습니다. 그도 그럴 만한 것이 제가 일반적인 입시나 취업을 위한 교육을 하는 것이 아니라, 한 사람의 전인적 성장을 위한 진로교육을 하고 있다 보니 학생들이나 상담자들과 꽤 가까운 거리를 유지해야만 했습니다. 분명 상황적으로 그래야 했지만, 혼자만의 시간을 가지지 못해 답답함을 느끼고 있었죠.

조금이라도 그 답답함이 가라앉을까 싶어 숲길을 걸었습니다. 한참을 걷다가 주변에 아무도 없는 것을 확인하고는 길 가운데 있는 벤치에 드러누워 하늘을 바라봤습니다. 그랬더니 울창한 숲의 나무들이 일정한 간격을 두고 자라 있는 것이 보였습니다. 마치 오랜 가뭄에 갈라진 땅의 틈을 보는 것 같았습니다. 신기해진 저는 사진을 찍고 이미지로 검색해봤습니다. 놀랍게도 그것은 그냥 있는 일이 아니라 '수관기피(樹冠忌避)'라는 자연 현상이었습니다.

'수관'은 나무 위쪽의 가지와 잎이 이루는 무더기를 말합니다. 각각의 나무들은 서로의 이 수관을 침해하지 않으면서 자라는데 이것은 수관 사이의 빈 곳으로 햇볕이 아래까지 충분히 전달되게 하기 위한 자연현상이라고 합니다. 곧 나무끼리 동반성장하기 위해 햇볕을 막아 그늘지지 않게 하는 지혜인 것이죠. 재미있는 사실은 이 수관기피 현상이 모든 나무에서 나타나는 것이 아니라, 비슷한 나이의 나무가 함께 자란 환경에서만 발생한다는 점이었습니다. 특히 같은 종의 나무에서 자주 발생합니다. 소나무, 두릅나무, 유칼립투스 등의 나무들이 큰 나무들 사이에서도 작은 나무들이 계속 자라날 수 있는 환경을 제공하고 있었던 것도 같은 이유 때문입니다. 저는 깊은 깨달음에 무릎을 탁 내리쳤습니다.

'나무들도 서로 적당한 거리가 있어서
 건강한 숲을 이루는구나...'

멘토를 자처하는 제가 혹여나 작은 나무에 해당하는 멘티들의 햇볕을 가리는 존재가 되고 있지는 않은지 반성하게 되는 계기였습니다. 이 '적당한 거리두기'는 나 자신의 질 높은 휴식뿐 아니라, 주변 사람의 성장에도 꼭 필요한 요소라 생각해서 휴식법을 설계했습니다. 이런 맥락에서 저는 한 달에 한 번 가족들과 '휴대전화 없는 가족여행'을 갑니다. 여행을 떠나는 순간부터 다시 돌아오는 순간까지 휴대전화를 비행기 모드로 유지합니다. 사진이나 영상을 찍기는 하지만 인터넷에 연결은 되지 않는 단절의 시간을 보내는 것이죠. 게다가 저는 가족 여행을 가서도 가족들의 양해를 구해 여행 중 2시간 정도 혼자만의 시간을 보냅니다. 그때 저는 낮잠을 자기도 하고 책을 읽기도 하고 자연을 관찰하며 산책하기도 합니다. 온전히 혼자 되는 시간을 누리는 것이 휴식의 관점에서 얼마나 중요한 일인지를 알기 때문입니다.

이렇게 삶의 많은 것으로부터 거리를 두는 관조적인 휴식의 과정을 복기해보며, 아리스토텔레스의 '에우다이모니아(Eudaimonia)'에 대해 성찰하는 시간을 가져보게 됐습니다. 에우다이모니아는 '행복' 혹은 '번

영'의 뜻이 있습니다. 아리스토텔레스는 행복을 단순한 쾌락이 아니라 '탁월성을 실현하는 삶'에서 찾아야 한다고 강조했었죠.

그런데 역설적으로 그가 말한 최고의 삶은 끊임없는 활동이 아니라 테오리아(theoria) 즉, '관조의 삶'이었습니다. 이 관조는 사색과 휴식을 통한 자기 성찰의 시간을 의미합니다. 연결해 보면 끊임없는 사색과 자기만의 휴식의 과정을 통해 자기 성찰로 관조에 이르면 곧 탁월함을 실현할 수 있는 삶에 이른다는 뜻입니다. 그래서 아리스토텔레스는 이렇게 말했습니다.

'인간의 영혼은 관조할 때 신적인 영역에 가장 가까워진다.'

아마도 그는 삶의 본질을 되돌아보고 자기 존재를 깊이 성찰하는 것이 삶에 근원적인 동기로 작동한다는 것을 일찍이 눈치를 챈 것 같습니다. 스토아학파 철학자 에픽테토스 역시 비슷한 주장을 펼쳤죠. 사실 그는 노예 출신으로 자유를 박탈당한 삶을 살았습니다. 그런 상황에서도 에픽테토스가 강조한 것은 '마음의 자유'였습니다.

그는 우리에게 일어나는 일이 우리 통제 밖에 있지만 그것을 어떻게 받아들이는지는 우리의 선택이라고 말합니다. 사건과 사고로부터 적절한 거리를 두어 일희일비하지 않는 것이 아리스토텔레스의 관조적 삶과 일맥상통합니다. 눈앞의 많은 문제를 통제하려고 하는 대신 잠시 상황에서 떨어져 '우리의 삶에는 고통의 순간도 존재한다.'라는 것을 받아들이고 수용하는 태도를 강조한 것이죠.

저는 종종 머리가 지끈거릴 정도로 두통에 시달릴 때가 되어서야 휴식을 취했습니다. 마치 풀리지 않는 수학 문제를 몇 달간 앞에 놔두고 밤낮 없이 씨름하는 기분이었죠. 하지만 이런 에픽테토스의 삶의 처세술을 알게 된 이후부터는 '지금 내가 풀 수 없는 문제도 있는 거지…'라며 일단 덮어 둡니다. 그리고 여러 일이 안정화되고 삶에 대한 의욕이 넘쳐날 때 다시 그 문제들을 꺼내 마주합니다. 그러면 신기할 정도로 관점이 새로워져서 의외의 방법으로 그 문제를 해결하는 경험을 하게 됐습니다. 바로 휴식을 통한 의식 전환의 효과를 톡톡히 누린 것입니다.

에픽테토스는 우리에게 종종 삶의 속도를 늦출 뿐 아니라, 아예 모든 것을 멈출 수 있는 용기가 필요하다고 강조합니다. 삶의 다양한 문제들로부터 거리두는 시간이 있어야만 풀리는 문제가 있다는 것, 그리고 혹 영원히 풀리지 않는 삶의 문제들도 있다는 것을 받아들이면 행복에 가까워진다는 것을 알려준 겁니다.

여기까지 생각이 이어지니 저는 '헤겔의 정반합'을 떠올리지 않을 수 없었습니다. 헤겔은 끊임없이 대립하고 충돌하는 과정에서 더 높은 단계의 통합에 이를 수 있다는 정반합을 강조했습니다. 헤겔은 늘 충돌, 갈등, 대립으로 어떠한 답에 이르고자 한 철학자입니다. 하지만 흥미로운 점은 이 변증의 과정이 무한히 반복되지만, 단계마다 잠시 머물며 자기 존재를 확인하는 '휴식의 지점'이 있다는 것입니다. 서로 첨예하게 갈등하고 심하게 부딪히는 법원에도 휴정이 있는 이유와 유사합니다.

또, 헤겔은 '건설적인 대립을 위해서는 반드시 존재의 휴식을 누려야 한다'라고 강조합니다. 세상에 존재하는 많은 모순과 문제점을 놓고 대립하거나 의견을 주고받되, 그 모순을 끌어안고 사유하기 위해 휴식을 누려야 한다는 것이죠. 헤겔은 바로 이 긴장 속 휴식을 '존재의 휴식'이라고 봤습니다. 권투 경기나 농구 같은 스포츠에서 긴장 속 잠깐의 휴식으로 이전의 경험을 점검하고 다음 스텝에 대한 전략을 구상하는 것도 비슷한 원리입니다. 같은 맥락에서 헤겔은 "가장 바쁠 때 가장 잘 쉬어야 한다."라고 합니다. 보통 한국 사람들은 '바쁠 때는 더 달려야지!'라고 생각하기 쉬운데 가장 바쁘고 집중이 필요한 시기이기 때문에 의도를 가지고 오히려 더 쉬어줘야 한다고 하는 것이죠.

산책로에서 발견한 '수관기피'에서 아리스토텔레스의 '관조', 에픽테토스의 '내적 자유', 헤겔의 '존재적 자유'에 이르기까지 성찰이 이어지자, 저는 지금 우리에게 필요한 휴식이 단순한 긴장의 완화 정도가 아니라 '창조적 게으름'이 아닐까 싶은 생각이 들었습니다. 이것은 단순히 일을 하지 않는 상태가 아니라, 의도적으로 멈춤을 통해 창의성을 발현하는 시간을 뜻합니다. 흔히 '게으르다'라는 말은 부정적인 뉘앙스를 띱니다. 일을 미루거나, 책임을 회피하거나, 무의미하게 시간을 흘려보내는 모습과 연결되기 때문입니다. 하지만 철학자들과 예술가들, 그리고 과학자들은 오래전부터 게으름을 단순한 무위(無爲)가 아니라 새로운 가능성을 발견하는 **적극적인 멈춤**으로 바라보았습니다.

아인슈타인의 일화는 이 개념을 이해하는 데 좋은 예시라 할 수 있습니다. 그는 상대성이론을 비롯한 혁신적인 물리학적 통찰을 단순히 책상 앞에서만 얻은 것이 아니었습니다. 계산과 공식에 매몰되어 답을 찾지 못할 때마다 그는 바이올린을 집어 들었습니다. 곡을 연주하며 사고의 긴장을 풀고, 리듬 속에 몰입하면 얽혀 있던 문제의 실마리가 풀리고는 했습니다. 즉, 창조적 게으름은 머리를 억지로 굴리지 않을 때 오히려 뇌가 자유롭게 연결을 시도하고, 새로운 통찰을 떠올리는 시간입니다.

저는 비슷한 맥락에서 르네상스 시대의 철학자 몽테뉴(Michel de Montaigne)를 참 좋아합니다. 그는 자신의 《수상록》에서 인간이 삶을 진정으로 성찰하려면 한가로움(Leisure)이 필요하다고 강조했습니다. 네, 지금의 레저 활동의 근원이 된 말이기도 하죠. 그래서 그는 "게으름은 정신을 텅 빈 들판으로 만들지 않는다. 오히려 그곳에서 새로운 씨앗이 자라난다."라고 강조했습니다.

이 부분에 대해 오랜 시간 성찰해 보니, 게으름은 공허한 시간이 아니라 오히려 '사유의 토양'이 아닐까 싶습니다. 좋은 밭에 좋은 씨앗을 뿌려야 좋은 열매를 맺습니다. 의도를 가진 게으름이 좋은 밭이고, 자기만의 휴식법이 좋은 씨앗이며, 자기만의 인생 설계도가 좋은 열매인 셈이죠. 생각이 여기까지 도달하니 저는 이제 이런 궁금증이 생겼습니다. '내가 한 번도 경험하지 못한 휴식법도 있지 않을까?'

그렇습니다. 제가 아무리 많은 철학자의 이론을 기반으로 자기 실험을 해본다고 한들, 경험 체계가 다른 타인의 휴식은 알 길이 없었죠. 그때부터 저는 통계적으로 익히 증명된 좋은 휴식의 방법들뿐 아니라 신기하고 호기심이 가는 다양한 휴식법들을 찾아보기 시작했습니다. 지인들에게 물어보기도 하고, 유튜브나 책에서 소개된 개인적인 경험을 정리해 보기도 했습니다. 하지만 그중에서도 너무 큰 비용이 드는 해외여행이나 위험도가 따르는 것들은 제외했습니다.

저는 이 휴식의 행복을 오래 누리고 싶거든요. 그렇게 하나씩 리스트를 업데이트 시켜보고 저에게 맞는 방법을 추가하기 위한 작업인 '새로운 휴식 탐구하기' 단계로 나아갔습니다. 이렇게 정리를 시작해 보니 세상에는 참 다양한 휴식이 존재한다는 것을 새삼 깨닫게 되었죠. 그래서 한 번 정리해 보니 다음과 같이 정리할 수 있었습니다.

구분	검증된 휴식법 (논문·통계 근거)	민간·특이한 휴식법
1	규칙적인 수면 (7~9시간) → WHO, 미국수면학회 권고	반신욕 (일본식 온천 문화)
2	명상·마인드풀니스 → 심리학 연구에서 불안·스트레스 20~30% 감소	숲 속에 누워 흙냄새 맡기 (일명 '흙 치유')
3	가벼운 유산소 운동 (걷기, 조깅) → 창의성 60% 향상 연구 (오펜하이머 외, 2014)	차갑게 세수·얼음 찜질 (일명 '콜드테라피' 간이 버전)
4	낮잠 10~30분 (NASA연구 : 인지력 34%, 집중력 54% 향상)	귀지 청소·이침(耳鍼, 귀침술)으로 긴장 완화
5	심호흡 훈련(복식 호흡) → 부교감신경 활성화, 불면 개선	바닷가 파도 소리 들으며 멍 때리기
6	규칙적 식습관(지중해식, 균형식) → 수면·스트레스 개선 데이터	촛불·불멍(불 바라보기)
7	사회적 교류(친구와의 대화) → 옥스퍼드 대학 연구: 사회적 유대가 행복지수를 높임	손글씨 쓰기·만다라 색칠
8	자연 속 산책(숲 치유) → 일본 '신린요쿠' 연구: 코르티솔 12% 감소	가벼운 자수·뜨개질 같은 수작업
9	음악 듣기(특히 클래식 or 자연음) → 심장박동 안정, 긴장 완화	특정 향 맡기 (라벤더, 백단 등 향기요법)
10	일정한 취침·기상 리듬 → 생체리듬 안정 연구 결과	혼자 노래방 가서 크게 노래하기

여기서 가장 중요한 것은 타인의 다양한 휴식을 그대로 가져오는 것

이 아니라, 나의 특성이나 기질 혹은 상황에 맞게 적절하게 변형시킬 수 있어야 한다는 점이었습니다. 저는 위 리스트들을 모두 실험적으로 시도해봤습니다. 그랬더니 저만의 휴식적 특성을 조금 더 알 수 있었죠. 다음과 같습니다.

- 조명의 변화에 따라 휴식의 농도가 달라진다.
- 미각이나 시각보다는 청각과 촉각에 민감하다.

저만의 두 가지 휴식적 특성을 기반으로 위 리스트에서 힌트를 얻어 새롭게 갖춘 휴식이 바로 '간접 조명 모으기'입니다. 저는 너무 어둡거나 너무 밝은 곳에 있으면, 긴장도가 높아지는 것을 알게 됐기 때문입니다. 언젠가 암흑으로 뒤덮인 방 탈출 카페를 학생들과 들어갔다가 살려달라고 싹싹 빌었던 기억도 있죠. 반대로 조명이 너무 밝아 낮인지 밤인지 구분이 안 되는 곳에 있다가 몸에 두드러기가 생긴 적도 있습니다. 그래서 그 중간 어디쯤 될 것 같은 '간접 조명'에 관심을 갖게 되었죠. 주광색의 안락한 느낌이 나는 조명들로만 제 서재를 밝혀 봤더니 정말로 몸과 마음의 긴장도가 내려가기 시작했습니다. 효과가 있다는 게 검증되자 이제는 디자인적으로도 감각적이고 트렌디한 녀석들을 찾아서 수집해 보는 것이 또 하나의 취미생활이자 휴식 장치가 되었죠.

이어서 이런 휴식 설계법 과정을 통해 저는 미각이나 시각보다 청각이나 촉각에 민감하다는 사실을 알게 되었습니다. 그러고 보니 카페를 갈 때도 사람이 너무 많은 곳은 피했고, 옷을 살 때도 늘 안감이 까끌까끌하지는 않은지부터 먼저 만져보는 습관이 있었습니다. 살펴보니 지금까지 저는 절약한답시고 가장 저렴한 침구와 잠옷을 사용하고 있더군요. 친구는 보풀이 일어나 몸에 닿을 때마다 불특정한 실밥이 몸을 간지럽히고 있었고, 잠옷은 너덜너덜해져 안감이 거의 뜯어지기 일보 직전이었습니다.

 아끼고 절약하며 살아가는 것도 중요하지만 나의 휴식에는 조금 더 투자해 보자는 생각에 '부드러움', '좋은 안감', '고급 소재'라는 키워드를 가지고 침구와 잠옷을 바꿨습니다. 제 기준에서는 엄청난 소비였지만, 이번 기회로 수면의 질을 높일 수 있다면 그만한 가치가 있다고 생각했습니다. 저는 침구나 이부자리 혹은 잠옷에 이렇게 고급스럽고 좋은 소재와 기능의 제품이 있는지를 처음 알았습니다. 다른 사람들이 이미 누리고 있는 휴식 장치였지만, 저는 의도를 가지고 제 생활 반경을 벗어나려 하지 않았기 때문에 그런 휴식의 존재 자체를 모르고 살았던 거죠. 요즘은 침구와 잠옷이 어찌나 마음에 드는지 오전에 혼자 일할 때도 그 잠옷을 입기도 하고, 잠깐의 낮잠을 잘 때도 굳이 이불을 꺼내어 푹신하게 저를 감싸줍니다. 마치 제가 저를 조금 더 나은 사람으로 대접해 주는 기분이랄까요.

 이렇게 '**새로운 휴식 탐구하기**'까지 도착해보니 이제야 저만의 휴식 프로세스를 어떻게 설계해야 하는지가 명확해지는 것 같았습니다. 하지만 마지막으로 하나 해야 하는 작업이 남아 있습니다. 바로 '이런 과정을 통해 찾은 나만의 휴식들을 어떤 방식으로 내 것으로 만들어야 할까?'라는 문제입니다. 저는 조금 단순화해서 이 문제를 크게 두 가지 방법으로 풀어봤습니다. 하나는 **습관적인 루틴**으로 휴식을 내 것으로 만드는 작업입니다. 다양한 휴식의 방법 중에서도 나에게 익숙한 방식이 있고 조금 생소한 방식이 있을 겁니다.

예를 들면, 제게 낮잠 시간은 익숙한 루틴입니다. 15년 넘게 낮잠을 조금이라도 자면서 컨디션을 유지해 왔기 때문에 '낮잠 시간에 좋은 침구로 잠들기'처럼 새로운 휴식법을 갖추기에 큰 어려움이 없었습니다. 즉, 루틴으로 바로 실행하기에 좋은 방식이 이미 자리 잡고 있었던 것이죠. 그래서 기존의 '낮잠 25분'이라는 휴식 설계에 침구 하나를 추가해서 같은 방식으로 이어갔습니다.

두 번째 방식인 **'기획적 휴식'**이 조금 난해합니다. 한 번도 해보지 않았고 자원이나 방법이 생소한 휴식법이 있을 수 있습니다. 저에게는 앞서 말씀드린 '간접 조명으로 휴식하기'가 그런 휴식이었습니다. 조명마다 전력이 모두 다르고 전구의 크기, 서재의 벽지 색상, 전구의 높이가 모두 달랐기 때문에, 단순히 간접 조명 하나를 사서 책상에 올려둔다고 바로 휴식 모드로 진입할 수 있는 게 아니었습니다. 그래서 저는 밝기 조절이 가능한 전구들로 모든 간접 조명을 교체하고 높낮이를 달리할 수 있게 책상 위, 천장, 책장 위에 골고루 조명들을 배치했습니다.

저는 보통 서재에서 아이디어가 필요한 기획적 업무를 보거나 독서 이후 집필 작업을 하는 등 창의적인 활동을 많이 합니다. 그렇기 때문에 조명의 높낮이가 호텔처럼 일정하거나 너무 대칭적이면 오히려 생각이 갇힐 것 같다고 생각했습니다. 이제는 천장에 색을 변경할 수 있는 레일 등도 별도로 설치해서 창의적인 업무를 할 때는 간접 조명 모드로, 반복적이고 단순한 일을 할 때는 형광등 모드로 바꿔가며 일을 처리합니다. 기계적이고 반복적인 일을 할 때는 조금 더 밝은 형광등 모드의 환경에서, 일 처리를 할 때 능률이 올라간다는 것을 실험적으로 알고 있었기 때문입니다. 지금까지 살펴봤던 휴식 설계법의 구조를 요약해 보면 다음과 같습니다.

■ 나만의 휴식 설계법 구조

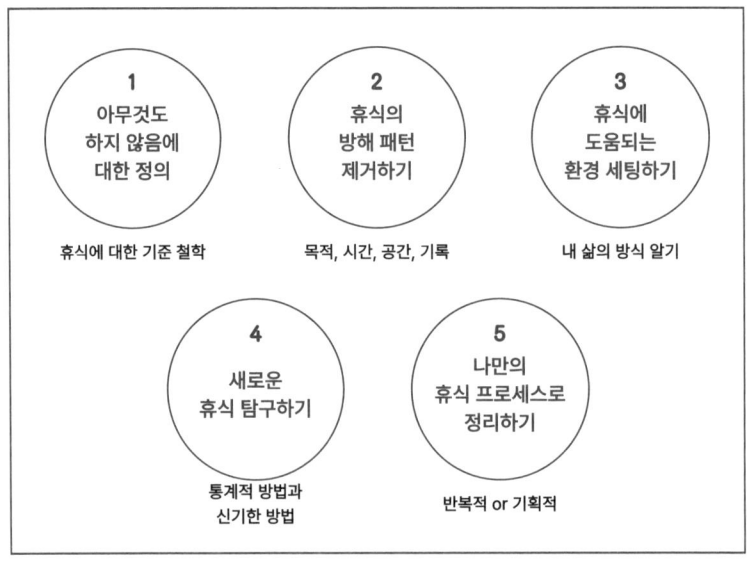

여러분들도 앞서 이 책을 통해 살펴본 내용들을 바탕으로 이번 장에서 살펴본 나만의 휴식을 구조화해보는 시간을 가져보면 좋겠습니다. 참고로 저 또한 이렇게 구조화된 휴식을 누리며 살게 된 지가 그다지 오래되지 않았습니다. 사람마다 다르겠지만 저는 이렇게 저만의 휴식을 정리하는 데 5년은 족히 걸렸던 것 같습니다. 다만, 저는 하나씩 하나씩 구조를 만들면서 했기 때문에 더 오래 걸렸다고 생각합니다. 그러니 이 책에서 주어지는 양식에 맞춰서 여러분만의 데이터를 작성한 뒤 휴식 구조를 추출해 보시면 훨씬 더 빠르게 여러분만의 휴식 구조화에 이를 수 있으실 겁니다.

우리는 쉰다는 말 앞에서 자주 죄책감을 느낍니다. 누군가에게 뒤처지는 건 아닐까, 멈춘 만큼 손해 보는 건 아닐까. 하지만 이 책에서 함께 살펴본 것처럼, 저는 휴식은 게으름이 아니라 전략이며, 회복과 충전을 통해 삶을 지속시키는 유일한 방법이라고 강조하고 싶습니다. 디지털 디톡스가 단순히 '끊기'가 아니라 우리 뇌의 도파민 회로를 재정비하는 생리적 과정이었습니다. 또, 회복의 휴식은 무너진 자존감을 다시 세우는 심리학적 기반이었고, 충전의 휴식은 창의성과 도전을 가능하게 하는 철학적 도약이었습니다.

결국 휴식은 '아무것도 하지 않는 시간'이 아니라, 나를 다시 살아 있게 만드는 시간입니다. 이러한 휴식의 시간에 대해 동양에서는 "고요 속에서 도가 자란다."라고 했고, 서양에서는 "게으름 속에서 창조가 움튼다(아리스토텔레스의 관조)."라고 했습니다. 문화와 언어는 달라도 휴식에 대한 본질적인 메시지는 동일합니다. 잘 쉬는 자가 잘 산다는 것이죠.

그러니 독자 여러분, 이제는 남의 방식이 아니라 당신만의 휴식 철학을 세워야 할 시간입니다. 그것은 때로는 잠깐의 낮잠일 수도, 때로는 뜻밖의 여행일 수도 있습니다. 중요한 것은 '나에게 맞는 휴식 방법과 리듬'을 발견하는 일입니다. 이 책에서 거듭 강조해 온 것처럼 진짜 휴식은 무기력에 빠지는 것도 끝없는 흥분 속에 지내는 것도 아닌 균형 잡힌 순환구조 속에 사는 것입니다.

어쩌면 인생은 긴 여정이 아니라 휴식과 일의 교차 리듬의 반복일지도 모릅니다. 우리는 그 휴식의 리듬 속에서 단단해지고, 깊어지고, 인간다워집니다. 쉼표 없는 명곡은 없습니다. 인생이 일과 휴식의 리듬으로 이루어진 음악 같은 것임을 알고 자신을 사랑하는 마음으로 충분히 쉬어가셨으면 좋겠습니다. 잘 쉰다는 것이 곧 잘 산다는 것임을 일찍이 깨닫는 여러분이길 기도합니다.

미션 10

이번 장을 통해 배운 '나만의 휴식 설계법 프로세스'에 맞춰 아래 빈 칸을 채워 보세요.

1. '아무것도 하지 않음'에 대한 나만의 정의	

↓

2. 휴식의 방해 요소 제거하기	

↓

3. 휴식에 도움되는 환경 세팅하기	

↓

4. 새로운 휴식 탐구하기	

↓

5. 나만의 휴식으로 변환하기 (루틴형 vs 기획형)	

에필로그

여러분의 휴식은 어떤 얼굴인가요?

언젠가 번아웃과 무기력에 빠져 오랜 시간을 힘들어하던 청년이 어려운 시기를 극복하도록 이 책에서 언급했던 휴식에 대한 상담과 구조화 수업으로 도왔던 경험이 있습니다. 그 청년은 제게 이렇게 말하더군요. "소장님은 단순히 저를 쉬게 해 주신 게 아니라 완전히 다른 인생을 살게 도와주신 거예요…"

눈물을 글썽이며 고맙다고 말하는 청년을 보며 저 또한 가슴이 벅차올랐던 기억이 있습니다. 교육과 멘토링을 통해 누군가를 돕겠다는 저의 비전이 이뤄지는 순간이었죠. 하지만 그 청년과 비슷한 어려움을 가진 학생들이 점점 늘어나는 것을 보면서 이런 생각을 하게 됩니다.

'우리는 왜 이렇게 쉬는 법을 잊어버린 걸까?'

그동안 우리는 바쁘게 살아야 한다는 강박, 성과로만 나를 증명하려는 습관, 그리고 멈추면 도태될 것 같은 두려움 속에서 자신을 몰아붙여 왔습니다. 하지만 그 끝에 남는 것은 성취가 아닌, 소진이었습니다.

소진의 자리에서 다시 일어나기를 희망하는 사람들에게 이 책이 작은 등불이길 바랍니다. 휴식은 결코 사치가 아닙니다. 회복은 나를 지켜내는 최소한의 방패이고, 충전은 내일을 살아가게 하는 숨은 연료입니다. 그리고 그 둘이 어우러질 때 비로소 우리는 자기만의 리듬을 만들어, 누구의 삶도 아닌 나의 삶을 살아갈 수 있습니다.

돌아보면 인류의 지혜는 늘 쉼을 말해왔습니다. 동양의 성인들은 고요 속에서 길을 찾았고, 서양의 철학자들은 게으름 속에서 창조를 발견했습니다. 오늘날 과학은 그것을 뇌의 도파민, 자율신경계, 그리고 창의성 지수로 설명합니다. 언어는 달라도 결론은 하나였습니다. '잘 쉬는 자가 잘 산다.'

이제는 독자 여러분이 답할 차례입니다. 여러분에게 휴식은 어떤 얼굴을 하고 있나요? 회복의 휴식이든, 충전의 휴식이든, 혹은 그 둘을 오가는 리듬이든, 중요한 것은 누군가의 방식이 아니라 여러분만의 휴식에 대한 철학을 세우고 그것을 구조화하는 일입니다. 책장을 덮는 이 순간, 저는 바라게 됩니다. 당신의 휴식이 단순한 멈춤이 아니라, 삶을 다시 사랑하게 만드는 시작이 되기를. 그리고 그 시작이 오래도록 당신을 따스하게 지켜주기를.

휴식과 나
다이어리 바로가기

그래서 제가 어떻게 쉬면 되나요?

초판 1쇄 발행 2025년 9월 25일

지은이 윤성화
펴낸곳 아웃오브박스
편집 심은선 / 디자인 쇼이디자인

출판등록 2018년 2월 14일 제 2018-000001호
주소 경상남도 밀양시 새미안길 9-1 갤러리빌라 101호
전화 070-8019-3623
메일 out_of_box_0_0@naver.com

ISBN 979-11-984561-4-4 (13190)

*정가는 책 뒤표지에 있습니다

이 책의 판권은 지은이와 아웃오브박스에 있습니다.
이 책은 저작권법에 의해 보호를 받는 저작물이므로 무단 복제 및 무단 전재를 금합니다.